자녀에게 세상의 모든 지혜를 전해주고픈
당신의 지극한 사랑에 박수를 보냅니다.

께

드림

최연소 퀴즈영웅 정한이의
책갈피
공부법

최연소 퀴즈영웅 정한이의
책갈피 공부법

2009년 7월 10일 초판 1쇄 발행 | 2009년 7월 25일 2쇄 발행
지은이 · 서정희, 신상진

펴낸이 · 박시형
기획 · 고아라 | 책임편집 · 권정희 | 표지디자인 · 김애숙, 윤안나
본문디자인 · 서혜정 | 손글씨 · 백주영 | 사진 · 이응종

경영총괄 이사 · 이준혁 | 기획편집 실장 · 이은정
디자인 · 김애숙, 백주영, 서혜정, 윤안나
마케팅 · 권금숙, 김명래, 김석원, 김영민
경영지원 · 김상현, 이연정 | 저작권관리 · 고아라, 김이령
펴낸곳 · (주)에스에이엠티유 | 출판신고 · 2006년 9월 25일 제313-2006-000210호
주소 · 서울시 마포구 동교동 203-2 신원빌딩 2층
전화 · 02-324-0255 | 팩스 · 02-324-0149 | 이메일 · info@smpk.co.kr

ⓒ 서정희, 신상진(저작권자와 맺은 특약에 따라 검인을 생략합니다)
ISBN 978-89-92647-69-4(03370)

• 쌤앤파커스는 (주)에스에이엠티유 미디어 사업본부의 출판 브랜드입니다.
• 잘못된 책은 바꾸어 드립니다.   • 책값은 뒤표지에 있습니다.

쌤앤파커스(Sam&Parkers)는 독자 여러분의 책에 관한 아이디어와 원고 투고를 설레는 마음으로 기다리고 있습니다. 책으로 엮기를 원하는 아이디어가 있으신 분은 이메일 book@smpk.co.kr로 간단한 개요와 취지, 연락처 등을 보내주세요. 머뭇거리지 말고 문을 두드리세요. 길이 열립니다.

최연소 퀴즈영웅 정한이의

책갈피 공부법

서정희·신상진 지음

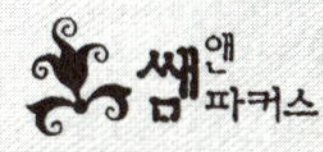

쌤앤파커스

일러두기

이 책에 소개된 정한이와 현욱이의 인용 글은 원문의 느낌을 살리기 위해 맞춤법 및 문장을 교정하지 않고 그대로 실었음을 알려드립니다.

'설마 저 꼬마가 우승을?'

여기는 315회 〈퀴즈 대한민국〉 녹화장. 정한이가 여섯 번째 참가자로 소개되었다. 방청석에서 기다리던 우리 가족은 '정한이가 혹시 나오면서 넘어지지는 않을까?' 하는 자잘한 걱정에 지켜보는 내내 좌불안석이었다. 동네에서 '척척박사'로 소문난 정한이지만, 여기는 전국의 시청자들이 지켜보는 지상파 방송국 아닌가. 난다 긴다 하는 어른들도 줄줄이 낙방하는 퀴즈 대회에(사실 나도 예선에서 미역국을 먹었다) 정한이가 나간 것이다. 어찌 긴장되지 않으리.

"퀴즈영웅 돼서 할아버지 기쁘게 해드릴게요!"

우리의 걱정을 아는지 모르는지, 정한이는 명랑한 성격 그대로 준비한 멘트를 율동을 곁들여가며 잘 소화했다. 이제 문제를 맞혀야 하는데…. 다행히 처음 문제는 침착하게 잘 맞혔다.

어린 정한이를 배려해 사회자가 말도 많이 시키고 용기도 북돋아 주어서인지, 처음에는 긴장해서 계속 생수를 들이켜던 아이는 곧 놀라운 집중력을 발휘하기 시작했다. 다른 사람이 틀린 문제도 재빨리 맞히면서 310점을 획득해 1등으로 올라서자, 방청객들은 "진짜 잘한다. 어떻게 아이를 키웠노." 하며 계속 탄성을 질렀다.

그 순간, 정한이에게 놀라기는 우리 가족도 매한가지였다. 똑똑하다는 것이야 알고 있었지만, 무대에 선 정한이는 우리가 짐작하던 수준이 아니었다. 애초에 우리는 방송국 구경도 할 겸 특별한 체험활동이나 해보자는 생각으로 상경했다. 기껏 기대한다는 것도 '할아버지 말씀처럼 150점만 받으면 좋겠는데' 하는 정도였다. 하지만 우리의 걱정과 기대를 정한이는 진즉에 훌쩍 뛰어넘고 있었다.

드디어 3라운드 진출. 이제 더 이상 소원도 없었다. 우리가 사는 고령군 홍보까지 멋지게 했겠다, 이제 우리 가족은 한결 편한 마음으로 3라운드를 지켜보았다.

3라운드의 두 맞수는 한눈에도 확연히 대비되었다. 정한이는 초등 5학년의 만11세 소년인 반면, 상대 출전자는 초등학교 교사를 지낸 할머니셨다. 나이가 50세나 차이 나는 두 사람은 첫 문제부터 한 치의 양보도 없는 팽팽한 대결을 이어나갔다. 긴장을 풀고 있던 우리도 이내 숨을 죽이고 두 사람의 지식대결을 말없이 지켜보았다. 정한이가 틀린 문제를 상대방이 맞히면서 동점이 되는가 했지만, 결국 마지막 한 문제로 정한이가 신승(辛勝)을 거두고 3라운드 최종 우승자가 되었다. 누구도 예상치 못한, 꼬마의 대반란이었다.

그리고 이제 남은 것은 파이널 라운드. 3라운드까지 정한이의 누적 상금은 2,100만 원이고, 여기에 2,000만 원을 더 적립해야 '퀴즈영웅'이 될 수 있었다. 무대에 홀로 선 정한이는 경쟁자조차 없는 자신과의 싸움을 앞두고 있었다. 우리 가족과 방송 제작진은 물론, 3라운드에서 정한이와 겨뤘던 전직 초등학교 선생님까지 정한이를 응원하는 마음으로 자리를 지켰다.

하지만 이내 고비가 찾아왔다. 파이널 라운드가 시작되자 시종일관 여유롭던 정한이도 긴장을 감추지 못했다.

첫 번째 문제는 1,000만 원이 걸린 일반상식 문제였다. '천마도가 그려진 채화판의 나무 종류는?'

우리 부부는 이번 문제는 어렵겠다는 눈짓을 주고받았다. 그런데 정한이는 잠시 생각하는 것 같더니 답을 말하는 것이 아닌가.

"네, 답은… 버드나무입니다." 과연 정답일까?

그러나 답은 '자작나무'였다. 잠시 머쓱해진 정한이는 "똑바로 정신 차려야 한다."고 자기주문을 넣으며 마음을 다잡았다.

두 번째 문제는 음악상식. 정한이의 표정이 일그러졌다. 정한이가 별로 관심 없어하는 분야다. 우리는 이번에도 안 되겠다고 생각했다. 역시 정한이는 '차이코프스키'라는 답을 맞히지 못했다.

이제 남은 기회는 단 한 번. 2,000만 원의 상금이 걸린 더블찬스 문제였다. 하지만 상금이 두 배인 만큼 답도 두 개인지라, 이번 걸 맞히리라는 기대를 하기는 어려웠다. 함께 응원하던 방송 제작진도 낮은 한숨을 쉬는 것이 '영웅 탄생'을 반쯤 포기한 듯했다.

사회자는 긴장을 풀어주기 위해 정한이 할아버지께 '장한 손자 두셨다'고 너스레를 떨고, 내게도 정한이를 응원할 시간을 주었다. 그때 난 이런 말을 했다.

"정한아, 잘해줘서 고맙고, 이번에는 꼭 너가 가고 싶어 하는 일본여행 데려가줄게. 끝까지 열심히 차분하게 잘해주길 바래."

마지막 문제는 국제시사. 신문과 뉴스를 꼼꼼히 보는 정한이에게는 일단 다행이었다. 문제와 함께 주어진 힌트는 다음과 같았다. '15세기 타이완은 A의 식민지였음. 푸에르토리코는 현재 B의 자치령.'

필리핀 군도에 있는 팔마스 섬을 둘러싼 영토분쟁 당사국을 묻는 문제였다. 이윽고 정한이가 침착하게 입을 열었다.

"네, 답 말하겠습니다. A는 네덜란드, B는 미국으로 하겠습니다."

그 순간, 제작진이 웅성거리며 작가들의 움직임이 분주해졌다. 녹화를 지켜보던 PD가 자리에서 벌떡 일어났다. 방청석 어딘가에서 "정답인가 보다." 하는 귀엣말이 들렸다. 그리고… 사회자의 외침.

"정답입니다!"

정말 꿈같이 정한이가 〈퀴즈 대한민국〉의 40대 '퀴즈영웅'이 된 것이다!

"엄마!"

나와 눈이 마주치자, 정한이가 정신없이 내게로 뛰어왔다. 사회자의 '정답'이라는 말에 입으로는 "와! 와!"를 외치면서도 어쩔 줄 몰라 하더니, 엄마를 발견하곤 비로소 긴장이 풀렸나 보다. 시종일관 침착하게 답을 말해 뭇 어른들을 감탄시킨 정한이지만, 결정적 순간에 엄마부터 찾는 걸 보면 영락없는 초등 5학년 어린 아이다. 내게 달려와 안긴 정한이의 등을 쓸어주며, 나는 계속 이 말만 되풀이했다.

"정한아, 흥분하지 마, 흥분하지 마."

지켜보는 내가 이렇게 짜릿하고 어리둥절한데, 정한이의 마음은 어떨까…. 그 정신없는 와중에도 흥분을 주체 못하는 정한이가 걱정되었나 보다. 다행히 정한이는 인터뷰를 할 정도의 침착함은 애써 유지하고 있었다. 사회자의 축하에 '친구들에게 피자 한턱 쏘겠다'고 약속하면서 우승을 기쁘게 자축했다.

그 모습을 보는 우리 부부 또한 정한이가 한없이 대견했다. '정한이가 우리가 생각한 것 이상으로 실력과 뚝심이 대단하구나!'

'영웅'이 된 사실도 자랑스럽지만, 떨리고 외로운 무대에서 꿋꿋하게 버텨준 정한이의 의지가 더 기특했다.

'최연소 퀴즈영웅'으로 알려지기 전에도, 정한이는 이미 동네에서 소문난 '책벌레'였다. 퀴즈 대회 인터뷰에서도 말했듯이 정한이의 지식은 99% 이상 책에서 나온 것이다. 정한이가 지금까지 읽은 책은 3,000권을 헤아리고, 그 덕분에 공부도 곧잘 하는 편이다.

이렇게 말하면 사람들은 어릴 때부터 우리가 엄청난 프로그램을 짜서 체계적으로 아이들을 교육시켰으리라 생각하곤 한다. 그래서 아이들에게 어떤 책을 읽혀야 하는지 조언을 구하는 사람들도 많고, 아예 '정한이는 어느 학원에 다니냐'고 물어보는 사람도 가끔 있다.

그때마다 적잖이 난감하다. 사실 우리 부부가 한 일이 별로 거창하지도, 계획적이지도 않기 때문이다. 정한이 아빠는 군청 공무원이고, 나는 아동복지센터에서 일한다. 우리 부부 모두 정한이를 낳아 키우기 전까지는 독서교육에 관해 거의 알지 못했다.

게다가 우리가 사는 경상북도 고령은, 사교육 때문에 몸살을 앓는다는 대도시와는 비교가 되지 않는 인구 3만 5,000명의 소읍(小邑)이다. 읍에 들어서면 가장 먼저 눈에 띄는 것이 우리가 사는 15층짜리 아파트다. 고층건물이라곤 거의 없어서 두 동짜리 아파트가 읍내 어디에서도 보이는 '랜드마크(land mark)'가 된 것이다. 그만큼 소박한 동네다.

지방인 데다 도시도 아니어서 당연히 아이들도 많지 않고, 학원도 별로 없다. 어린이 전문서점은 아예 없어서 아이들 책이라도 몇 권 사려면 한 시간 거리인 대구까지 나가야 하는 형편이다. 대도시에서 매일같이 한다는 자녀교육 강연회나 입시설명회 같은 게 이곳 고령에서 개최될 일은 적어도 정한이 현욱이 키우는 동안은 없을 것 같다.

이곳에서 아이를 키우는 우리 부부는 한마디로 교육에 관한 한 '아마추어'다. 공부에 목을 매는 '라이벌'들이 눈앞에 있는 것도 아니어서 도시 부모들보다 상대적으로 경쟁에 둔감하기도 하고, 정보에도 어둡다. 그렇다고 정한이가 신동이냐 하면, 어디 가서 자랑할 만큼 IQ가 높은 것도 아니다. 다행스럽게도 아직까지는 공부를 힘겨워하지 않고, 성적도 걱정하지 않을 만큼 나올 따름이다. 아침잠이 많은 탓에 매일 등교전쟁을 치르고, 아침마다 허둥대느라 신발주머니는 물론 가끔은 책가방까지 빠뜨린 채 학교로 뛰어가는 정한이는 한마디로 고 또래의 보통 남자아이일 뿐이다.

그래서 우리 부부는 한 번도 '우리 아이들을 이렇게 키웠더니 똑똑해지더라'고 자랑하거나 내세운 적이 없다. 제대로 된 사교육은커녕, 정한이가 좋아하는 박물관에라도 가려면 큰맘 먹고 도시 나들이를 해야 하는 우리 입장에서 대단한 '비법'이 있을 리 없다.

다만 어린 아이가 어른들도 힘들어하는 책을 뚝딱 읽어내고, 읽은 내용을 소화해 지식으로 만들어내는 게 저절로 되는 것은 아닐 테니, 조목조목 따져보면 다른 부모들께 들려드릴 수 있는 우리 가족 나름의 교육방식이 나올지도 모르겠다는 생각에 조심스럽게 출판을 결심했다.

특별한 교육 노하우가 없다 보니 이 책의 내용도 전문가가 아닌 아주 평범한 엄마 아빠의 입장에서 아이를 키우면서, 그리고 책을 읽히면서 느낀 것과 방법을 겪은 대로 풀어놓는 형식이 될 것이다. 대도시에서 다양한 교구, 교재, 스케줄을 갖추고 학습관리를 하고 있는 부모들이 보시기에는 좀 시시하지 않을까 걱정도 된다. 하지만 어쩌랴, 그저 꾸밈없이 솔직하게 보여드리는 게 최상이라는 생각이 든다.

다만 가족이 모여 지난 일을 찬찬히 되짚어보니, 여러분께 말씀드릴 만한 내용이 아주 없지는 않은 것 같아 내심 다행이다 싶다.
하나는 정한이의 공부가 '암기'와 '반복'의 지난한 과정이 아닌, '호기심'을 중심으로 지속되었다는 점이다. 학원을 가고 학습지를 받아보는 대신, 정한이는 집에서 자유롭게 책을 읽으며 공부한다. 책을 읽다가 궁금한 점이 생기면 책갈피로 표시를 해두고, 궁금증을 풀어줄 만한 다른 책을 찾아 읽는다. 그렇게 이 책 저 책 자유롭게 읽으면서 호기심을 충족시키면 다시 처음에 읽었던 책으로 돌아와 뒷부분을 마저 읽어나간다. 이런 식으로 책을 읽고 공부하느라, 우리 집에는 책갈피만 수십 개에 이른다. 그 책갈피만 살펴봐도 정한이의 관심이 어디에 있는지 알 수 있다.

책 한 권을 제대로 읽기 위해 여러 권의 참고도서를 섭렵하는 '책갈피 독서공부법'은 공부하는 주체인 정한이의 호기심을 중심으로 학습을 이끌어나갈 수 있다는 점에서 매우 매력적이다. 호기심은 아이가 신나서 적극적으로 공부할 수 있도록 해준다. 남이 시키는 대로 하는 공부가 아닌, 자기 궁금증을 채우기 위해 하는 공부인 만큼, 더욱 열심히 하고 오래 기억되는 건 당연하다.

그런데 학습지나 책이 제시하는 내용만 따라가는 일반적인 방식은 공부 주체인 아이들의 호기심과 100% 맞아떨어지기 어려울 것 같다. '이탈리아'에 관한 글을 읽으면서 '피사의 사탑'이 궁금한 아이가 있고, 이탈리아 축구팀이 궁금한 아이가 있을 것이다. 그런데 책에서는 '로마'에 관한 내용만 다루고 있다면, 어떻게 해야 할까? '주어진 진도'를 따르는 데 익숙한 아이는 궁금한 내용이 있더라도 일단 책을 계속 읽어나갈 것이고, 정한이처럼 진도보다 자기 '호기심'이 중요한 아이는 궁금한 내용을 찾아볼 것이다.

물론 다른 내용을 찾아 읽는 데 열중하느라 애초에 배우고자 했던 주제를 잊어버리면 체계적인 공부가 안 된다. 이럴 때 공부 흐름을 잡아주는 것이 '책갈피'다. 그런 점에서 정한이의 '책갈피 공부법'은 다양한 정한이의 호기심도 충족해주고, 공부의 흐름도 잃지 않는 방법인 것 같다. 이에 대해서는 본문에서 좀 더 자세히 말씀드리도록 하겠다.

책에서 전해드리고 싶은 또 한 가지는, 우리가 생각하는 정한이 교육법의 특징이 바로 언제 어디서든 '가족이 다함께'라는 것이다. 비록 아마추어이지만 엄마가 공부를 돌봐주고, 아빠는 머리맡에서 책을 읽으며 아이들의 이야기를 들어준다. 또한 여행을 가는 것에서부터 TV 보는 것까지 엄마 아빠는 아이들에게 의견을 구하고, 아이들은 스스럼없이 생각을 말한다. 이렇게 함께하는 모습 안에는 서로에 대한 깊은 '존중'이 자리하고 있다.

이 책 또한 마찬가지다. 가족회의를 통해 책을 쓰기로 결정하고, 책에 들어갈 내용을 함께 고민했다. 읽는 분들의 편의를 위해 책의 내용은 엄마의 시선으로 씌어졌지만, 이 책을 이루는 모든 이야기는 우리 가족이 함께 얘기하고 정리해 들려드리는 것임을 말해두고 싶다.

다만 아빠가 아이들과 특별히 교감하는 내용은 아빠의 글로 직접 전해드리는 편이 나을 것 같아서 각 장마다 '아빠 이야기'를 넣었다. 자녀와의 속 깊은 대화나 작은 이벤트를 하고 싶은데 그 방법을 모르겠다는 아빠들이 참조하시기 편하도록, 거창한 의미부여는 자제하고 실제 상황묘사를 중심으로 적었다. 자녀와의 소통을 원하는 아빠들께 부족하나마 도움이 되었으면 한다.

우리 집에 공부 잘하는 비법을 물으러 왔다가 우리 또한 아마추어인 것을 알고 나면, 사람들은 '그렇게 계획도 없이 안이하게 방치하다가는 아이의 미래를 망친다'고 오히려 훈수를 두기도 한다.

맞다. 우리는 아마추어다. 하지만 '안이한' 건지는 잘 모르겠다. 사람들이 말하듯 학원을 다니고, 과외를 받고, 대도시나 외국으로 유학 가지 않으면 정말 제대로 교육할 수 없는 걸까? 가족의 사랑에 정성과 믿음을 더해 아이를 키우는 우직한 방식은 쓸모가 없는 걸까?

우리는 반드시 그렇다고는 생각하지 않는다. 무엇이 바른 교육인지는 모르지만, 어쨌든 정한이 현욱이가 지금까지 큰 어긋남 없이 우애롭게 잘 자라주고 있고, 덤으로 '퀴즈영웅'이라는 거창한 수식어가 붙을 만큼 제법 영특한 것으로 보아, 우리 부부의 교육이 그리 잘못된 것은 아니라는 믿음이 생긴다.

그 믿음으로 이제부터 여러분께 우리 가족의 이야기를 들려드리고자 한다. 그럼으로써 정한이의 책 이야기와 우리 부부의 교육에 대한 생각, 그리고 '대한민국 학부모'로서의 고민을 여러분과 함께 나누고 싶다. 시중에 이미 소개된 수많은 좋은 책들처럼, 이 책도 부모님들과 아이들에게 그저 조금의 참고와 도움이 되기를 바랄 뿐이다.

푸르른 계절에

정한이 현욱이의 엄마 서정희

PART 1
책과 친구 맺어주기 대작전

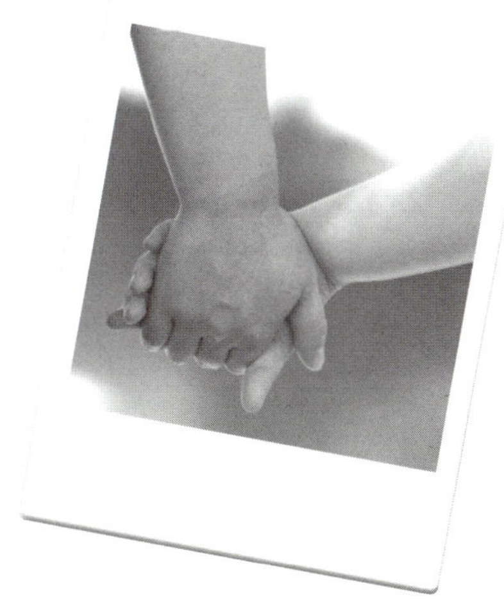

책과 함께 세상을 만난 아기 | 서점 나들이로 시작한 책 읽기 습관 | 책대로 따라 하며 책과 친해지기 | 어? 정한이가 글자를 아네! | 책으로 놀고, 놀면서 배운다 | '추천도서'를 사줄까, 좋아하는 책을 사줄까? | 책 읽는 '성취감'을 주자 | 공부방·거실·안방·주방 모두 아이들의 '서재'로 | 엎드려 읽으면 어때

아빠 이야기 1 | '아빠는 우리의 가장 친한 친구!'

책과 함께 세상을 만난 아기

　정한이가 언제부터 책을 보기 시작했는지 정확하게 말할 수는 없다. 그저 늘 정한이 옆에는 책이 있었던 것 같다.

　정한이를 위해 처음 구입한 책은 시아버지께서 정한이가 태어날 때 주신 학자금 밑천으로 마련했다. 아마 어른께서도 당신의 선물이 이렇게 빨리 쓰일 줄은 미처 모르셨을 것이다.

　요즘에는 서점에 가보면 '초점 책'이라고 하는, 단순한 흑백 도형을 넣은 신생아용 책을 많이 판다. 이 책은 아직 색깔은커녕 형체도 또렷이 식별하지 못하는 신생아들이 마치 모빌처럼 눈으로 보면서 초점 훈련을 하는 데 유용하다.

　그런데 정한이가 태어난 10여 년 전만 해도 갓난아기에게 책을 읽히는 게 대단히 유별나 보이던 때였다. 당연히 고령의 서점에는 내가 원하던 책이 없었다. 구하다 구하다 안 돼서 결국 대구에 사는 친정동생에게 부탁해 구입했던 기억이 난다. 남편만 해도 아직 시력도 발달되지 않은 갓난아기에게 거금을 투자해 책을 구입하는 게 도무지 이해되지 않는다는 반응이었다.

하지만 내 생각은 달랐다. 난 아이에게 책은 일종의 '장난감'이라고 생각했다. 기왕에 모빌을 달아줄 거면 그걸 책으로 보여주고, 입에 물고 놀 게 필요하다면 그것도 책으로 하면 된다. 마침 내가 고른 책은 좀 비싸기는 하지만 아이들의 발달과정에 맞게 흑백 초점책과 컬러 책이 모두 구비돼 있었다. 장난감처럼 가지고 놀 수 있을 만큼 모양과 질감도 독특했고, 아기들이 입으로 가져가 빨아도 찢어지거나 젖지 않도록 코팅이 되어 있었다. 그림이 사실적으로 묘사된 것과, 읽어줄 엄마를 위해 따로 조그만 글씨로 설명해놓은 부분도 마음에 들었다. 책들이 어찌나 앙증맞던지, 처음에는 아기에게 읽어주면서 내 눈에도 신기해 보여서 책을 어루만지면서 감탄했던 기억이 난다.

정한이 백일 무렵. 내가 만든 부직포 놀이를 배경으로 찍었다.

정한이가 깨어 있든 잠들 때든 나는 늘 책을 읽어주었다. 백일 전에는 아기를 앉힐 수 없으니까 내가 아기 옆에 나란히 누워서 책을 읽어주며 말을 건넸다. 책을 읽을 때는 어설프게나마 주인

공의 목소리를 흉내 내면서 구연
하듯이 읽기도 했다.

그렇게 한 권을 다 읽고 나서
정한이에게 쥐어주면, 아이는 두

손에 잔뜩 힘을 주고는 아기들 습성대로 입으로 가져가 쭐쭐 빨아대
곤 했다. 정한이가 물고 빨고 하던 책들은 장난감을 소독할 때 같이
소독했다. 동네 사람들은 그런 나를 보면서 별나다고들 했지만, 내
아이가 늘 손으로 만지고 입에 물며 갖고 노는 물건인데 장난감은 소
독하면서 책이라고 아무렇게나 놔둘 수는 없었다. 책에 관한 한 나
는 이래저래 '별난 엄마'였다.

지금 생각해보면, 내가 아이와 대화하는 첫 번째 방법은 바로 책
을 읽어주는 것이었다. 책을 읽으면 아이와 자연스럽게 놀이를 할
수 있고, 이야기를 만들어 들려줄 수 있다. 대답도 못하는 아기에게
시시콜콜한 일상사를 말해주고 노래를 불러주고 때로는 율동도 해
주는 일은 생각보다 피곤했다. 그럴 때마다 책을 읽어주면 아기도
좋아하고, 나도 편하게 아기와 놀아줄 수 있어서 좋았다.

책 읽어주기에 익숙해지자 나중에는 정한이가 누워 놀던 방 벽에
부직포를 이용해 동물 모양을 만들어 붙여놓고 책과 상관없이 나만
의 즉석 창작 이야기를 해주기도 했다.

'우리 아이가 과연 내 이야기를 제대로 듣고 있을까?' 갓난아기

에게 이야기를 들려주면서 가끔 이런 궁금증이 일 때가 있다. 하지만 실제로 아기가 잘 이해하고 있을 거라는 엄청난 기대를 하는 엄마는 없을 것이다. 나도 정한이에게 그런 기대는 품지 않았다. 그저 아기가 특별히 힘들어하거나 보채지 않으면 듣거나 말거나 책을 읽어주며 놀았다.

그런데 어떤 연구결과에 따르면 아기가 말을 못해서 그렇지, 외부에서 오는 자극을 다 인지한다고 한다. 아기에게는 어른들이 감히 짐작하지도 못할 만큼 엄청난 능력이 있다는 것이다. 그리고 아기 때 엄마 목소리를 타고 들려오는 이야기와 따스한 온기는 아기의 감성과 성장을 지탱하는 가장 큰 힘이라고도 한다.

과학적 이론에 대해서는 잘 모르지만, 내가 열심히 이야기를 들려줄 때 나와 눈을 맞추고 웃던 정한이 현욱이를 떠올려보면 그 말이 사실이라는 강한 믿음이 생긴다. 비록 내가 알지는 못했더라도, 아이들은 내 이야기를 들으면서 마음껏 상상의 날개를 펼쳤을 것이다. 그 속에서 아이 혼자만의 세계를 꿈꾸었을 것이다. 그리고 그 기억은 아이들이 자라면서 꿈을 키우는 데 든든한 자양분이 될 것이다.

서점 나들이로 시작한 책 읽기 습관

다른 아기들이 그렇듯이, 정한이도 생후 7개월쯤 되자 조금씩 기기 시작했다. 그동안 나 혼자 별러왔던 일을 감행할 때가 된 것이다. 바로 '정한이랑 서점 나들이' 말이다.

비록 부모는 독서광이 아니지만, 내 아이는 자연스럽게 책을 즐기는 사람이 되었으면 하는 바람이 있었다. 우리 아이가 엄마가 말하지 않아도 스스로 책을 읽게 된다면 얼마나 기쁠까!

우리의 일상을 살펴보면 똑같은 일을 매일 반복하는 것이 많다. 밥 먹기, 세수하기, 화장실 가기 등…. 이러한 일들은 해도 그만 안 해도 그만인 것이 아니라, 반드시 해야만 하는 것들이다. 나는 내 아이에게 있어 책 읽기도 빠뜨리지 말고 반드시 해야 하는 일로 만들고 싶었다. 매일 한 장씩이라도 읽는 습관을 들인다면 얼마나 좋을까. 아이들이 책에서 지식을 얻고, 위안을 받고, 희망을 찾기도 하면서 삶을 살아간다면…. 생각만 해도 마음이 뿌듯해졌다.

그렇게 되려면 서점이 '마음먹고 가야 하는 곳'이 되면 안 될 것 같았다. '심심한데 영화나 볼까' 하는 것처럼 그냥 심심해서, 지나가다가 막연하게 생각나서 가는 곳이 서점인 것도 좋지 않을까? 마침 더위도 한풀 꺾이고 아침저녁으로 조금씩 선선한 바람이 불기 시작하기에, 아기와 함께 서점 나들이를 가기로 마음먹었다.

하지만 우리 동네에서 일상적으로 서점을 다니려면 '마음먹는' 수준을 뛰어넘어 '각오'가 필요했다. 무엇보다 우리가 사는 동네에는 서점이 한 곳밖에 없다. 아기가 볼 만한 책을 구하려면 시외버스를 타고 한 시간은 나가야 한다. 자가용도 아니고 버스로 한 시간은 아기에게나 내게나 꽤 힘든 여정이다. 아기들은 주로 떼를 쓰거나 우는 것으로 의사표시를 하기 때문에 자칫 버스에서 다른 승객에게 폐가 되지나 않을까 염려스러웠다. 또 시간을 잘못 맞추면 버스 안에서 '응가'를 할지도 모르는 일. 서점 나들이를 가려고 하니 걱정스러운 것이 한두 가지가 아니었다. 이래저래 조마조마한 마음으로 올라탄 버스. 다행히 정한이는 버스 안에서 창밖 풍경을 구경하고 엄마의 이야기를 들으며 조용하게 잘 버텨주었다.

결과적으로 서점 나들이는 정한이의 아기 시절을 떠올릴 때 빠뜨릴 수 없는 즐거운 이벤트가 되었다. 내 바람을 알았는지 정한이는

길고긴 서점 나들이를 별로 힘들
어하지 않았고, 책 구경하는 것
도 좋아했다.

우리가 이용했던 어린이 전문
서점은 아이들이 편하게 책을 볼 수 있도록 마룻바닥으로 되어 있
었는데, 그곳에 정한이를 내려놓으면 아기는 뽈뽈 기어 다니며 여
러 가지 책을 꺼내 보면서 시간을 보냈다. 어찌나 사방팔방 누비고
돌아다니는지, 정한이의 옷은 한 시간도 안 돼 새까매지고 얼굴도
꼬질꼬질해지곤 했다.

처음 서점 나들이를 할 때는 누구에게 자랑이라도 하려는 듯이 한
껏 멋을 부려 입혀 갔다. 그런데 정한이가 활동하기도 불편해 보였
고 옷이 더러워지는 것이 신경 쓰여 선뜻 바닥에 내려놓지 못하겠
는 것이다. 그 후로는 편한 옷을 입히고 물티슈를 준비해 가서 수시
로 얼굴과 손을 닦이곤 했다. 덕분에 실컷 서점을 휘젓고 돌아다닌
정한이는 집에 돌아올 때는 녹초가 되어 쌔근쌔근 잠들어 있기 일
쑤였다.

그러던 어느 날, 설마 하던 사건이 터졌다. 그날도 서점에 가려고
길을 나섰는데, 내심 걱정스러운 일이 있었다. 아침에 '응가'를 해
야 할 시간을 건너뛰었던 것이다. 아니나 다를까, 집으로 돌아오려
고 버스터미널에서 차를 기다리고 있는데, 정한이의 표정이 심상치

책과 친구 맺어주기 대작전

않았다. 그러더니 냄새가 솔솔 풍겨오기 시작했다.

요즘은 공공장소에 영아들을 위한 수유실이나 기저귀를 갈 수 있는 시설이 잘 되어 있다. 그러나 10여 년 전에는 그렇지 못했다. 아무리 아기의 응가라도 탁 트여 있는 곳에서는 차마 처리할 엄두가 안 났다. 그대로 버스를 타는 것은 더더욱 불가능하고.

'아, 어쩌지….' 터미널 주변에 내가 아는 곳은 단 한 군데뿐. 하는 수 없이 다시 정한이를 업고 서점으로 갔다.

"어, 뭐 빠뜨리고 가셨어요?"

"저, 그게 아니고요. 사실은 정한이가 응가를 했는데, 치울 곳이 마땅치 않아서요. 죄송해요."

"그래요? 호호, 여기서 치우시면 되죠!"

일주일이 멀다 하고 서점을 드나들다 보니 서점 직원들에게도 정한이는 어느새 귀여운 '단골손님'이 되어 있었나 보다. 그분들의 배려가 있었기에 망정이지, 그날 진짜 진땀 뺐다.

서점에 가면 책구경을 하는 짬짬이 정한이에게 많은 책을 읽어주었는데, 그때마다 신기하게도 정한이는 몇 권의 책에 유독 관심을 보이곤 했다. 그래서 서점에서 돌아올 때는 정한이가 좋아

하며 듣던 책을 두세 권가량 사서 집에 있는 정한이 책꽂이에 꽂아 두었다.

정한이 책꽂이라 봐야 별도로 있는 게 아니라, 기존의 책꽂이에서 아이가 꺼내기 쉽도록 낮은 칸을 비워둔 것이었다. 그래도 눈에 항상 띄는 곳에 책이 있으니 정한이는 장난감 갖고 놀듯이 심심하면 책을 꺼내고는 책장을 넘겨보거나, 내게 갖고 와서 읽어달라고 조르곤 했다. 아이가 꺼내든 책으로 집은 어수선해지기 일쑤였지만, 그 덕분에 책을 더 자주 읽게 된 것 같다.

서점을 가면서 책에 익숙해진 정한이는 대부분 먼저 책을 들고 와서 내게 읽어달라고 했다. 가끔 내가 먼저 책을 읽어줄 때는 "무슨 책 읽어줄까?" 또는 "읽고 싶은 책 갖고 와라." 해서 저 스스로 책을 가져오게 했다. 아직은 아기이지만 자기가 고른 책을 읽어주면 더 좋아할 거라는 생각에서였다. 어른인 나도 관심 없는 책은 한 페이지 넘기는 것이 힘든데, 어린 아기를 억지로 앉혀놓고 내 마음대로 고른 책을 읽히고 싶지는 않았다. 정한이는 그날 취향(?)에 따라, 또는 그저 손에 잡히는 대로 아기 염소 책도 골랐다가 고릴라 책도 골랐다가 했다.

정한이는 어린이 서점에서 이 책, 저 책 마음껏 건드리고 놀며 아기 시절을 보낸 다음, 네 살이 되던 무렵 도서관에 다니고 할인서점에도 가기 시작했다. 하지만 그때만 해도 지금처럼 어린이 도서관이 많지 않던 시절이라, 어린 아이가 도서관에서 마음껏 책을 보기에는 한계가 있었다. 그래서 우리는 주로 대구에 있는 할인서점을 다녔다. 물론 대구까지 가려면 이 버스 저 버스 갈아타며 힘들게 다녀야 했지만, 대신 비싼 전집도 저렴한 가격에 살 수 있었다. 수십 권의 책을 쟁여두고 아이에게 몇 권씩 '풀어줄' 때의 그 맛이란!

엄마 품에 안겨서 '감행'한 서점 나들이가 효과가 있었던 것일까? 정한이와 현욱이는 또래 친구들보다 책을 좋아하는 아이로 자랐고, 놀러 갈 때나 잠잘 때도 책과 함께하는 고마운 습관을 들이게 되었다. 그리고 책을 가까이 하면서 아이들은 궁금한 것들을 책을 통해 알아가는 방법을 터득해갔다.

시대가 변해감에 따라, 우리의 책 구매방식도 약간 달라졌다. 대구에 있는 서점에서 책을 살펴보는 것까지는 맞는데, 서점에서 모두 구매하는 것 아니라 집에 와서 인터넷서점에서 구입하는 경우가 많아졌다. 인터넷서점이 좀 더 저렴해서 좋기는 하지만, 출판사마다 책의 만듦새가 달라서 인터넷서점의 소개자료만 보고 책을 사기는 조금 주저되는 부분이 있다.

서점에서 곧바로 책을 사는 것과는 달리, 인터넷으로 책을 주문하면 하루 이틀쯤 기다렸다가 받는 묘미가 나름 애틋하다. 그래서인지 아이들은 택배로 책이 도착하면 밥 먹는 것도 잊고 그 자리에서 한 권을 읽어버리기도 한다.

책대로 따라 하며 책과 친해지기

정한이는 책을 읽을 때 습관이 두 가지 있다. 궁금한 내용은 책을 다 읽을 때까지 기다리지 않고 그 자리에서 확인하는 것과, 책에 나온 대로 직접 경험해보려고 하는 것이다. 지금도 그렇지만, 어릴 때부터 책의 주인공이 하는 행동을 따라 하는 걸 좋아했다. 그리고 나는 아이들의 제안을 대부분 받아들이는 편이어서, 책을 갖고 참 많은 활동을 했다.

정한이가 아기일 적에 서점에서 함께 골라온 책 중에 《안녕, 나랑 산책할래?》라는 책이 있다. 아기돼지가 이른 아침 혼자 동네 산책을 간다. 산책을 하면서 도중에 돌, 개미, 민들레를 차례로 만나서 "안녕, 나랑 같이 산책할래?"라고 제안하고 함께 산책을 다녀온다는 줄거리다.

이 책을 즐겨 읽던 정한이가 아장아장 걷기 시작할 즈음 어눌한 말로 "엄마, 산책가자."며 내 손을 잡아끌었다. 그때부터 시작된 정한이와 나의 '동네 한 바퀴 놀이'는 제법 오랫동안 계속되었던 걸로 기억한다. 찻길 건너는 것을 피하느라 아파트 정문에서 시작해서 인근 초등학교를 거쳐 집으로 돌아오는 길이 정해진 코스였다. 뒤뚱거리는 아기와 함께하는 산책이니만큼 '세월아 네월아' 하며 여유롭게 마을을 둘러보는 한가로운 여정이었다.

그런데 참 신기한 일이, 아이는 매번 같은 길을 걸으면서 새로운 것을 발견하곤 했다. 어떤 날은 상가의 간판을 유심히 보고, 어떤 날은 개미집을 살피느라 시간가는 줄 모르고 한 자리에 앉아서 종알거리고, 또 어떤 날은 펄럭이는 깃발을 보며 소리를 질러댔다. 우리가 그 길을 지나가면 상가 아주머니께서 "너 오늘도 놀러 나왔나?" 하고 인사를 건네시곤 했다.

'책 놀이'를 하기 시작한 건 정한이의 첫돌이 지나고 난 후였다.

돌 전에만 해도 그저 책 읽어주는 것만 열심히 했던 것 같다. 자기 몸도 못 가누고 말도 안 통하는 아기에게 책을 갖고 할 수 있는 일이라곤 오로지 '읽어주는' 것밖에 없었다. 그러다가 말도 배우고 행동반경도 커지면서 책에 나오는 대로 직접 해보는 데 두 모자 (母子)가 재미를 붙이기 시작했다.

예컨대 '모양'에 관한 책을 읽었으면 아이와 함께 동그라미·세모·네모를 여러 장 그렸다. 힘도 안 들어가는 아기 손가락으로 그렸으니 삐뚤빼뚤 모양이 바르지 못했지만, 굳이 탓하지 않았다. 그것이 동그라미·세모·네모를 표현했다는 것만 알면 그만이니까. 그러다가 아주 잘 그려진 모양이 나오면 "와, 대단하네. 진짜 잘 그렸다. 정말 예쁜 동그라미네~" 이러면서 호들갑을 떨어주기도 했다.

때로는 "우리 이걸 색칠해보자." 하며 크레파스를 꺼내서 색칠을 했다. 물론 색칠도 서툴고 빈 공간도 많이 생긴다. 그래도 우리는 신경 쓰지 않았다. 내가 전문 그림선생님도 아니고, 지금이 미술시간도 아니고, 순전히 책을 읽고 엄마와 노는 시간이니까 혼나면 안 된다. 색칠이 끝나면 그 모양들을 오린다. 오리는 것은 훨씬 정교한 작업이어서 내가 도와주어야 모양이 살아났다.

처음에는 이렇게 오린 것들을 그대로 갖고 놀이를 했다.

"우리 소꿉놀이하자." 세모를 들고 네모에게 간다.

"네모야, 노올자!"

"동그라미도 함께 놀자."

"무엇 하며 놀까?"

"그래, 우리 숨바꼭질하자!"

이러면서 자연스럽게 모양을 익힌다. 모양을 익히고 나면 이번에는 같은 모양에 다른 여러 색깔을 칠하면서 색깔을 익히고 논다.

정한이가 세 살 때까지는 나 혼자 묻고 답하며 놀았는데, 정한이가 말문이 트이자 책 놀이가 훨씬 다채롭고 재미있어졌다. 그동안 혼자 떠들고 감탄하던 '원맨쇼'에서 드디어 '대화'다운 대화로 진화한 것이다. 이때부터 우리의 책 놀이는 자연스럽게 '책 내용 말하기'로 바뀌어갔다. 예컨대 책을 읽고 나서 "정한아, 이 책에 누가 나와?" 하고 물어보면 아이가 "독수리." 하고 답한다.

"그래, 맞아. 독수리가 나왔네. 또 누가 나왔어?"

"농부."

"와, 정한이 기억 잘하고 있네. 맞아, 농부가 나왔어. 농부가 뭐 하는 사람인지 알아?"

도리도리. 이처럼 아이가 모르는 내용이 나올 때마다 내가 조금씩 설명을 덧붙인다. "농부는 농사를 짓는 사람이야. 할아버지처럼 논에서 벼도 심고 수박도 키우는 일을 하지."

이렇게 처음 책 놀이를 시작했다.

"수염 난 아기 염소." 책 제목을 짚어가며 내가 말한다. "이 책에는 누가 나와?"

"염소, 염소 엄마."

"그래, 맞았어. 염소랑 염소 엄마가 나와. 그런데 염소랑 염소 엄마가 뭐 해?"

“이사를 갔어요.”

“그래, 염소네가 이사를 갔네. 이사 가서 누굴 만났어?”

“동물 친구들을 만났어요.”

“그래, 동물 친구들을 만났어. 염소가 친구들이랑 재미있게 놀았어?”

“아니. 친구들이 아기 염소에게 ‘할아버지’라고 했어요.”

“어머나, 아기 염소에게 친구들이 할아버지라고 했어? 그래서 아기 염소가 어떻게 했어?”

“으앙으앙 울었어.”

“아기 염소가 마음이 많이 상했던 모양이네. 운 걸 보니. 그런데 친구들이 왜 아기 염소에게 할아버지라고 했지?”

“염소에게 수염이 있잖아요.”

“아~ 염소에게 수염이 있어서 그랬구나. 그래서 친구들이 할아버지라고 했구나.”

이런 식으로 아이와 함께 책을 읽고 그 책으로 이야기를 했다.

나중에 자유롭게 말할 수 있을 만큼 큰 다음에는 간단한 이야기 책을 읽고 줄거리를 말해보기도 했다. 이것이 쉬워 보이지만, 의외로 아이들은 이야기를 순서에 맞게 조리 있게 말하지 못한다. 이리 저리 뒤엉켜버린 이야기를 어떻게든 이어가려고 “음, 음” 이러면서

책과 친구 맺어주기 대작전

골몰하는 모습이 어찌나 안타깝고도 귀엽던지. 그때마다 순서가 틀렸다고 지적하는 대신 내가 반복해서 말하면서 바로 고쳐주었다.

다행히 요맘때는 남이 고쳐준다고 짜증내지 않고 순순히 받아들이는 시기여서 줄거리 말하기가 별로 어렵지 않았다. 나중에 생각해보면 이때가 아이와 말하기 얼마나 편한 때였는지 절감한 적이 한두 번이 아니다. 어른들이 "그건 틀렸다." "더 잘해라." 하며 자꾸 윽박지르는 바람에 삐치고 포기해버려서 그렇지, 사실 이맘때 아이들은 배우는 것 자체를 매우 즐거워하는 것 같다.

여러 번 줄거리 말하기를 하면 간단하게 글 쓰는 것도 시도해볼 수 있다. 말로 표현할 수 있다는 건 줄거리가 머릿속에 '정리'가 됐다는 뜻이다. 줄거리가 머릿속에 정리도 되지 않았는데 무조건 글로 쓰자면 얼마나 고역이겠는가. 말이 되면 그걸 그대로 글로 옮기는 것은 좀 더 쉽다. 그래서 정한이가 한글을 익히고 난 다음에는 줄거리 말하기가 잘되면 자연스럽게 짧게 쓰기를 시켰다.

그런데 그동안 잘 따라오던 정한이가 여기서 주춤했다. 글쓰기를 좋아하지 않는 것이다. 그래서 글쓰기는 많이 시키지 않았다. 아이가 글쓰기 때문에 책읽기에 대한 흥미까지 잃어버릴까 봐서였다. 정한이는 지금도 글쓰기를 좋아하지 않는다. 엄마로서 아쉽긴 하지만, 한편으로는 이런 아이에게 어릴 때 글쓰기를 강요했더라면 큰일 날 뻔했다는 생각도 든다.

요즘은 '독서지도사'라는 직업이 있어서 어릴 적부터 학원에 보내서 독서교육을 시키는 가정이 많다. 또 부모를 위한 정보도 책이나 강연회 같은 것을 통해 쉽게 얻을 수 있으니, 아마 많은 분들이 예전 부모들보다 훨씬 체계적으로 독서교육을 시키리라 생각한다.

나는 독서교육을 공부한 사람도 아니고, 엄청난 다독가도 아니기 때문에 '아이를 잘 키우기 위해 책을 이렇게 활용해야겠다'는 계획 같은 건 애초에 세우지도 못했다. 그저 아기 때부터 정한이와 내가 시간을 보내는 방식이 '책'을 중심으로 했기 때문에, 책에 나온 것들을 따라 하면서 놀았을 뿐이다.

아기와 시간을 보내는 방법이야 많겠지만, 그중에서도 책을 택한 것은 어찌됐든 잘한 일이라는 생각이 든다. 세상의 지식과 아름다운 가치들을 함께 알려줄 수 있는 가장 쉬운 수단이 다름 아닌 '책'이니 말이다. 정한이 현욱이가 자라면서 속 깊은 모습을 보일 때마다, 부모로서 아이들을 잘 키웠다는 뿌듯함에 책에 대한 고마움을 새삼 느끼곤 한다.

어? 정한이가 글자를 아네!

　정한이는 한글을 일찍 깨친 편이다. 정확하게는 기억나지 않지만 또래 아이들보다는 빨리 깨쳤다. 그렇다고 한글을 가르치려고 집에서 작정하고 교육을 한 것은 아니다. 그저 엄마 아빠가 책을 많이 읽어주었기 때문이 아닌가 막연히 추측할 따름이다.

　정한이가 어릴 때는 그림책을 읽어주면서 그날그날 아이디어가 떠오르는 대로 이야기를 꾸며서 들려주는 일이 많았다. 책에 씌어진 대로 읽지 않았으니 정한이가 그림책의 글자를 익혔을 것 같지는 않다. 우리 또한 아이더러 읽어보라고 하거나 따라 읽도록 애써 유도하지는 않았다.

　대신 우리는 같은 책을 여러 번 반복하여 읽어주었다. 특별한 이유가 있었던 것은 아니고, 정한이가 좋아하는 책 위주로 읽다 보니 자연스럽게 그렇게 된 것이다. 아이들은 좋아하는 게 생기면 열 번

이고 스무 번이고 읽어달라고 졸
라대곤 하니까. 그렇게 여러 번
반복하는 과정에서 자연스럽게
한글 교육이 되지 않았나 싶다.

어느 날 정한이에게 "엄마가 책 읽어줄게. 《투덜이 아기 청개구
리》 가져와." 했다. 아무 생각 없이 무심결에 나온 말이다. 그런데
정한이가 정말로 그 책을 가져오는 것 아닌가. 하는 짓이 신기해서
이번에는 "《수염 난 아기 염소》도 가져올래?" 했더니 그 책도 정확
하게 가져왔다.

아이 키우면서 한두 번씩 '우리 아이는 신동이야!'라고 지레 감탄
하는 고슴도치 엄마가 되는데, 그때 내가 딱 그랬다. 아직 정한이가
말도 제대로 하지 못할 때이니, 글자를 안다기보다는 자주 읽는 책
의 제목과 표지를 마치 그림처럼 기억한 것이 아닌가 싶다. 어쨌든
신기하고 기특한 사건이었다.

정한이가 한글을 안다는 확신이 든 것은 만 세 살 무렵이었다. 당
시 TV 프로그램 중에 시골마을을 찾아가는 것이 있었다. 시골 어른
들이 나와서 객지에 나가 있는 자식들에게 안부를 묻고 이야기를 하
는 형식이었다. TV 화면에 '딸에게'라는 자막이 나왔는데, 그것을
본 정한이가 갑자기 TV 앞으로 가더니 "딸, 딸." 하는 것이다. 내

가 신기해서 그 글자를 종이에 적어서 읽어보라고 했더니 이번에도 "딸"이라고 읽었다. 추측건대 '에게'라는 글은 모르고 '딸'만 아는 것 같았다. '딸기'를 쓰고서 읽게 했더니 '딸기'는 곧잘 읽었다.

안 그래도 그 즈음 정한이는 혼자 책을 볼 때 계속 뭐라고 중얼거리곤 했다. 그 모습을 보면서 나는 '정한이가 같은 책을 워낙 많이 읽어서 내용을 다 외웠나 보다'라고만 생각했다. 요맘때 아이들은 기억력이 아주 좋아서, 내리 열 번쯤 같은 책을 읽어주면 글자를 몰라도 이내 그 내용을 거의 똑같이 읽을 줄 안다. 그런데 그날 살펴보니 정한이는 단순히 내용을 외워서 읽는 게 아니라, 어느새 제법 많은 글자를 익히고 있었다.

그 일이 있고 며칠 후, 정한이의 한글 실력이 동네에 소문난 일이 생겼다. 정한이가 옆집에서 놀고 있는데, 갑자기 아주머니가 "정한아, 정한아. 이리와 봐라!" 하는 것이다. 무슨 일인가 싶어 청소를 하다 말고 가보았더니 아주머니가 깜짝 놀란 얼굴로 말씀하신다.

"정한아, 너 알고 있나? 애가 한글을 읽는다."

"아~ 많이는 아니고 조금 알고 있나 봐요."

그때 정한이는 그 집 거실 소파에서 신문을 보고 있었는데, 손가락으로 기사를 짚어가며 한창 뭐라고 중얼대고 있었다. 마치 내용을 알기나 하는 듯이 제법 심각한 얼굴이었다.

이때부터 정한이는 동네에 '똑똑한 아이'로 소문나기 시작했다.

아기와 엄마가 함께 앉아 책 읽는 풍경은 매우 평화롭고 아름답지만, 사실 읽어주는 입장에서는 제법 고된 중노동이다. 정말 좋은 책은 어른이 읽어도 재미있지만, 그래도 어쨌든 아이들 책이어서 어른 눈높이에는 좀 심심하다. 그런 걸 아이가 "또 읽어주세요!"라고 조르면 몇 번이고 반복해서 읽어줘야 한다. 정한이 현욱이가 아기 때 읽은 책들은 그야말로 수십 번 읽은 것들이 대부분이다. 읽다가 재미가 없으면 조금씩 이야기를 덧붙이기도 하니까 입으로는 읽으면서도 머리는 쉴 겨를이 없다. 목은 또 어찌나 금방 아파오던지….

그래서 몸과 마음이 피곤한 날에는 책 읽어주는 것이 힘에 부쳐서 남편에게 '당신이 읽어주라'고 떠밀 때도 적지 않았다. 그런데 그렇게 수고한 덕분에 '한글 깨치기'라는 큰 산을 나도 모르는 사이에 자연스럽게 넘었다니! 목이 아프도록 책을 읽어준 보람이 느껴져서 한동안 정말 뿌듯했다.

책으로 놀고, 놀면서 배운다

　어릴 때 책 읽고 그림 그리며 놀던 정한이 현욱이의 '책 놀이'는 날이 갈수록 다양해지고 과격해졌다. 이제 이 아이들은 단순히 놀면서 독후활동하는 수준을 넘어, 정말 책을 '장난감' 다루듯 갖고 논다. 책으로 도미노 놀이를 하고, 성을 쌓아 전쟁 놀이도 한다. 책이 의자가 되고, 때로는 벽돌이 되어 집을 만드는 기둥을 이룬다. 내가 보기에 책으로 생각해낼 수 있는 것들은 어지간히 다 하는 것 같다. 도서관 사서나 장서가(藏書家)처럼 책을 아끼는 사람들이 본다면 혀를 끌끌 찰 일이다.

　정한이가 초등학교 1학년 즈음으로 기억되는데, 어느 날은 책을 차곡차곡 쌓아올려 담을 만들고 그 위에 얇은 이불을 덮어 천막집을 지었다. 그 안에서 정한이는 간식도 먹고 한참 놀다가 책을 읽기 시작했다. 그런데 책장에 있는 책을 읽는 게 아니라 담으로 쌓은 책들을 읽는 것이다. 한 권 두 권씩 빼내어 읽다 보니 결국 천막이 무너져 내렸다.

"엄마, 집이 무너졌어요."

"어떻게 하지?"

아이는 곰곰이 생각하더니, 갑자기 엉뚱한 질문을 한다.

"엄마, 지진이 나면 이렇게 될까요?"

"글쎄, 지진의 세기에 따라 다르겠지만, 이보다 더 어지럽지 않겠니?"

아이는 지진이 나면 어떻게 되는지 재연해보고 싶은 눈치였다.

"그럼 오늘 우리 지진 놀이 해볼까?"

"좋아요. 와, 신난다!"

그 길로 아이는 지진에 관한 책들을 찾아와서는 '재연'에 참조할 만한 자료를 열심히 뒤지기 시작했다. 그런 다음 블록, 인형, 자동차 등 집에 있는 물건들을 있는 대로 모아 도시를 만들었다. 물론 TV에서 보았던 뉴스를 떠올리면서 종알종알대는 것도 쉬지 않았다.

"엄마, 고베 지진이요. 1995년 오전에 일어난 지진인데요."

"그래, 일본 고베에서 지진이 일어났구나. 사람이 많이 다쳤다니?"

"네. 노인들의 피해가 많았다네요."

"그랬구나. 무엇 때문에 지진이 생겼는지 혹시 아니?"

"네. 고베 앞에 있던 섬과 고베 본토의 숨겨진 단층이 충돌했대요."

"그래? 단층이 충돌해서 지진이 생겼구나?"

이 와중에 이불 위에 제법 그럴듯한 도시 모형이 완성되었다. 정한이는 이불 위에 올라가고, 나는 이불을 붙잡고 이리저리 끌고 당기느라 바쁘다. 내가 "이번엔 진도 7의 강진이다!" 하며 이불을 확 잡아당기자 블록과 자동차들이 어지럽게 쓰러지고, 아이는 계속 휘청거리면서도 재미있다고 깔깔댔다.

책으로 시작한 놀이는 그 특성상 다시 책으로 이어진다. 그리고 그 과정에서 자연스럽게 새로운 것을 학습하는 계기가 마련된다. 방금 마친 지진 놀이를 더 실감나게 해보기 위해 우리는 아예 《지진이 일어난다면》이라는 책을 꺼내 함께 읽기 시작했다.

책을 보면서 정한이는 지구는 항상 움직이고 있고, 산도 대륙도 움직인다는 것을 이야기한다. 우리가 살고 있는 곳은 지구의 표면인 지각(地殼)이고, 이곳에서 지진이 생긴다는 것을 알게 된다. 지진의 세기는 미국의 과학자인 리히터가 발명한 '리히터 지진계'로 측정한다는 것을 알게 된다. 더불어 지각을 이루는 '판'을 이야기해보고, 이 판들이 서로 밀어내면 지표면이 휘어져서 지진이 생긴다는 것을 알게 된다.

비단 지진뿐인가. 지진이 생기는 이유를 알아나가면서 두 판이 벌어지거나 부딪치지 않고 생기는 '단층'에 대해서도 알게 된다. 나아가 지진과 관계되는 화산에 대한 이야기를 하고, 해일에 대해서도 이야기하면서 계속 책을 찾아본다.

"엄마, 책에서 읽었는데요. 백두산이랑 한라산이 화산 폭발로 생긴 산이래요."

"야~ 정한이 대단하네. 어쩜 그런 것을 다 알고 있니? 역시 책 읽기를 열심히 하니 아는 것도 많구나. 훌륭해요~"

엄마의 칭찬에 신난 아이는 이번에는 화산에 관한 책들을 찾아온다. 백두산의 위치도 찾아보고 한라산의 위치도 알아본다. 그림솜씨가 별로인 정한이지만 우리나라 백지도를 가져다놓고 그 위에 폭발하고 있는 백두산을 그리고 한라산을 그리기도 한다. 역사상 가장 유명한 화산 폭발로 알려진 이탈리아 베수비오산의 폭발 이야기도 한다. 그 폭발로 로마의 폼페이와 헤르쿨라네움의 도시가 한순간에 땅속으로 사라져버렸다는 것을 알게 된다.

내친 김에 세계지도를 보면서 로마가 이탈리아의 수도라는 것을 알고, 이탈리아가 유럽에 있다는 것도, 우리나라처럼 반도(半島) 국가인 것도 알아간다. 이렇게 아이의 관심은 꼬리에 꼬리를 물며 지칠 줄 모르고 이어진다. 물론 지진에서 화산으로, 화산에서 세계지리로 책갈피를 끼우며 이 책 저 책 찾아보는 놀이도 계속된다.

이때만큼은 나도 모든 일을 제쳐두고 아이와 푹 빠져 논다. 제법 몸무게가 나가는 아이와 몸을 부대끼고 놀다 보면 땀도 나고 지치지만,

한편으로는 스트레스도 풀리는 맛이 자못 상쾌하다.

물론 신나게 놀고 나면 치울 일이 막막하다. 하지만 정리하는 것 때문에 아이에게 스트레스를 주지는 않는다. 대신 온 가족이 함께 조금씩 나누어서 정리를 한다. 예전에는 대부분 어른들이 치웠지만, 지금은 아이들이 알아서 놀고 알아서 치운다. 어릴 적부터 놀이를 한 다음에 엄마 아빠가 정리하는 모습을 보면서 자연스럽게 정리하는 습관도 배운 것 같다. 물론 내가 정리하는 것처럼 완벽하게 해놓는 것은 아니지만, 너무 엉망이어서 생활에 지장을 주는 정도가 아니라면 그냥 둔다. 어차피 아이 물건은 아이 것이니 자신이 편한 대로 두고 사용하면 된다고 생각하기 때문이다.

책으로 놀아주는 데는 남편도 일가견이 있다. 5년쯤 전에 오랜만에 친정언니와 여동생과 광주로 1박 2일 나들이를 다녀왔는데, 현관에 들어서니 집 안 분위기가 정말 말이 아니었다. 책이란 책은 다 거실로 쏟아져 나온 게 정신이 없었다.

"집이 왜 이렇게 됐어?"

그랬더니 남편이 큰일을 했다는 듯이 말한다.

"책 배치도 다시 좀 하고 쌓인 먼지도 털어냈지."

"책을 이런 식으로 해놓으면 불편할 텐데."

"우리가 생각해냈어요. 미로같이 재미있게 해놓았지요."

나는 가뜩이나 좁은 집이 더 복잡해져서 내심 못마땅했지만, 이미 저질러진 일이었다. 아이들은 책상 밑으로 들어가 쪼그리고 앉아 책을 읽었다. 이 구석 저 구석 숨어서 책을 읽는 것이 더 재미있고 즐거운 모양이었다. 이 일이 있은 후 우리 집은 1년에 한두 번씩 대대적인 책 정리 작업을 하곤 한다.

책을 갖고 논다고 하면 사람들은 '책으로 이야기를 꾸미나 보다' 또는 '책에 소개된 작품을 만드는군' 정도로 생각한다. 독후활동의 한 가지로 바라보는 것이다. 그래서 우리 가족의 책 놀이를 들려주면 놀라는 사람들이 많다.

'책 놀이'라는 말에 정말 책을 장난감처럼 갖고 노는 활동을 떠올리지 않는 이유는, 아무래도 '책이란 소중히 다뤄야 하는 존재'라는 선입견이 강해서인 것 같다. 나부터도 예전에는 책을 갖고 놀거나 깔고 앉는다는 건 생각도 못했으니 말이다.

하지만 무엇이든 친해지는 데는 노는 것보다 빠른 방법이 없는 것 같다. 책 놀이를 통해서 책과 친해지고 나면, 나중에 자연스럽게 책을 아끼고 소중히 여기게 되지 않을까?

그러니 오늘 당장 아이와 함께 신나게 책 놀이를 해보시길. 책으로 징검다리를 만드는 것부터 성벽을 쌓고 서점 놀이를 하는 것까지, 방법은 무궁무진하다. 우리 경험으로 비춰보건대, 어쩌면 아이들보다 엄마 아빠가 더 신나서 빠져들지도 모른다.

'추천도서'를 사줄까,
좋아하는 책을 사줄까?

2004년 6월 3일 금요일

제목 : 책 보는 게 좋아!

나는 책을 읽어야 기분이 좋다.

책을 읽지 않으면 심심하다.

밥을 먹을 때, 휴일일 때 학교 쉬는 시간일 때 외에는 책을 읽

을 시간이 부족하다. 그래서 나는 책을 많이 읽을 방법을 생각

해 보았다.

TV를 조금만 보고 책을 읽고, 응~가 하면서 책을 읽고…. 책을

읽으면 머리에 지식이 쌓이고 나의 꿈도 이룰 수 있어서 좋다.

정한이가 1학년 때 쓴 일기다. 정한이에게 열심히 책을 읽어주긴

했지만, 나도 사실 저렇게까지 책을 끼고 살지는 않았기 때문에 '책을 읽어야 기분이 좋다'는 정한이의 마음을 100% 이해하지는 못한다. 그저 아이가 책을 좋아하니 다행이라고 생각할 뿐이다.

정한이는 책을 참 '맛있게' 읽는다. 유난히 밥을 맛있게 먹는 사람이 있는 것처럼, 정한이는 책을 놀잇감 다루듯이 즐거워하면서 읽는다. 글 책을 읽으면서도 만화책 보듯이 키득거리기 일쑤다. 뭐가 그렇게 재미있냐고 물었더니 '어떤 상황인지 머릿속에 그려보면' 그렇게 재미있을 수 없단다. 한번은 이에 관한 글을 쓰기도 했다.

내가 어릴 적에는 그림과 글을 같이 보았다. 그러면서 나는 어떤 모습이 서로 짝지어지기 시작했었다. 그러더니 글만 읽어보면 내 머릿속에 영상이 펼쳐지기 시작했다. 결국 나는 글만 읽어도 재미있게 읽는 이유가 여기에 있다. 예를 들어 《마틸다》에서 브루스라는 아이가 초콜릿 케이크를 괴롭게 먹어대는 모습이 생각을 말로 표현해보자면 탁자에 앉아서 자기보다 더 큰 케이크를 집어넣고 있으며, 옆에는 트런치불 교장이 화난 체로 씩씩거리면서 코를 벌름벌름거리는 모습이 생각난다.
그런데 이런 모든 머릿속의 영상은 책을 짓는 작가들의 뛰어난 표현이 이것을 도와준다. 브루스의 생김새, 트런치불의 모습 등이 세부적으로 묘사되어 있기 때문이다.

책과 친구 맺어주기 대작전

앞의 글에 적은 대로, 정한이는 로알드 달의《마틸다》를 읽을 때 계속 머릿속에 뭔가 연상이 되는지 읽는 내내 아주 푹 빠져들었던 기억이 난다(천재소녀 마틸다가 학교에 들어가면서 겪게 되는 좌충우돌 소동을 그린 이 책은 정한이 또래의 초등 고학년 아이들이 특히 좋아하는 것 같다). 정한이는 로알드 달의 책을 좋아해서 이 책 말고도《찰리와 초콜릿 공장》은 스무 번도 더 읽었다. 지켜보는 입장에서는 똑같은 책을 저렇게 많이 읽을 필요가 있을까 싶지만, 정한이는 읽을 때마다 전에 보지 못한 새로운 걸 발견할 수 있어서 재미있다고 한다.

하긴 영화나 드라마를 보듯이 장면을 연상하며 책을 읽는다면 독서가 한층 흥미진진할 것 같다. 그리고 그 재미 속에서 새로운 관심이 자라나 다른 책으로 가지를 뻗어나가기도 한다. 그렇게 해서 정한이의 독서영역은 점점 그 폭을 모르게 확장되고 있다.

이런 식으로 정한이는 지금까지 3,000권 가까운 책을 '먹어치웠다.' 애초에 책을 좋아하는 아이를 소망했지만, 솔직히 이 정도로 책에 탐닉하리라고는 기대하지 못했다. 처음 책을 읽힐 때 '재미있게' 독서할 수 있도록 노력했는데, 이게 주효했던 것 같다. 아이들이 놀이터에서 운동장에서 신나게 뛰어놀고 컴퓨터 게임에 열광하는 것처럼, 정한이는 어릴 적 책을 갖고 놀던 기억을 지금 이 순간도 스스로 계속 발전시키고 있는 것이라 생각한다.

정한이가 책을 많이 읽는 원동력이 '재미'에 있다는 걸 알기 때문에, 나는 책을 고를 때도 '아이가 재미를 느끼도록 원하는 대로 따라가 주는 것'을 가장 먼저 염두에 둔다. 어른인 내 눈에는 별것 없어 보이는 그림책에 아기였던 정한이 현욱이가 정신없이 빠져드는 것을 보면서 '아이가 좋아하는 책은 내 기준으로 고르면 안 되겠다'는 생각이 들었기 때문이다. 일례로 내가 보기엔 심심할 만큼 단순하기 그지없는 그림과 이야기로 구성된 《달님 안녕》이라는 책을 정한이가 어찌나 좋아했던지, 너무 많이 읽어서 헤진 바람에 새 책을 다시 사줘야 했다.

'재미'는 아이들이 초등학생이 된 지금도 유효한 책 선택 기준이다. 학교 공부는 부모로서 어느 정도 관리를 해주지만, 공부와 상관없이 읽는 책들은 지금도 아이들이 고르는 대로 읽게 하는 편이다.

정한이가 알아서 잘 고르니까 편하게 맡기는 거라고 할 분도 있겠지만, 아직 어린 현욱이에게도 나는 아이가 좋아하는 책을 우선적으로 사준다. 설령 그게 만화책이라도 지나치게 폭력적이거나 유해하지 않다고 판단되면 뭐라고 하지 않는다. 물론 여기에는 학습에 도움이 되는 만화책이 많아서 한층 안심이 된다는 이유도 있다.

하지만 주위를 보면 여전히 많은 사람들이 자녀가 만화책 읽는 것을 아주 싫어한다. 조금만 다르게 생각하면 만화책도 독서에 훌륭히 기여하는데, 당장 공부에 도움이 안 된다고 타박하는 것이다. 좋은 만화책을 읽으면서 흥미를 느끼게 되면 자연히 글 책도 읽게 되

책과 친구 맺어주기 대작전

고, 두꺼운 책도 읽게 된다. 실제로 우리 아이들은 가끔 책 읽는 게 지칠 때 만화책을 보게 해주면 둘이 함께 깔깔대고 난리법석을 치며 읽는다. 이렇게 한바탕 신나게 놀고 나면 다시 글 책을 읽을 힘을 얻곤 한다.

이런 생각은 그동안 우리 부부의 어설픈 교육철학으로만 머물러 왔는데, 얼마 전에 전문가로부터 나름의 타당성을 '인정'받게 됐다.

퀴즈 대회에 나간 후 SBS 〈그것이 알고 싶다〉에 정한이가 나온 적이 있다. 그 프로그램에서는 정한이의 뛰어난 기억력이 선천적인 것인지, 아니면 우리만의 다른 훈련방법이 있는지를 주로 탐색했다. 그때 자문으로 출연한 고려대학교의 신경과 전문의인 박건우 교수는 정한이가 세계 국가와 수도를 줄줄 외고, 비밀노트를 작성하고, 책을 찾아 뒤지고, 새롭게 알게 된 것에 대해 열심히 수다를 떠는 장면을 보더니 이런 설명을 했다.

"계속적으로 반복하면 머릿속에 남아 있지만, 그것이 이후에 유용성이 없다면 (기억이) 없어집니다. 굳이 기억할 필요가 없는 거죠. 그러니까 반복적인 학습이 중요한 것은 아니에요. 그것은 보통 암기를 하는 하나의 방법이고요. 진짜 기억에 꽉 넣어져 있으려면 '재미'를 느낀다는 게 상당히 중요합니다. 재미가 있어야 기억할 만한 가치가 있습니다."

이 말에 따르면 아이의 관심과 재미를 자연스럽게 따라가는 방식이 장기적인 학습효과 면에서도 바람직하다는 것이다. 무조건 아이들 좋다는 대로 해주는 게 맞는지 의문이 들 때가 있었는데, 그런 우리의 걱정을 씻어주는 반가운 말이었다. 생각해보면 당연한 말이다. '평양감사도 저 싫으면 그만'이라는데, 하물며 골치 아픈 공부를 재미도 없이 무슨 재주로 하겠는가.

그럼에도 '애들이 좋아하는 책을 사준다'는 내 기준은 정한이처럼 알아서 책 잘 읽는 아이를 둔 부모의 '한가한 소리' 취급을 받은 적도 없지 않았다.

"우리 애 책을 좀 사주려고 하는데, 어떤 출판사에서 나온 책을 읽히면 좋을까?" 하고 물어보는 사람들이 간혹 있다. 내가 특별한 지식을 갖고 있는 것도 아니어서 솔직히 여간 조심스러운 게 아니다. 그래서 일단 그 집 아이가 어떤 책을 읽는지 물어본다.

"집에 어떤 종류의 책들이 있는데?"

"책 별로 없어. 학습만화책 몇 권 있고, 학교에서 읽고 독후감 쓰라고 숙제 내서 몇 권."

"그러면 내 생각에는 이런 책들이 좋을 것 같은데…."

그러면서 나는 두께가 얇고 그림도 있어서 쉽게 읽을 수 있는 책을 권해준다. 대부분 우리 아이들도 읽은 책이어서, 다른 아이들도 별 어려움 없이 잘 읽을 수 있으리라는 판단에서다. 내가 잘 아는

책과 친구 맺어주기 대작전

아이라면 그 아이의 수준을 감안해서 내 나름대로 추천하기도 한다.

쉬운 책을 추천하는 이유는 한 가지다. 내게 조언을 구하는 집은 아이들이 책을 잘 안 읽는 경우가 대부분이다. 그래서 우선 독서에 흥미를 느끼라고 책의 두께보다는 책 읽기 자체에 의의를 두고 가벼운 책부터 골라주곤 한다. 그런데 문제는 엄마들의 반응이다.

"뭐? 이 책 한 권이 만 원은 될 텐데, 그 돈으로 4학년이나 되는 애한테 이런 시시한 책을 사주라고?"

"우리 애가 지금 6학년인데 이렇게 얇은 책을 읽으라고? 무슨 소리 하노?"

내가 자기 아이의 수준을 업신여긴다고 생각하는지, 아니면 책값이 아까워서 그런지 반응이 영 시큰둥하다. 때로는 드러내놓고 기분 나빠하기도 한다. 독서력은 부모의 욕심이 아니라 아이의 능력인데, 무조건 얇고 그림 많은 책은 안 된다는 식이다.

하지만 일단은 아이가 재미있게 읽고, 그 다음에 '또 다른 책을 읽고 싶다'는 마음을 가지게 하는 것이 먼저다. 옆집 아이가 뛰어다닌다고 아직 걷지도 못하는 우리 아이에게 뛰기를 시키는 엄마는 없을 것이다. 책이나 공부도 마찬가지 아닐까? 예를 들어 내 아이가 4학년이라도 2학년 수학을 모르면 그것부터 해결해야 한다. 그렇지 않으면 그 아이는 4학년뿐 아니라 5학년, 6학년이 되어도 수학을 모르게 된다.

책 읽기에서도 '본전' 생각이 나서 아이에게 무조건 어렵고 내용이 빼곡한 글 책을 들이민다고 아이의 독서력이 향상되는 건 아니다. 오히려 책과 더욱 멀어질

것이다. 일전에 TV에서 방송한 독서 관련 다큐멘터리에서는 '엄마의 욕심이 아이의 뇌를 망친다'고까지 경고한 적이 있다. 엄마 욕심에 아이들이 소화 못할 정도의 책을 갖다 안기면 아이가 똑똑해지기는커녕 머리도 나빠지고 심리장애까지 겪게 된다는 내용이었다.

나는 아이들 의견을 묻지 않고 알아서 책을 사줄 때는 어떤 분야의 책이든 내용이 어렵고 분량이 많은 것은 처음에는 배제한다. 물론 살림을 하는 사람으로서 비싼 책값을 생각하면 쉬운 결정은 아니다. 하지만 그때마다 책을 읽을 아이들을 생각한다. 자기가 고른 것도 아닌데, 글자만 빼곡하게 들어앉은 책을 읽으면 얼마나 힘들겠는가? 그래서 처음에 사줄 때는 분량도 적고 그림이나 사진이 많이 들어간 책을 고른다.

아이들이 원하는 책 위주로 고름으로써 생기는 이점은 아이들의 흥미를 유발하는 것 외에도 한 가지가 더 있다. 바로 아이들의 '책 선택능력'을 일찍부터 키워줄 수 있다는 것이다.

아이들은 어른들이 생각하는 것보다 훨씬 지혜로운 것 같다. 책

읽는 습관만 들여놓으면 좋은 책을 가려서 읽는 안목도 자연스럽게 갖추게 된다. 그때부터는 내가 굳이 나서서 '감 놔라, 배 놔라' 훈수 둘 필요가 없다. 자신의 필요와 판단력을 바탕으로 가장 적절한 책을 고를 수 있기 때문이다.

요즘에는 아예 아이들이 책을 고른 다음 제목을 메모해서 컴퓨터 옆에 붙여놓고, 나는 주문만 해준다. 정한이는 고령군립 도서관이나 아동센터 도서관, 학교 도서관에서 주로 책을 빌리는데, 그러고도 더 읽고 싶거나 관련된 책이 있으면 내게 사달라고 한다. 현욱이는 아직 형이 읽는 책을 따라 읽는 편이지만, 곧 자기만의 선택기준을 만들 것이라 생각한다. 물론 나도 아이가 원하는 책을 다 사주지는 않지만, 그 이유가 아이들이 원하는 책이 나빠서인 경우는 거의 없다. 대부분은 사놓고 아직 읽지 않은 책이 많이 쌓여 있어서다(너무 어려워서 읽지 못하는 경우는 예외다).

그런데 이렇게 마음껏 책을 사주다 보니 내게는 남모를 고충이 하나 있다. 바로 '책값'이다. 요즘에는 전집을 제외하고 단행본을 구입하는 데 한 달에 대략 14만 원 정도를 쓰는 것 같다. 우리 같은 서민 살림에는 무시 못할 액수다.

한번은 정한이가 위인전 전집을 사달라고 일기장에 적어놓았다. 아시다시피 전집은 기본이 몇 십만 원이고, 100만 원 넘는 것도 허다하다. 아무래도 무리인 것 같아서 그날 일기에 내가 답글을 달아놓았다.

"정한아, 위인전 우선은 군립 도서관에서 빌려서 보고, 나중에 형편 풀리면 사줄게. 네가 원하는 위인전을 엄마에게 말하면 너 학교 간 사이에 빌려놓을게."

그런데 도서관에도 정한이가 원하는 출판사의 위인전이 없다는 것 아닌가. 어쩔 수 없이 일단 다른 출판사의 책을 대출하고, 나중에 정한이가 원하는 위인전을 구입해주었다. 빚진 것 같은 느낌이 싫어서 카드할부를 잘 안 쓰는 나로서는 그야말로 일시에 목돈을 헐은 큰 결심을 한 것이다.

그 뒤부터 전집을 구입할 계획을 세우면 몇 달 전부터 따로 돈을 모아둔다. 책값이 아깝다는 생각이 들 때마다 '우리 집은 학원 안 다니니까 그 돈 대신한다'고 나 스스로를 다독여가면서 말이다.

책 읽는 '성취감'을 주자

정한이는 '활자중독'이라는 말을 들을 정도로 무엇이든 읽는다. 한글을 뗀 뒤부터 신문이든 상점 간판이든 가리지 않고 읽는 것으로 동네에서 유명했다. 어느 아주머니는 여섯 살 정한이가 길에 떨어진 중국집 전단을 읽는 데 정신이 팔린 모습을 보기도 했다.

하지만 그런 정한이도 아무 책이나 다 읽지는 않는다. 어떤 책은 자주 읽는 반면 어떤 책들은 아예 펼쳐보지도 않는 것 같다. 단행본은 정한이가 원하는 책들 위주로 구입해서 그런지 비교적 잘 읽었다. 그러나 전집인 경우에는 몇 개월이 지나도 읽지 않는 책들이 있다. 특히 이야기책은 잘 읽으려 하지 않는다.

거금을 들여서 산 전집인데, 안 읽는 책을 보면 엄마로서 아깝다는 생각이 든다. 수십 권 가운데 한두 권쯤 흥미가 없는 건 읽을 시기를 놓치는 것 같았다. 때로는 학교 공부 등 다른 일에 바빠서 책을 눈앞에 두고도 읽을 짬을 못 낼 때가 있다. 이렇게 정한이가 안 읽고 넘기는 책들을 자연스럽게 읽게 하기 위해 나는 일련의 작전을 구상했다.

처음에는 읽은 책을 뒤집어놓도록 했다. 그런데 그 방법은 보기에도 이상할뿐더러 무심결에 거꾸로 꽂은 책과 헛갈리게 되었다. 그래서 이번에는 문구점에서 스티커를 사서 읽은 책 표지에 붙이게 했다. 하지만 그 방법도 문제가 많았다. 일단 책이 지저분해지는 데다, 현욱이가 가세하니 누가 붙인 스티커인지 알 수 없게 되어 효과적이지 않았다. 그래서 요즘은 책 목록을 작성하고 있다. 각자의 목록을 가지고 확인란에 표시를 해가며 책을 읽어 나가는 것이다.

이런 다양한 독서자극 방법 가운데 가장 가시적이고 효과도 좋은 건 이른바 '독서용돈제'다.

우리 집은 아이들에게 따로 용돈을 주지 않는다. 그렇다고 아이들에게 전혀 돈을 주지 않는 것은 아니다. 일종의 '아르바이트' 형태로 자잘한 집안일을 도우면 용돈을 준다. 아빠 구두 닦기, 쓰레기 버리고 오기, 청소기 돌리기 등 심부름을 하거나, 성적을 목표만큼 달성하거나 하면 준다.

그중에서 가장 용돈을 많이 받을 수 있는 장치가 책 읽기와 연관돼 있다. 아이와 언제까지 얼마만큼의 책을 읽기로 약속을 하고 이를 지키면 용돈을 준다. 그 책을 읽고 내가 제시한 독후활동을 하면 또 준다. 읽은 책에 대해 이야기하는 것을 듣거나 일기 쓴 것을 보면 아이가 책을 제대로 읽었는지를 대체로 가늠할 수 있으므로 별도의 독후활동을 하는 경우는 별로 없지만, 가끔은 책에서 모르는 단어를 찾아서 국어사전에서 뜻을 옮겨 적는 등의 숙제를 내줄 때도 있다.

이 방법은 현욱이에게도 똑같이 적용된다. 현욱이는 책 읽는 것을 좋아하긴 하지만 아주 열심히 읽는 편은 아니다. 그래서 특히 현욱이에게 용돈을 걸면서 책을 읽히고 있다. 이때 읽어야 할 책을 많이 주지는 않는다. 하기 싫은 일이 잔뜩 쌓여 있으면 시작도 하기 전에 질리기 때문에, 도전 가능한 선에서 몇 권을 읽자고 서로 약속한다.

용돈은 퀴즈 문제를 맞힐 때도 준다. 우리 가족은 정한이가 출연했던 〈퀴즈 대한민국〉을 비롯해 〈도전! 골든벨〉, 〈1대100〉 등 모든 TV 퀴즈 프로그램을 섭렵하며 함께 문제를 푼다. 아이들이 문제를 맞히면 상으로 100원씩 주고, 어려운 문제를 맞히면 보너스를 얹어서 조금 더 주기도 한다. 이때 "책을 읽으니까 이런 어려운 것도 아는구나." 하며 칭찬도 함께 해준다.

가끔 할아버지 댁에 갈 때도 퀴즈 풀기는 멈추지 않는데, 이게 할아버지께는 큰 구경거리이자 자랑거리다. 어린 두 손자가 어른들도 쩔쩔매는 문제를 척척 맞힐 때마다 할아버지는 비상한 관심을 보이

시며 '퀴즈 대회에 내보내라'고 진지하게 말씀하신다. 〈퀴즈 대한민국〉 출전도 할아버지의 권유가 있었기에 가능했던 일이다. 물론 평소에 우리끼리 퀴즈 풀기를 많이 해온 덕분이기도 하지만.

그런데 가만히 들어보면 어느 집은 '독서용돈제를 하니까 아이가 아무 거나 얇은 책들을 골라서 하루에 100권도 읽어버린다'고 하소연한다. 글자만 건성건성 훑고는 다 읽었다고 돈을 달라고 하니, 돈은 돈대로 들고 아이 머릿속에 제대로 남는 것도 없다는 것이다. 그런 점에서 책 읽기를 돈과 거래한다고 독서용돈제를 비판하는 목소리도 높은 것으로 알고 있다.

부모 입장에서 아이들의 그런 모습을 보면 속이 상하겠다는 생각도 든다. 운 좋게도 우리 아이들은 용돈을 벌기 위해서보다는 책 읽는 걸 정말 좋아하기 때문에 독서용돈제가 잘 정착된 건지도 모르겠다. 우리 아이들이 독서용돈제의 취지가 무색해지지 않도록 잘 따라준 것도 분명 맞는 말이다. 그리고 여기에 독서용돈제의 효과를 높이는 다양한 장치들이 결합돼 결과가 좋아진 것이 아닌가 한다.

독서에서 가장 중요한 건 아이들의 책 읽는 '동기'다. 어릴 때부터 자연스럽게 책과 가깝게 지내고, 책을 읽음으로써 많은 것을 알 수 있다는 걸 깨닫게 하면 기본적인 독서습관은 잡힌다. 여기에 '용돈'이 곁들여지면 '상(賞)'으로서의 의미가 확실해진다.

하지만 책 읽는 게 재미없는 아이에게 '책을 읽으면 용돈을 준다'

책과 친구 맺어주기 대작전

는 걸로 책 읽기를 유도한다면 아이들은 말 그대로 '돈을 벌려고' 책을 읽게 될 것이다. 당장 필요한 돈을 마련하기 위해 적성과는 아무 관계없이 상점 아르바이트하는 것과 다를 바 없게 되는 것이다.

물론 돈을 받기 위해 기계적으로라도 읽고 또 읽으면 어느 순간 책이 자연스러워지고 뜻이 저절로 이해될 수도 있다. 하지만 그렇게 '뜻이 저절로' 깨달아지도록 읽기 전에 아마 대부분의 아이들은 지쳐서 나가떨어지고 말 것이다.

특히 책 안 읽는 아이들을 둔 부모들이 '대가'를 주고 책을 읽게 하겠다는 유혹을 많이 받을 텐데, 그 전에 아이의 동기를 자연스럽게 유발할 수 있는 노력을 먼저 했으면 한다. 그건 바로 책을 읽었을 때 느끼게 되는 '성취감'을 자극하는 것이다. 우리 부부는 아이들이 퀴즈 문제를 맞혀서 돈을 줄 때마다 "이야~ 우리 아들이 책을 많이 읽더니 이런 어려운 문제도 다 아네!" 하며 칭찬을 함께 건넨다. 그래야 돈보다 성취감을 더 크게 느낄 수 있다.

아이를 키우면서 늘 느끼는 거지만, '감탄'은 가장 훌륭한 보상이자 자극제인 것 같다. 나는 책을 읽어서 나타나는 효과를 항상 좀 과장해서 호들갑스럽게 말한다. 예를 들어 한번은 TV 시청을 하다가 '리마 증후군'이라는 단어가 나왔다. 곧 정한이가 설명을 시작했다.

"리마 증후군은요, 인질과 범인이 오랫동안 같이 시간을 보낼 때

생겨요."

내가 깜짝 놀라며 물었다.

"리마 증후군이 뭔지 아니?"

"예.《상식지존》이라는 책에서 읽었는데요. 범인이 인질에게 동화되는 것이거든요. 그 반대로는 '스톡홀름 증후군'이 있어요. 이것은요, 인질이 범인에게 동화되는 거죠. 스웨덴의 수도 스톡홀름에서 일어난 사건이라서 스톡홀름 증후군이라고 했나 봐요."

"그래? 야~ 진짜 대단하다. 그런 걸 읽었다고 다 기억하니?"

"재미있는 것은 한 번 읽어도 기억이 잘 나요."

"그렇구나. 정한이는 책을 많이 읽어서 그런지 아는 것이 억수로 많네. 이제 엄마가 모르는 것이 있으면 정한이에게 물어보면 되겠다."

"아니에요. 아직 저도 많이 부족해요. 아~ 엄마가 물어볼 때마다 대답해주려면 앞으로 책 더 많이 읽어야겠다."

정한이의 마지막 말에 주목하시길. 아이들 스스로 이런 장한 결심을 하게 하는 데 '감탄'과 '칭찬'보다 더 강력한 게 무엇이 있겠는가.

> '독서용돈제'는 '용돈' 버는 의미보다 '칭찬'의 의미가 더 강해야 효과가 있다. 어렵지 않은 책을 재미있게 읽고, 덤으로 칭찬까지 받으면 아이들은 더욱 신이 나서 책을 찾게 될 것이다.

책과 친구 맺어주기 대작전

공부방·거실·안방·주방
모두 아이들의 '서재'로

우리 집은 방 둘에 거실 하나, 그리고 주방 하나가 딸린 아담한 아파트다. 정한이가 태어나기도 전에 이사 온 집이라 네 식구가 살기에 그리 넉넉하지는 않지만, 아예 방이 모자라거나 할 정도로 좁지도 않다.

각각의 방에는 그 방에 어울리는 가구들이 놓이게 마련이다. 옷장은 큰 방에, 냉장고는 주방에, TV는 거실에, 책상은 아이들 공부방에…. 그리고 가구에 따라 물건들도 제자리를 찾아간다. 옷은 옷장에, 식기는 싱크대에, 음식은 냉장고에….

그러나 책은 예외다. 책은 어디에나 막 놓아둔다. 아이들의 눈 닿는 곳, 손 닿는 곳 어디에나 책이 있다. 책을 꽂을 수 있는 공간이라면 TV 옆, 식탁 위, 침대 머리맡이든 비어 있는 곳이 없다. 책을 아이의 키보다 낮은 곳에만 꽂아두다 보니, 당연히 집 벽을 따라 죽 책들이 늘어선 모양이 되곤 했다. 요즘 '거실을 서재로'라는 캠페인이 주목받고 있는데, 우리 집은 아예 '온 집 안을 서재로'가 모토인 셈이다.

책과 친해지는 첫 단계로 '어디서든 손에 책이 잡힐 수 있게 두라'는 글을 읽은 적이 있다. 침대에서든 거실에서든 주방에서든 책이 있어야 한다는 것이다. 참 맞는 말 같다. 사람이 의외로 게을러서, 잠깐 움직이는 것도 귀찮아할 때가 많다. 그래서 '심심한데 책이나 읽을까' 하다가도 책장에 가서 고르고 꺼내야 하면 '에잇, 귀찮아' 하고 포기해버리고 만다.

집을 깔끔하게 유지하고 책 상태를 좋게 보존하려면 마땅히 책꽂이에 보관해야 하지만, 일단은 아이들이 책 잘 읽는 게 우선이라는 생각에 나는 아이들이 책을 마음껏 어지르도록 내버려둔다. 물론 그 결과 집은 여기저기 놓인 책들로 발 디딜 틈조차 없기 일쑤다. 그러나 그것은 별 문제가 아니다. 예전에 한번 책 어지르는 습관을 바로잡아보겠다고 나섰다가 낭패를 당한 일이 있기 때문이다.

정한이는 책을 많이 읽기도 하지만, 한 권을 읽으면서 다른 책들을 찾아보는 '책갈피 공부법'이 몸에 배어서 한꺼번에 몇 권씩 나와 있는 경우가 많다. 자기가 찾는 책이 바로 눈에 띄면 다행이지만, 어느 책에서 읽었는지 아리송하면 더 많은 책들로 방이 난장판

책과 친구 맺어주기 대작전

이 되고 만다. 사실 '엄마'로서 그 모습을 보면 열심히 책 읽는 것이 기특하기도 하지만, 한편으로는 '저걸 언제 다 치우나' 하는 생각부터 든다. '저러다 습관이 되어 정리를 제대로 할 줄 모르게 되면 어쩌나' 싶어 잔소리를 하기도 했다.

그런데 몇 번 그렇게 혼을 냈더니 책 읽는 간격이 눈에 띄게 뜸해지는 것 아닌가! 잘못하다가는 책 읽는 것 자체에 스트레스를 받겠다는 생각이 들면서 내 행동이 후회되기 시작했다. 그래서 그 다음부터는 책꽂이에 꽂지 않아도 좋으니 한 자리에만 모아두라고 했다. 그랬더니 아이들이 다시 편하게 책을 꺼내 읽고 한 자리에 쌓아두기 시작했다. 한 곳에 모인 책들은 내가 집 청소할 때 정리하기도

정한이와 현욱이의 공부방.
천장까지 짜넣은 책장에는 1,200여 권의 책이 들어 차 있다.

하고, 아이들이 한꺼번에 책장에 꽂아두기도 한다.

정신없기는 벽도 바닥 못지않다. 책을 읽고 나면 종이로 토끼도 만들고 거북이도 만들었다. 부직포로 숫자도 만들고 모음과 자음도 만들어 벽에 붙이면서 놀았다. 이러느라 우리 집 벽에는 멀쩡한 곳이 없었다. 남들이 보면 하찮은 것일지 모를 아이들의 그림이 덕지덕지 붙어 있었다. 아이들은 그 그림 앞에서 기자가 되어 뉴스를 전하기도 하고 이야기를 만들어 가족뿐인 관객이지만 재미있게 들려주기도 했다.

하지만 집은 그대로인데 아이들은 점점 자라고, 책도 걷잡을 수 없이 많아지자 감당할 수 없는 지경에 이르렀다. 그리고 정한이도 고학년이 되니 공부방이 있어야 할 것 같고, 이런저런 생각 끝에 정한이가 5학년이 될 무렵에 방 하나를 공부방으로 꾸미기로 했다. 그래서 운을 뗄 겸 아이들에게 슬쩍 물어봤다.

"얘들아, 우리 복도방을 공부방으로 만들면 어떻겠어?"

"좋아요. 어떤 식으로 꾸밀 건데요?"

"응, 엄마 생각에는 책이 많으니까 책장을 짜야겠는데. 너희들 책상도 넣어야 하고."

"우와, 이제 책상 따로 쓸 수 있겠네. 신난다!"

어린 현욱이가 덩달아 박수를 치며 좋아했다.

공부방을 꾸미려고 하니 어느 방을 개조할 것인가에서부터 시작

책과 친구 맺어주기 대작전

해 여러 가지 고민거리가 많았다. 그러나 한정된 공간에서 달리 뾰족한 수가 없었다. 복도 쪽에 있는 방을 비우고 방 치수를 재서 붙박이장과 책상을 짰다. 예쁜 디자인의 책상들이 정말 많았지만, 나는 그냥 단순하게 책상과 책장 기능만 잘할 수 있는 튼튼한 것으로 골랐다. 유일한 조건이라면 아이들 건강을 생각해서 접착제 냄새가 나지 않는 것으로 선택하는 정도였다.

유명 브랜드 제품을 산 것도 아닌데, 내 예상보다 가격이 꽤 비쌌다. 그래서 낡은 장롱을 같이 바꾸려던 계획을 잠시 뒤로 미뤄야 했다. 정한이가 이것이 마음에 걸렸는지, 퀴즈 대회 상금이 입금되자 이렇게 말했다.

"엄마, 내가 받은 상금으로 장롱 사세요."

"왜? 이 돈은 다른 필요한 데 쓰고 정한이 미래를 위해 저금해 두자."

그랬더니 정한이가 이런 고마운 말을 한다. "아니요, 저번에 우리 공부방 꾸밀 때 엄마가 우리 것 좋은 것으로 해서 돈이 모자라 장롱 못 바꿨잖아요. 이번에는 엄마 장롱 좋은 걸로 사요."

정말 가슴이 뭉클했다. 이 어린 것이 어찌 이런 마음을 다 가지고 있었을까?

특별히 인테리어를 한 건 없지만, 그래도 공부방을 꾸며놓으니 예전에 책이 사방팔방 흩어져 있을 때보다 한결 정돈돼 보인다. 비록

좁은 집이지만 그나마 숨 쉴 공
간도 생겼다. 물론 책을 보관하
는 방이 생겼달 뿐, 지금도 책을
아무 데서나 읽느라 '온 집 안을
서재로' 만드는 일은 계속되고
있지만 말이다.

　그런데 책꽂이를 들여놓고 나니 안 좋은 점도 있다. 책을 꽂을 때 아이들이 자주 읽는 책들을 꺼내기 쉬운 높이에 배치하고 요즘 뜸하게 읽는 책들을 위로 올렸더니, 간혹 위에 있는 책을 꺼내려면 의자를 놓고 올라서야 해서 아이들이 불편해한다. 모든 책을 아이의 눈높이에 맞게 꽂아두면 좋겠지만, 공간이 부족하니 어쩔 수 없는 일이다.

　그래서 요즘은 아이들 책 읽는 것을 지켜보면서 필요할 법한 책들을 내가 미리 내려놓기도 한다. 또 책꽂이가 정한이 위주로 되어 있기 때문에 현욱이가 자기 책을 찾는 게 조금 더 불편한 것 같아서 가끔은 현욱이가 자주 읽는 책들을 슬그머니 거실 탁자 위에 올려놓기도 한다. 책을 찾으러 다니는 현욱이의 수고를 조금이라도 덜어주고 싶어서다.

책과 친구 맺어주기 대작전

엎드려 읽으면 어때

정한이는 책을 많이, 그리고 오래 읽는다. 하지만 독서습관이 몸에 밴 아이 치고는 자세가 좋지 않다. 책상에 가만히 앉아서 읽지 않고 늘 엎드리거나 바닥에 앉아서 읽는다. 책 좋아하는 아이들은 대개 책상에서 바른 자세로 읽을 것 같은데, 정한이는 마치 중년 남자가 잡지나 신문 뒤적이듯이 '한가한' 자세로 읽곤 한다. 내가 식사를 준비할 때 주방 옆에서 읽고, 거실에 엎드려 읽기도 하고, 누워서 읽기도 한다.

어른들 눈에는 당연히 좋아 보이지 않는다. 별로 집중해서 읽는 것 같지도 않고, 무엇보다 그런 자세로 오랫동안 책을 읽다가는 눈이나 척추에 무리가 갈 수 있어서 늦기 전에 고쳐야겠다고 마음먹었다. 그래서 독서대도 사용하게 하고, 책상에서 읽으라고 잔소리도 해봤다.

그런데 정한이는 이미 버릇이 들어서인지 책상에서 읽는 걸 불편해했다. 내가 잔소리를 늘어놓으면 그때만 반짝 조심할 뿐, 이내 예전 자세로 돌아와 있기 일쑤였다.

"정한아, 바로 앉아서 읽어."

"네."

그런데 이번에는 밥상을 앞에 두고도 책을 읽는다. 밥 한 숟가락 뜨고 한참 읽고 또 한 숟가락을 뜬다.

"정한아, 밥 먹을 때는 책 좀 읽지 마."

보다 못한 내가 잔소리를 하면 비로소 슬그머니 책을 내려놓는다.

심지어 TV를 보면서 책을 읽을 때도 있다. 나로서는 이해하기 어려운 경지다. '저러고도 내용이 머리에 들어오나?'

"정한아, TV을 보든지 책을 읽든지 하나만 해. 너 책 내용 이해하고 있니? TV에서 무슨 이야기하는지 듣고 있니?"

"알았어요. 책 읽으러 들어갈게요."

그런데 이번에도 방에 가보면 또 엎드리거나 비스듬히 앉아서 읽고 있다.

"정한아, 자세를 바르게 해서 읽어. 잔소리로 듣지 말고. 자세가 바르지 않으면 척추가 삐뚤어지잖아."

이제는 아예 대꾸도 않고 그저 책 읽기에만 몰두해 있다. 때로는 밥을 먹으면서 식탁 밑에 감추어둔 책으로 슬그머니 눈이 가기도 한다. 그렇게 한동안 정한이와 나의 신경전이 지속됐다.

그러던 어느 날, 정한이가 정색을 하고 말했다.

"엄마가 혼내실 것 같아 신경이 쓰여 책 읽는 것이 불편해요."

"뭐가 불편해?"

"자꾸 자세 바로잡아야 되고, 한 가지 일만 해야 하니 시간이 후딱 지나가서 아까워서요. 그리고 집중도 잘 안 돼요."

"너는 두 가지 일은 하면서, 엄마가 신경 쓰여 집중이 안 된다는 말이니?"

"네. 두 가지 일 해도 다 알 수 있어요. 그런데 엄마가 간섭하시면 연결이 안 되고 짜증이 나요."

나로서는 미처 예상치 못한 반격이었다. 그리고 내가 지적했던 것들이 정한이 입장에서는 한 줄이라도 더 읽으려는 마음에서 나온 행동이었음을 새삼 깨닫게 되었다. 그런 정한이의 마음은 헤아리지도 않고 혼부터 냈으니, 아이가 속상했겠다 싶었다.

"그래? 그랬구나. 엄마가 염려하는 마음이 지나쳐서 그랬네. 미안하다. 그런데 자세는 바로 앉아서 하도록 습관을 들이면 좋겠다. 엎드리거나 비스듬히 앉는 자세를 너무 오래 유지하면 건강

을 해치니까."

"네, 자세는 바로 하도록 노력할게요."

그 일이 있은 후부터 정한이의 책 읽는 태도를 간섭하지 않고 가만히 놔둔다. 바른 자세가 좋다는 생각은 지금도 변함없지만, 그보다는 즐겁게 책을 읽는 게 더욱 중요하다고 판단하기 때문이다. 자세는 학년이 올라가면 차차 나아질 거라 믿고, 우선은 책 읽는 분위기를 조성하는 것이 더욱 중요하다는 생각이 든다.

밥을 먹거나 TV를 보면서도 책을 놓지 않는 것에서 볼 수 있듯이, 정한이는 책이 읽고 싶으면 아무 데서나, 아무 때나 읽어야 직성이 풀린다. 화장실에서도 예외가 아니다. 변비 걸린다고 못하게 했지만, 책을 읽을 때는 화장실에 가고 싶은 순간에도 다음 내용이 궁금해서 못 참겠단다. 내 잔소리 때문에 다음 내용을 마저 읽고 가려다 바지에 실수하느니, 차라리 화장실에서 읽는 게 낫겠다 싶어 결국 그것도 내버려두었다.

차를 타고 여행을 하면서도 책을 옆에 끼고 있다. '창 밖 풍경을 보면서 쉬었으면' 하는 마음이 들지만, 어차피 내 뜻대로 되지 않을 일이다. 그래도 요즘은 차를 타고 이동하는 시간에는 어지럽다며 읽지 않아서 다행이다.

하지만 나의 관대함에도 부작용이 있었다. 모든 일에는 정도가 있

책과 친구 맺어주기 대작전

어야 하는데, 가끔 그 한도를 넘어설 때가 있다. 아이가 편하게 책을 읽도록 마냥 풀어줬더니, 정한이가 정말 나쁜 습관을 들이고 말았다.

"정한이는 길을 걸어가면서도 책을 읽데요."

어느 날 이웃 아주머니가 이렇게 말하는 것 아닌가. 내가 깜짝 놀라서 물었다.

"정한이가요? 언제요?"

"내가 지금 교문 쪽으로 지나왔는데, 정한이가 책을 읽으며 걸어오고 있더라고요."

마음대로 읽으라고 하니까 위험한 길에서도 아무 생각 없이 책을 펼쳐든 것이다. 아이에게 자유를 줄 때는 어느 한도 내에서만 마음대로 해도 된다고 분명히 못을 박았어야 했는데, 똑똑한 아이니까 잘하겠거니 생각하고 내버려둔 내 불찰이었다.

그날 정한이는 5분이면 닿을 집에 30분을 훌쩍 넘겨서 돌아왔다. 이유는 알 만했다. 집에 들어서는 아이에게 물었다.

"정한아, 너 집으로 돌아오는 길에 걸어 다니면서 책 읽었니?"

"예, 《발해를 꿈꾸며》를 읽는데 너무 재미있어서요."

아이는 자기가 무슨 잘못을 했는지도 모르고 가방만 겨우 벗어놓고 계속 책을 읽었다. 그대로 두면 안 될 것 같아서 아이의 책을 뺏고 단호하게 혼을 냈다.

"정한아, 길을 걸을 때는 횡단보도도 있고 구덩이가 있을 수도 있어. 책 읽지 마. 위험해, 알았지?"

"네."

"정한아, 다시 한 번 말하는데 길 걸으면서는 절대 책 읽지 마."

"예, 알았어요."

따끔하게 말했으니 길에서 책 읽는 버릇은 고쳤겠지 싶었지만, 나만의 착각이었다. 어느 날 정한이가 자신 없는 얼굴로 "엄마에게 이야기하면 혼나지 싶은데…." 하고 말을 걸어왔다.

"무슨 이야기인데?"

"제가 오늘요, 학교에서 돌아오면서 책을 읽다가요. 하마터면 차에 치일 뻔했어요."

"뭐라고? 너 엄마가 말했지! 길에서 책 읽는 것 위험하다고."

"죄송해요. 이제 정말 다시는 안 그럴게요."

"진짜 약속할 거지?"

"네, 저도 많이 놀랐어요."

"그래, 다치지 않아서 다행이다. 그 운전하던 사람은 얼마나 놀랐겠니?"

"안 그래도 아저씨한테 혼났어요."

"그래, 혼나도 싸다, 싸. 아저씨께 죄송하다는 말씀은 드렸니?"

"네, 죄송하다고 말하고 인사하고 왔어요."

"그래, 당연히 죄송하다고 해야지. 다치지 않아서 진짜 다행이다.

책과 친구 맺어주기 대작전

앞으로 정말 조심해, 알았지?"

그제야 마음이 조금 풀려 아이를 꼬옥 안아주었다. 정한이도 "엄마, 죄송해요, 걱정하게 해서. 엄마, 사랑해요." 하면서 나를 안아준다. 그때 호되게 데었는지, 지금은 다행히 길에서는 책을 안 읽는 것 같다. 집 아무 데서나 주저앉아 읽는 버릇은 여전하지만.

'아빠는 우리의 가장 친한 친구!'

나는 아이들에게 '친구 같은 아빠'가 되고 싶다. 비록 애정표현 못하기로 유명한 '경상도 사나이'지만, 우리 가족에게만큼은 자상한 사람이고 싶다. 사실 별달리 할 줄 아는 게 없어서 오랜 시간 함께하는 것으로 벌충하는 것도 있지만, 내가 이런 생각을 갖게 된 데는 학창시절 부모님과 떨어져서 외롭게 지냈던 기억이 크게 작용했다.

나의 부모님은 농사를 지으신다. 그래서 나는 중학교 때부터 부모님과 떨어져 형제들과 도시에서 자취를 했다. 아마 그때 시골에서 공부했던 사람들의 형편은 대부분 비슷했을 것이다.

학교에서 집에 돌아왔을 때 아무도 없는 방을 보면서, 마음 한구석이 항상 허전했다. 1~2주에 한 번씩 부모님이 계시는 시골로 가서 쌀과 반찬을 가져오곤 했는데, 집에 왔다가 돌아갈 때면 으레 어머니께서 동산에 올라 버스가 모퉁이를 돌아 사라질 때까지 배웅하셨다.

그런 이별 아닌 이별을 매번 겪으며 어머니에 대한 그리움을 가슴에 담아두고 지냈는데, 내가 스물넷 되던 해에 어머니가 그만 돌아가시고 말았다. 세상을 떠나신 지 20년이 다 돼가지만, 지금도 항상 '어머니가 계시면 얼마나 좋을까' 하는 생각이 간절하다. 나의 아버지는 속정은 깊으시지만 내색하는 데는 인색하시다. 그래서 아버지와는 많은 대화를 나누지 못하고 지냈다.

이렇듯 부모님에 대한 그리움으로 청소년기를 다 보낸 나는, 나중에 결혼하여 자식을 낳으면 무엇보다 아이들과 많은 시간을 같이 보내는 아빠가 되고 싶었다. 자취하던 시절, 부모와 떨어져 생활하면서 가족 간의 대화가 단절되고 나쁜 환경에 휩쓸리는 친구들도 많았다. 그런 친구들을 보면서 나는 아빠가 되면 아이들과 많은 스킨십을 주고받고 서로 부담 없는 존재가 되어야겠다고 생각했다. 부모에 대한 그리움이 아이에게 아픔이 되지 않도록.

내가 겪었던 외로움에 비추어보건대, 아이들은 무엇보다 부모와 함께 있어야 한다고 생각한다. 부모와 같이 있을 때 정서적으로 안정되어 공부도 잘하고, 예의범절도 배우는 것이 아닌가 한다.

물론 직장에 다니다 보니 아이들과 같이 보내는 시간이 길지 않다. 그래서 나는 '최소한 집에서는 아이들에게 잘해주자', '뭐든지 함께하자'라는 결심을 실천하고자 노력했다. 그래서 아이들과 허물없이 장난도 치고, 잠자기 전에 아이들과 누워서 이런저런 이야기도 하고, 책도 읽어주고, 샤워를 해도 셋이서 같이 하고, 아이들이 어디를 가자면 데려가주고 하면서 보낸 것 같다. 엄마가 아이들 혼낼 때는 간혹 방패막이도 되어주면서….

지금도 나는 아이들과 유치한 장난을 많이 친다. 작은아이는 내 바지를 내리고는 재미있다고 깔깔댄다. 때로는 이불로 김밥말이도 하고, 낡아 찢어진 내의로 모자를 만들어 서로 장난도 치고, 그것을 사진으로 찍어놓고 나중에 보면서 서로 웃는다.

이렇게 어릴 때부터 허물없이 지낸 터라, 정한이 현욱이는 나를 엄마만큼이나 친근한 존재로 대해준다. 내가 퇴근하고 현관문을 열라치면 득달같이 달려와 뽀뽀를 한다. 내가 출장으로 하루 이틀 집을 비우면 아빠 보고 싶다고 차례로 전화를 걸고, 회식이 있는 날이면 "아빠, 몇 시까지 올 수 있어요?"라며 귀여운 협박도 서슴지 않는다.

한번은 내가 아이들에게 이렇게 물었다.

"정한아, 현욱아, 너희 가장 친한 친구가 누구야?"

그러자 아이들이 합창하듯 이렇게 말하는 것 아닌가.

"그야 아빠지요!"

그 말을 들은 순간, '내가 아이들을 바르고 사랑스럽게 키우고 있구니!' 하는 생각에 말 못할 흐뭇함을 느꼈다. 그리고 앞으로도 지금처럼 아이들에게 친구 같은 아빠가 되겠다고 다시 한 번 마음먹었다.

PART 2

공부 잘하게 만드는 부모의 역할

공부 효율을 높이려면 부모의 욕심부터 버려라 | 바로 답을 알려줄까, 일단 모른다고
할까? | 인터넷이 없으면 '퀴즈영웅'도 없었다 | 지도로 시작하는 정한이네 지리 공부,
역사 공부 | 함께 읽는 부모만이 알 수 있는 것들 | 아이의 능력을 믿고 기다려주기

아빠 이야기 2 | 정한이의 〈퀴즈 대한민국〉 도전기

공부 효율을 높이려면
부모의 욕심부터 버려라

정한이는 학교에서 전교 1, 2등을 다툰다. 비록 한 학년이 160명 정도인 작은 시골학교이지만, 그래도 엄마 아빠가 별다른 물적 지원을 하지 않는 것을 감안하면 참 잘해주는 것이어서 항상 고맙다. 무엇보다 잔소리를 하지 않아도 스스로 공부하는 아이인지라, 그것만으로도 '복 받은 부모'라고 생각한다.

이렇게 말하면 사람들은 '애가 머리가 좋은가 보네' 하고 넘겨짚곤 하는데, 아쉽게도 정한이는 월등한 천재가 아니다. 게다가 생김새부터가 동글동글하고 말투도 수더분한 것이, '공부 잘하는 아이' 하면 자동적으로 머릿속에 떠오르는 조숙한 '애어른' 이미지와는 거리가 멀다. 정한이는 이렇게 겉으로나 속으로나 지극히 평범한 아이다. 이 말은 곧 정한이가 지금 거두고 있는 성적은 순전히 스스로 공부함으로써 거둔 성취라는 뜻이다.

선천적으로 머리가 좋은 편은 아닌데도 정한이는 어떻게 공부를 잘하게 되었을까? 아이를 지켜봐왔던 엄마로서 추측해보건대, 끝 간 데 없이 뻗어나가는 정한이의 '호기심'과 '관심'이 열쇠인 것 같다.

학교에서는 정한이를 '호기심 대장'이라 부른다. 수업시간에 워낙 질문이 많아서다. 한번 궁금증이 일면 그 자리에서 해결해야 한다. 거기서 또 새로운 물음표가 생기면 새로운 호기심에 도전하면서, 정한이는 지식의 영역을 계속 확장해왔다.

수십 개의 책갈피가 상징하듯이, 열심히 답을 찾아나가는 정한이를 보고 있자면 호기심의 힘이 얼마나 대단한지를 피부로 실감하게 된다. 특히 음악이나 영어처럼 정한이가 크게 관심 갖지 않는 분야와 정한이가 좋아하는 과학이나 역사 분야의 성취도를 비교해보면, 호기심과 관심이 아이들 공부에 얼마나 중요한 원동력인지가 여실히 드러난다.

일례로 〈퀴즈 대한민국〉에서 승승장구하던 정한이는 유독 음악 문제 두 개를 모두 놓쳤다. 음악을 별로 좋아하지 않기 때문에 정한이는 '윤이상' 같은 비교적 평이한 답도 "윤… 윤…" 하다가 결국 맞히지 못했다. 요즘 우리 부부가 한창 고민하고 있는 영어도 마찬가지다. 정한이는 영어 공부를 즐기지 않는다. 다른 과목을 공부하고 책을 찾아 읽는 것과 비교할 때 관심이나 성취도가 떨어지는 건 분명해 보인다. 하필 가장 중요한 영어 과목을 싫어하니 부모로서 안타깝기 그지없는 일이다. 남편과 내가 학원을 다니자고 그렇게 설득하는데도 정한이는 요지부동이다.

유대인 속담에 '말을 물가로 데려갈 수는 있어도, 물을 먹일 수는 없다'더니, 그 말이 정답인 것 같다. 부모들 중에는 '내 아이니까 내 마음대로 할 수 있다'고 생각하고, 아침부터 밤까지 학습 스케줄을 짜서 아이를 데리고 다니는 사람들이 있는데, 내 눈에는 썩 좋아 보이지 않는다. 그렇게 24시간 아이 주위를 맴돈다고 해서 요즘 아이들이 엄마의 헌신에 감사하고 더욱 분발할 것 같지는 않다. 오히려 갇혀 있는 듯한 답답함을 느끼지 않을까. 스트레스 때문에 성적이 더 떨어지지나 않으면 다행일 것 같다. 아이 스스로 좋아서 공부하지 않으면 부모가 아무리 애가 닳아서 정성을 들여도 별 효과가 없다고 생각한다.

특히 한자 공부에는 열광하면서 상대적으로 영어 공부는 싫어하는 정한이를 보면서, 우리 부부는 '스스로 좋아서 하는 공부'만이 진짜 공부를 할 수 있는 유일한 방법임을 여실히 느끼곤 한다.

정한이는 5학년을 마칠 무렵 한국어문회가 주관하는 한자능력검정시험에서 공인급수인 2급 자격증을 땄다. 요즘은 아이들 사이에서 한자 자격증 따는 게 유행처럼 되어 있지만, 우리는 처음부터 몇 급까지 따게 하겠다고 작심하지는 않았다. 유치원에서 사자성어를

공부 잘하게 만드는 부모의 역할

배우던 정한이가 한자를 재미있어하기에 집에서도 하나씩 가르쳐 주었는데, 초등학교 1학년 즈음에 자격증에 관해 알아 와서는 자기도 따겠다고 나서는 것이다. 그때 정한이와 같은 반 친구 중에는 이미 7급을 딴 아이도 있었는데, 아마 그 아이에게서 들은 것 같았다.

나는 아이가 한자 배우기를 좋아하는 것은 기뻤지만, 자격증에는 그다지 관심이 없었다. 내가 바란 것은 흥미를 잃지 않고 꾸준히 배워서 책 읽을 때 도움을 얻는 정도였다. 우리글에는 한자로 된 단어가 많으니까 한자를 알아두면 글 읽기가 훨씬 수월해지고, 이해 수준도 깊어지겠다고만 생각한 것이다. 그래서 급하게 서두르지 않고 하루에 한 글자씩 매일 쓰게 하고, 어느 정도 쓰고 나면 함께 문제를 풀어보기도 했다.

그렇게 한자 공부를 해나가던 정한이는 2학년이 되면서부터 자격증을 따기 시작했다. 지금도 정한이는 한자가 재미있는지 한자 공부를 그만하겠다는 말은 하지 않는다. 현재 정한이의 한자 공부 목표는 특급까지 자격증을 따는 것이다.

물론 한자 공부는 쉽지 않다. 급수가 높아질수록 다루는 글자가 어려워지는 것은 말할 것도 없고, 심오한 한자의 뜻을 이해하지 못한 채 무조건 외워야 할 때도 많아 버거워한다. 그래도 정한이는 스스로 어느 급수까지 하겠다고 정해놓고 매일 꾸준히 공부하기를 멈추지 않는다. 엄마 아빠의 도움도 별반 없이 혼자 계획하고 실천하는 것이다. 내가 도와주는 것은 정한이가 문제를 풀어놓으면 채점을 하고 틀린 부분을 빨간 볼펜으로 고쳐주는 정도다. 때때로 남편은 이것마저도 아이에게 맡기라고 한다.

"스스로 고치게 하면 공부가 될 텐데, 왜 고쳐줘?"

"몇 개 안 될 때는 모르지만, 많이 틀릴 때는 한자 고치다가 시간 다 보내잖아. 차라리 고쳐주는 게 낫지 싶은데. 정한이 성격에 고치지 않고 놔두면 그것 고친다고 다른 일은 아무것도 못할 텐데, 어떻게 그냥 놔둬."

그런데 정한이가 엄마 아빠의 대화를 듣더니 "엄마, 제가 틀린 것 스스로 고쳐가면서 해볼게요." 하고 나서는 것이다. 그래서 한동안 정한이에게 일임해보았다.

하지만 틀린 한자 고치는 건 결코 쉬운 일이 아니다. 어느 날 정한이가 퇴근한 나를 붙들고 다짜고짜 "엄마, 엄마가 정말 고마워요. 엄마, 사랑해요." 하고 말하는 것 아닌가.

"그래, 엄마도 정한이를 사랑해. 그런데 갑자기 왜 그래? 무슨 일 있었어?"

"아뇨. 한자를 고치는데 글씨도 너무 작아서 잘 보이지 않고 그 많은 한자를 찾으려니 힘들어서, 그동안 엄마가 얼마나 고생했는지 알겠어요. 나만 하는 게 아니라 동생 것도 해야 하니까 엄마는 더 힘들었지요?"

공부 잘하게 만드는 부모의 역할

"그랬구나. 그래, 엄마도 힘들었지. 눈도 아프고 어깨도 아프고 그랬다. 그런데 정한이랑 현욱이랑 열심히 하는 모습을 보면 또 무엇인가 도와주고 싶어진다. 참 이상하지?"

"헤헤, 엄마~" 하며 정한이가 덥석 안긴다.

"정한아, 엄마는 정한이랑 현욱이가 이렇게 노력하는 모습만 봐도 기분이 좋아. 힘은 들지만 고생이라고 생각하지는 않아. 이렇게 바르고 착한 아이들이 엄마 아빠의 자식들이라서 너희가 고맙고 자랑스러워."

그렇게 해서 결국 틀린 한자 고치는 일은 다시 내 차지가 되었지만, 나머지는 정한이가 알아서 하고 있다. 지금도 계속 즐겁게 공부

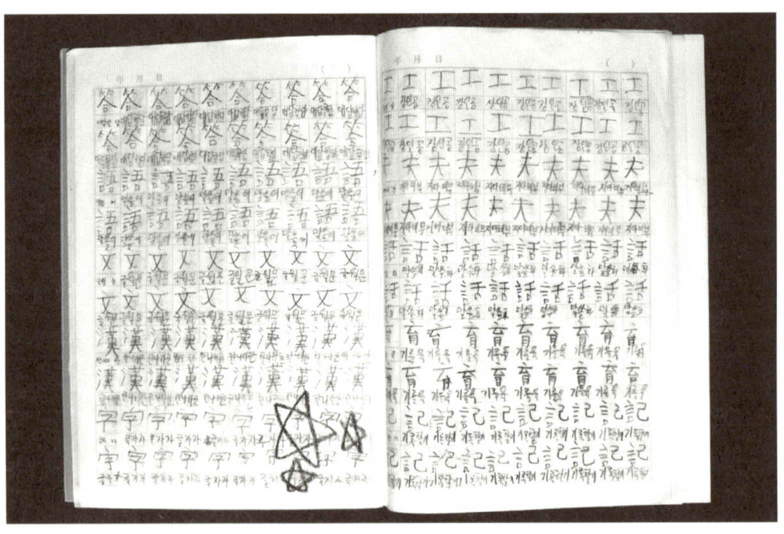

정한이의 한자 공부 노트. 매일 한자 쓰기를 하면 내가 검사를 하고 틀린 글자는 공책 여백에 새로 고쳐준다. 잘했다는 표시로 별표도 큼지막하게 그려주었다.

하고 있으니, 정한이가 목표로 하는 특급 자격증을 딸 때까지 스스로 잘해 나가리라 믿는다.

내 욕심에는 그만큼의 열의로 영어 공부도 했으면 좋겠지만, 어쩌랴, 공부는 시킨다고 되는 게 아닌 것을. 그래서 지금은 영어 공부에 대한 걱정을 마음속에만 담아놓고 아이를 채근하는 건 삼가고 있다. 아이 스스로 공부할 마음을 먹도록 자극을 주는 게 먼저인데, 영어에서는 그게 뭘까 열심히 고민 중이다.

'스스로 좋아서 하는 공부'는 비단 성적을 높이는 것뿐 아니라, 공부 자체를 이끌어가는 힘이 된다.

한창 신나게 뛰어놀아야 할 나이에 엉덩이 붙이고 앉아서 공부하는 건 매우 힘든 일이다. 성실한 정한이도 공부를 힘들어할 때가 더러 있다. 그런 날은 꼭 해야 할 숙제나 매일 하기로 한 기본적인 공부만 마치면 쉬게 한다. 왜 공부 안 하냐고 야단쳐봤자 서로 감정만 상할 것이 뻔하므로 잔소리는 하지 않는다. 그 대신 아이가 꿈꾸는 미래에 대해 이야기를 나누며 에둘러서 정한이에게 자극을 준다.

"정한이는 아빠 엄마처럼 어른이 되면 어떤 일을 하고 싶어?"

"저는요, 과학자가 되고 싶어요."

"그래, 과학자가 되고 싶구나. 과학자도 여러 가지가 있잖아. 둘째외삼촌처럼 물리학을 하는 과학자가 있고, 영래 형처럼 생명공학을 공부하는 과학자도 있는데, 정한이는 어떤 분야를 연구하는 과

공부 잘하게 만드는 부모의 역할

학자가 되고 싶어?"

"아~ 하고 싶은 게 정말 많아요. 과학수사대, 로봇 과학, 우주탐사 과학… 진짜 많아요."

"그러네. 앞으로 차츰 진짜 어떤 분야의 과학을 공부할 것인지 정하면 돼. 그런데 왜 과학자가 되고 싶어?"

"과학이 재미있어요. 그리고 우리나라가 발전하는 데 도움이 되고 싶어요."

"그래, 아주 훌륭한 생각을 하고 있네. 역시 자랑스러운 엄마 아들이야."

기특한 생각을 하는 아이를 한번 꼬옥 안아준다.

"그런데 네 꿈을 이루려면 어릴 적부터 많은 노력을 해야 한단다."

"네, 저도 알고 있어요. 책도 많이 읽어야 하고, 공부도 꾸준히 해야 한다고 알고 있어요. 후… 그런데 오늘은 학교에서부터 지쳤어요."

"그래, 오늘 힘들었구나. 학교에서 무슨 일이 있었니?"

"아니요. 특별한 일이 있었던 것은 아닌데 힘들어요."

"그래, 힘든 날도 있지. 이런 날에는 가벼운 마음으로 쉬는 것도 좋지. 좀 쉬어."

정한이는 이런 날이면 역사학습 만화책이나 과학상식 만화책, 어릴 때 읽었던 그림책들을 보면서 깔깔깔 웃으며 시간을 보낸다. 그렇게 재충전을 한 다음날은 언제 힘들었냐는 듯이 예전과 같은 일상으로 돌아가 있곤 한다.

모든 사람들은 나름의 '쓰임'이 있다고 한다. 그 말은 곧 모든 아이들에게는 나름의 잠재력이 있다는 뜻일 게다. 그런 잠재력을 잘 찾도록 도와주고 자극해주면 아이들은 자기 꿈을 이루겠다는 의지를 원동력 삼아 기꺼이 노력을 쏟아 붓는다. 원래 가진 재능에다 노력까지 배가하니 당연히 그 결과도 남들보다 좋을 수밖에 없다.

때에 따라 슬럼프에 빠지는 일이 있어도, 자기 꿈이 확실하면 스스로를 추스르고 침체 상태에서 빨리 벗어나는 것 같다. 꿈을 이루기 위해서는 한시가 아까운데, 힘들다고 오랫동안 주저앉아 있을 수 없기 때문이다.

정한이가 신나서 책을 읽고 인터넷을 뒤지고 몇 십 분씩 수다를 떠는 모습을 볼 때마다, 그리고 그것이 '성적'으로 이어질 때마다, 나는 스스로 신나서 하는 노력의 힘을 느끼곤 한다. 현욱이도 조만간 형처럼 뭔가에 푹 빠져서 눈빛을 반짝이는 날이 오리라 믿는다. 다른 모든 아이들이 그렇듯이. 그게 공부가 됐든, 그림이 됐든, 춤이 됐든 말이다. 그때까지 조바심 내지 말고, '공부 잘해야 한다'는 욕심이 불쑥불쑥 튀어나오지 않도록 잘 단속하면서 아이들의 호기심을 자극하고 기다려주는 게 부모의 역할 아닐까.

> 모든 아이에게는 '관심'과 '적성'이 있다. 그것을 무시하고 '전과목 1등'을 요구하는 건 부모의 욕심이다. 그래서 나는 정한이가 좋아하지 않는 '영어'에 대한 욕심을 접었다.

공부 잘하게 만드는 부모의 역할

바로 답을 알려줄까,
일단 모른다고 할까?

호기심이 많은 아이들은 질문을 자주 한다. 들어보면 말도 안 되는 황당한 질문도 있고, 내 깜냥으로는 도저히 답할 수 없는 어려운 질문도 있다. 질문이 쏟아질 때는 귀찮기도 하고, 때로는 정말 몰라서 난감해지기도 한다.

하지만 그 질문에 대한 부모의 반응은 아이에게 많은 자극이 될 수 있다. "귀찮아, 저리 가." 이런 반응을 보이면 아이는 다시는 엄마에게 질문하지 않게 될 것이다. 안 그래도 학교에서는 학생이 많아서 선생님과 1대1 학습이 어렵고 궁금한 걸 다 물어보는 것도 불가능한데, 집에서라도 아이들이 궁금한 것을 다 해결할 수 있어야 하지 않을까?

그렇다고 바로 답을 가르쳐주는 것도 좋은 방법은 아닌 것 같다.

자판기에서 음료수 뽑듯이 물어보는 대로 정답을 알려주는 사람이 자기 옆에 있는데 아이들이 굳이 답을 찾아보려고 할까? 엄마를 통해 손쉽게 호기심을 해결할 수 있으면 아이들은 점점 엄마에게 의존하게 될 것이다. 그렇게 얻은 지식이 쉽게 잊히는 것은 당연하다.

나는 아이에게 그 자리에서 답을 주지 않는다. 물론 경우에 따라 간단한 것이면 바로 답을 알려줄 때도 있고, 정말 몰라서 얘기를 못 해줄 때도 있다. 하지만 설령 답을 알고 있다 하더라도 정한이가 좀 더 자세히 알아보면 좋을 만한 주제는 직접 찾아보게끔 한다.

"이거 한번 조사해보면 어떨까?" 이렇게 물어보면 어릴 때부터 해오던 습관이어서 정한이도 책이나 인터넷을 뒤져서 곧잘 자료를 찾아온다. 스스로 찾은 지식이니 엄마가 설명해주는 것보다 더 소중하게 여겨지고, 당연히 기억도 더 잘된다. 마치 누군가와 동행하면서 따라가기만 하는 길은 잘 잊어버리지만, 약도를 보고 스스로 찾아가는 길은 나중에도 기억나는 것과 같다.

그런데 여기에 한 가지 단계가 더 있다. 정한이가 답을 찾아오면 나는 "그래, 잘 찾았구나." 하고 넘어가지 않고 "그럼 엄마에게 설명해줄래?" 하고 부탁한다. 그러면 정하이는 신이 나서 미주알고주알 찾은 자료를 설명해준다. 공부할 때 가장 좋은 방법이 한번 익힌 다음에 다른 사람에게 가르쳐주는 것이라고 하지 않는가. 처음 자료를 찾을 때는 눈으로만 내용을 파악하기 쉬운데, 이걸 다른 사람

공부 잘하게 만드는 부모의 역할

에게 설명해주면 그 자체로 복습이 될뿐더러 입으로도 내용을 익히게 되어 더욱 확실하게 기억할 수 있다.

퀴즈 대회에 출전하기 몇 주 전의 일이다.

"엄마, 미승인국가는 왜 국가로 인정받지 못했을까요?"

난데없이 정한이가 '미승인국가'에 관해 물어봤다.

"왜 미승인국가일까? 국가로 인정받으려면 어떤 요건을 갖추어야 하니?"

"제가 알기로는요, 영토·국민·주권·우표발행·독자적 화폐발행 등을 해야 한대요."

나로서는 처음 듣는 얘기였다.

"그래? 그럼 미승인국가에는 어떤 국가들이 있니?"

"저도 잘 몰라요."

"그래? 그럼 한번 알아봐라."

"엄마, 우리 집 책에는 여기에 대한 것이 없어요. 지금 컴퓨터 사용시간이 아니지만 이것 검색해봐도 될까요?"

"그럼 검색해보고 엄마에게 이야기해줘."

"네~"

열심히 인터넷을 뒤져보더니 정한이가 와서 설명을 시작했다.

"정확한 정보는 찾지 못했어요. 그런데 미국의 통치를 받고 있는 푸에르토리코, 자체적으로 만들어진 초소형국민체인 몰로시아, 낙

오된 병사들끼리 만든 시랜드공
국 등이 있대요.”

　“푸에르토리코는 주권을 갖지
못해서 국가로 인정받지 못했구
나. 그 나라가 어디쯤에 위치해 있는지 지도에서 찾아볼래?”

　“네, 음… 여기 있네요. 카리브해에 있어요.”

　“그래? 카리브해에 있구나.”

　이런 식으로 이야기를 나누며 찾아보게 하고, 정리한 내용을 들
으면서 되풀이해서 말해준다. 그 과정에서 다른 의문점이 생기면 그
것도 함께 찾아보게 한다. 스스로 찾고 설명까지 하면서 확인하고
정리하게 되면 정한이의 호기심은 ‘지식’으로 머릿속에 확실히 남
게 되는 것 같다.

　혹시 정한이가 나온 퀴즈 프로그램을 보신 분들은 기억할지 모르
겠는데, 파이널 라운드의 마지막 문제는 더블찬스 문제여서 정답이
두 개였고, 그중 하나가 ‘미국’이었다. 그때 주어진 힌트가 다름 아
닌 ‘푸에르토리코는 현재 이 나라의 자치령’이었다. 내가 만약 미
승인국가에 관해 알고 있어서 정한이에게 대충 설명하고 끝냈다면,
정한이는 ‘퀴즈영웅’이 될 수 있었을까? 누구에게도 말하지 않은
싱거운 상상이지만, 정한이가 ‘퀴즈영웅’이 되는 데 나도 뭔가 결
정적인 기여를 한 것 같아서 지금도 가끔 기분이 좋아지곤 한다.

인터넷이 없으면 '퀴즈영웅'도 없었다

얼마 전에 어느 신문사 기자가 정한이와 인터뷰를 했다.

"드라마 〈꽃보다 남자〉는 보나요?"

"아니요."

"게임 '메이플 스토리'는?"

"음… 안 해요."

"제일 좋아하는 건?"

"책이오!"

신문에 이렇게 실리니까 사람들이 '어쩌면 그 집 애는 우리 애랑 이렇게 다르냐'고 야단이다. TV는 물론 요즘 아이들이 한창 빠져 있는 게임도 안 한다니 신기한 모양이었다.

다른 집 얘기를 들어보면 확실히 우리 아이들이 TV나 게임을 덜 하는 것 같다. 엄마 아빠가 먼저 시간을 제한하기도 하지만, 아이들 스스로 책이 재미있다는 걸 알고 나서는 굳이 TV 드라마나 개그 프로그램을 찾아서 보려고 하지 않는다. 정한이 현욱이가 아기일 때는 몸에 해로울까 봐 어른들도 TV 시청을 자제하고 교육용 비디오도 삼갔는데, 그런 노력 덕분인지 다른 아이들보다 TV에 몰두하는 일은 많지 않은 것 같다.

컴퓨터 게임도 마찬가지다. 게임은 한번 시작하면 오래 해야 하는데, 그 시간이 아까운지 게임기를 사달라고 조르는 일이 없다. 한번은 닌텐도 게임기가 아이들 사이에 열풍이라는 신문기사를 읽고 남편이 정한이에게 넌지시 물어본 적이 있다.

"정한이 혹시 닌텐도라는 게임기 아나?"

"예. 친구들 중에 갖고 있는 애들이 있어요."

"너는 그 게임기 가지고 싶지 않나?"

"아무런 관심도 없고, 그것을 하기엔 시간이 낭비라는 생각이 들어요."

물론 이렇게 대답했다고 정한이가 아예 TV도 안 보고 게임도 안 하는 건 아니다. 동생과 컴퓨터 게임에 빠져 있을 때는 영락없는 또래 사내 녀석이다. 다만 TV나 컴퓨터를 '웃고 즐기는' 오락기라기보다는 뭔가를 새롭게 알게 되는 통로로 여긴다는 점이 다를 뿐이다.

우리 집은 TV를 보거나 인터넷 서핑하는 것을 엄격하게 통제하지 않는다. 집에서 아예 TV을 없앤다면 모를까, 어른들은 버젓이

TV 보면서 아이들만 보지 말라고 하는 건 애초에 말이 안 된다고 생각한다. 다만 계속 보게 할 수는 없으니 저녁식사 시간이나 하루 공부를 모두 끝낸 9시 즈음에 TV를 보게 한다. 만약 시험기간 등의 이유로 공부가 끝나지 않으면 볼 수 없다는 약속도 해두었다. 어른들은 아이들이 자러 들어갈 때는 일단 TV를 껐다가, 아이들이 잠들고 나면 다시 TV를 켜는 '연기'를 하기도 한다.

컴퓨터는 학교 과제물 때문에라도 못 쓰게 할 수 없다. 지나치게 빠져들지 않도록 시간의 제한을 둘 뿐이다. 지금 정해놓은 규칙은 인터넷 서핑 하루 30분, 게임은 일주일에 한 시간이다. 예전에는 게임도 하루 30분으로 했는데, 게임을 제대로 즐길 만하면 끝내야 한다고 하도 아쉬워하기에 아예 날을 잡아서 길게 하는 방식으로 바꾸었다.

다행히 아이들도 사용시간에 대해 별달리 반발하지는 않는다. 시간 다 됐다고 하면 대개는 순순히 자리에서 일어난다. 간혹 게임이 한창 재미있어질 무렵에 끝내야 할 때가 있는데, 못내 아쉬운 아이들이 조금만 더 하게 해달라고 부탁하면 "그래, 알았다. 지금 하고 있는 것만 하고 그만해라."라며 선심 쓰듯 허락해주기도 한다.

이렇게 별 마찰 없이 사용시간을 관리할 수 있는 건, 아이들과 얼마나 컴퓨터를 쓸지 미리 정해두기 때문이다. 아울러 컴퓨터를 쓸 때는 중간중간 '안내방송'을 해주어 미리 '마음의 준비'를 하게 한다.

“얘들아, 컴퓨터 사용할 수 있는 시간 10분 전이다.”

5분이 지난 다음에 한 번 더 말해줄 때도 있다.

“얘들아, 5분 전이다.”

그렇게 몇 번 했더니 어느 날부터인가 아이들이 자기들끼리 시간 단속을 하기 시작했다.

“형아, 이 게임하면 시간이 지난다.”

“어, 진짜. 그러면 하면 안 되겠다. 우리 다른 것 하자.”

엄마와의 약속을 지키려고 노력하는 모습은 언제 봐도 참 예쁘다.

매스컴에서 컴퓨터 중독에 관한 이야기들이 가끔 들려온다. 컴퓨터에 중독돼 심지어 사망에까지 이르렀다는 뉴스가 나올 때도 있다. 우리 집 아이들은 TV와 컴퓨터를 주로 정보습득 수단으로 활용하는 편이어서 이런 기사를 봐도 큰 걱정은 안 한다. 하지만 중독이 어느 수준인지 가늠이 안 되는 아이들은 그런 보도를 보면서 무섭기도 하고 불안하기도 한가 보다.

“엄마, 컴퓨터 오래 하면 안 되겠어요. 우리같이 사용하는 정도는 중독 아니죠?”

“그래, 너희가 지금처럼만 사용한다면 걱정 없지. 그리고 컴퓨터를 사용한다는 자체가 나쁜 것은 아니야. 저런 경우에는 게임에 빠져 있다 보니 식사도 거르고 생활을 제대로 하지 않으니까 나쁜 일이 생기는 거지.”

공부 잘하게 만드는 부모의 역할

"맞아요. 그리고요, 컴퓨터를 오래 하면 마우스 사용을 많이 해서요, '손목터널 증후군'이 생겨요. 그러면 손가락이 저리고 마비가 되기도 한대요. TV나 컴퓨터와 같은 전자파에 많이 노출되면 '닌텐도 증후군'도 생겨요. 심하면 발작을 일으키면서 죽을 수도 있대요."

"그래, 정한이가 잘 알고 있네. 그러니까 무엇이든지 지나치면 모자란 것보다 못하다고 하잖아."

우리의 대화를 옆에서 듣던 현욱이도 자연스럽게 TV 시청이나 컴퓨터 사용을 오래 하면 안 되겠다는 생각을 갖게 된다.

무작정 빠져들어 헤어나지 못하면 문제겠지만, 기본적으로 나는 TV나 인터넷은 아이들에게 해로운 존재라기보다는 유익한 정보창고라고 생각한다. TV에는 좋은 교육 프로그램 및 교양 프로그램이 많기 때문에 아이들이 TV를 통해서도 많은 것을 알 수 있다. 물론 부모의 지도가 반드시 뒤따라야 하겠지만 말이다.

우리 집은 교양이나 시사 프로그램을 즐겨 보는데, 그럼으로써 TV를 통해서나마 더 넓은 세상을 접할 수 있고, 지방에 사는 고립된 느낌 같은 걸 조금 지울 수 있다. 때로는 미처 알지 못했던 새로운 주제를 TV와 인터넷으로 접하고 흥미를 느낄 수도 있으니, 호기심 많은 아이들에게는 좋은 공부 자극제가 된다.

한번은 TV에서 '아인슈타인의 상대성이론 100주년'에 대한 특집 프로그램을 방송했다. 과학을 좋아하는 정한이는 눈에 불을 켜고 챙겨봤지만, 아시다시피 상대성이론이 만만한 내용인가. 게다가 그때 정한이는 겨우 2학년이었다.

"엄마, 어려워서 잘 이해가 안 돼요."

정한이는 TV로는 안 되겠던지 과학 잡지책에 실린 기사를 읽고 또 읽었다. 하지만 아무리 읽어도 모르는 게 당연했다. 그렇게 포기하고 넘어갔나 보다 했는데, 어느 날 정한이가 책을 사달라고 했다.

"《아인슈타인이 들려주는 상대성원리 이야기》 책을 사주세요."

"왜? 이해가 안 된다면서 그 책을 읽어보려고?"

"다른 것은 모르겠고요, '쌍둥이 패러독스'라는 시간여행에 대해서 더 알고 싶어요."

"그래? 시간여행이라는 것이 뭔데? 설명 좀 해줄래?"

"아, 어려운데요."

"너가 아는 만큼만 설명해줘."

그러자 정한이는 갖고 있던 책을 뒤적이며 열심히 설명해주었다.

"이 세상의 모든 물체를 빨아들인다고 하는 블랙홀, 예를 들어 백조자리X1, 헤라클레스자리 등에 있어요, 이 블랙홀을 통해서 하는 여행이 시간여행이라고 하네요."

"블랙홀은 지구가 0.88cm의 크기가 될 정도로 중력을 받아야 만들어진대요."

한번 터진 수다가 끝없이 이어진다. 나로서는 도무지 모르는 말이지만 대꾸라도 해줘야 할 것 같아서 "아, 그렇구나. 블랙홀은 지구가 0.88cm의 크기가 되어야 만들어지는구나." 하면서 똑같이 되풀이해서 말하기도 하고 "야~ 너는 어떻게 그런 것을 술술 잘도 말하니?" 하면서 약간 흥분된 목소리로 칭찬을 해주었다.

"책을 읽으면 다 나와요."

정한이는 엄마의 칭찬에 신나서 더 열심히 책을 찾아 읽는다.

역사를 좋아하는 정한이에게 역사 프로그램은 빠뜨릴 수 없는 시청 코스다. 덩달아 우리 가족들도 즐겨 보게 되었는데, 가끔은 사극을 보다가 "저건 거짓말이에요, 잘못된 거예요." 하고 허구적 내용을 지적하기도 한다.

얼마 전에는 관우를 신(神)으로 모셨던 조선 조정에 대한 프로그램이 방송되었는데, TV를 보던 정한이가 생각난 듯이 설명을 시작했다.

"중국인들은요, 관우를 위한 사당을 곳곳에 세우고 기린대요."

"그래, 왜 관우를 좋아하는데? 다른 유명한 인물들도 많은데?"

"잠깐만요."

방으로 들어가서 《지구촌 문화여행》이라는 책을 찾아 읽는다.

"관우는 《삼국지》에서 유명한 전투인 적벽대전 등에서 맹활약을 했지만, 나중에 조조와 손권의 협공 때문에 죽었어요. 결국 관우는 승리자가 아니에요. 그런데 우정과 충성이 대단한 사나이라서 상인

들이 좋아했대요. 그리고요, 중
국에는 훌륭한 사람이 억울하게
죽어서 한을 품으면 사람들의 소
원을 풀어주는 신이 된다고 믿었

대요. 그래서 재물을 좋아하는 중국 사람들 때문에 관우가 '재물의
신'이 되었대요."

"그래, 비록 전쟁에서 이기지는 못했지만 의형제에 대한 우정과
충성심이 관우를 더 빛나게 만들었네."

"그렇지요. 정조도 충의를 강조해서 왕권을 강하게 하려고 관우
의 사당에 제사를 지낸 거죠."

"그런데 정한아, 적벽대전이 어떤 전투였는데?"

"적벽대전은요, 조조와 유비의 싸움인데요. 제갈공명이 바람을 이
용한 화공(火攻)을 해서 조조의 함대가 불탔어요."

인터넷은 특히 정한이의 호기심과 맞물렸을 때 좋은 작용을 한다.
정한이는 궁금한 건 좀처럼 못 참는 아이라 그 자리에서 바로 해결
해야 한다. TV 프로그램 〈그것이 알고 싶다〉에서 정한이가 기억력
이 좋은 이유 중 하나로 궁금한 건 바로 해결하는 '책갈피 공부습
관'을 들었다. 그럴 때 가장 좋은 도우미가 바로 책과 인터넷이다.
'퀴즈영웅'이 되고 난 뒤 남편이 인터뷰를 하면서 "책과 인터넷이
없었다면 정한이는 퀴즈왕이 되지 못했을 것"이라고 했는데, 그 말

이 정답이다.

정한이는 컴퓨터를 켜면 주로 인터넷 서핑을 하는데, 가끔 갑자기 공부방으로 뛰어갈 때가 있다. 궁금한 걸 잊어버리지 않으려고 중얼중얼 거리면서. 한번은 방으로 뛰어 들어간 정한이가 《경이로운 생명》이라는 책을 찾아냈다.

"방금 제가요, 인터넷에서 봤는데요. 필리핀 사람이 억수로 희귀종인 물고기를 잡아서 튀김을 해 먹었대요."

"튀김을 해 먹었는데 그것이 희귀종인지 어떻게 알았대?"

"아, 그 사람이요. 월척이라고 사진을 찍어놓았더라고요."

"그렇구나. 어느 정도 희귀종인데?"

"2002년까지 목격된 게 열일곱 마리에 불과하대요."

"진짜? 무슨 물고기인데?"

"'큰입상어'라고 하는데요, '거대한 입'이라는 뜻에서 '메가카스마'라는 속명이 붙었대요."

책, TV, 인터넷 등 다양한 매체를 활용해 새로운 것을 습득하면, 단조롭게 책만 읽을 때보다 훨씬 폭넓고 생생한 지식을 쌓을 수 있는 것 같다. 물론 새로운 걸 배우면서 TV 시청과 인터넷 활용 수준 자체가 더 높아지는 부수적인 효과도 있다. 책이 주도하고 TV와 인터넷이 지원하는 정한이의 지식탐험은 오늘도 종횡무진 이어지고 있다.

지도로 시작하는
정한이네 지리 공부, 역사 공부

　정한이는 지리와 역사, 과학 분야의 책을 좋아한다. 특히 세계사나 지리에 관해서는 아는 것이 많아서 이미 예닐곱 살 때 우리 부부는 '항복'을 선언했다. 꼬마 녀석을 앉혀놓고 '나라 이름 대기' 놀이를 하면 우리 부부는 미국·일본·중국 같은 누구나 아는 나라 이름을 대는데, 정한이는 아프리카나 남아메리카에 있는 생소한 나라 이름을 말하고 수도도 알아맞히니, 우리 상식으로 당해낼 재간이 없었다.

　이렇게 정한이가 역사와 지리에 밝은 데는 이유가 있다. 바로 '지구본'과 '지도' 때문이다.

　정한이가 어릴 때 일이다. 지인의 집에 놀러갔는데, 그 집 아이방에 세계지도가 붙어 있는 걸 보았다. 하늘색 배경의 제법 큰 지도가 공부방에 자리 잡고 있으니 아주 그럴듯해 보였다. 정한이는 책을 좋아하니까 책을 읽다가 모르는 나라가 나오면 그때그때 찾아봐도 재미있고 더 쉽게 외워지겠다는 생각이 들었다. 그래서 그 뒤로 우리 집에도 세계지도를 붙여두기 시작했다. 정한이가 어릴 때라 아이 공부방이 따로 없으니 거실 TV 옆에 붙여놓고, 내친 김에 지구본도 함께 들여놓았다.

거실에 지도가 생긴 후 한동안 정한이는 책을 읽거나 TV를 보다가 등장하는 나라가 있으면 바로 지도에서 찾아보는 놀이를 하곤 했다.

"정한아, 스위스가 어디에 있어? 세계지도에서 한번 찾아볼래?"

정한이가 찾아서 손가락으로 짚으면 또 물어본다.

"찾았네. 그럼 스위스의 수도도 한번 알아봐라."

지도 놀이가 절정에 달하는 건 월드컵이나 올림픽 등 세계대회가 열릴 때다. TV에서 다른 나라와 경기를 하고 있으면 그 나라의 위치와 수도를 알아보는 것이다. 평소에는 〈지구촌 뉴스〉 등의 TV 프로그램을 보며 지도에서 해당 국가의 위치도 알아보고 수도도 찾고 그 나라 국기도 확인하곤 한다. 이미 지도에 익숙해진 아이는 우리 부부보다 훨씬 빠르고 정확하게 찾아내 알려준다. 다만

정한이의 공부방에 있는 지구본.

어찌된 일인지 평면 지도를 볼 때와 지구본을 볼 때 위치를 헷갈려 하기 일쑤여서, 정한이가 지도를 찾을 때는 평면 지도와 지구본을 병행하도록 했다.

우리 부부가 생각한 지도 놀이는 이 정도, 그러니까 대륙과 나라와 수도 및 주요 도시를 정확히 알면 만족스러운 수준이었다. 그런데 정한이는 얼마 안 가 우리가 감당하지 못할 질문을 하기 시작했다.

"엄마, 스위스는 나라가 이렇게 작은데 인구가 몇 명이에요?"

"아빠, 영국이나 프랑스나 독일 같은 유럽 나라들은 다 천주교를 믿어요?"

이런 식으로 나라의 면적·인구·종교 등의 특징을 쉴 새 없이 묻는 것이다. 예전 부모들은 아이들의 호기심을 어떻게 채워줬을까? 지금은 컴퓨터가 있어서 언제든 쉽게 찾아볼 수 있지만, 예전에는 책 말고는 알아볼 방법이 없으니 정말 난감했을 것 같다. 어쨌든 우리는 정한이가 물어볼 때마다 다함께 인터넷으로 찾아보면서 아이의 궁금증을 풀어줬다.

그런데 호기심이 꼬리를 무는 '책갈피 공부법'은 이 대목에서도 빛을 발한다. '유럽의 종교'를 검색해서 영국 국교가 어떻게 가톨릭과 갈라졌는지 알아보는데, 영국에 관한 자료를 좀 더 자세히 읽다가 이번에는 영국에서 일어난 전쟁에 눈길이 가는 식이다. 인터넷으로 100년전쟁, 장미전쟁에 관한 설명을 읽었는데도 별 도움이 안 됐는지, 그때부터는 책을 사달라고 했다.

그렇게 해서 정한이는 많은 나라의 수도를 알게 되고, 세계사와 영토분쟁 등에 관심을 갖게 되었다. 우리 부부가 해준 것은 지구본과 세계지도를 구해주고, 나라나 수도를 찾아보도록 한 것이 전부다. 그 뒤부터는 정한이의 탐구심이 원동력이 되어 자연스럽게 이어지고 발전됐다. 그때마다 남편이나 나는 아이에게 질문을 던진다. 정한이가 다시 한 번 찾아보고 오래 기억할 수 있도록 말이다.

지도는 비단 지리 공부에만 필요한 것이 아니다. 우리가 중고등학교 때를 떠올려보면 '지리'와 함께 지도가 가장 많이 등장하는 교과는 바로 '역사'였다. 국사나 세계사를 배울 때 각 시대별 영토가 어떻게 달라지고, 어느 지역이 정치적 중심지가 됐는지 등을 지도를 보면서 확인하지 않으면 머릿속에서 지명이 마구 뒤섞여 뒤죽박죽되고 만다. 그래서 정한이가 역사책을 읽을 때 나는 지도도 옆에 두고 해당 지역을 짚어가면서 읽도록 했다.

이때 지명과 기호가 빽빽이 들어찬 일반 지도는 쓰지 않는다. 우리가 주로 사용한 것은 백지도다. 말 그대로 국경이나 도 경계만 표시된 하얀 지도. 요즘은 국토지리정보원 같은 곳에서 손쉽게 내려받을 수 있는데, 내가 처음에 구할 때는 찾기가 수월치 않아서 기존의 지도 위에 백지를 대고 외곽선만 베껴 그리곤 했다.

이렇게 만든 지도를 여러 장 복사해뒀다가 책을 읽을 때 지도에 그림을 그리고 낙서를 하면서 이야기하면 재미있다. 책 내용이 흥미진진하면 아예 책 말미에 있는 연표에 '나의 역사'를 추가하는 놀이도 한다. '내가 그 시대에 살았다면 어땠을까' 하고 상상하는 것이다.

이렇게 지도를 이용해 역사 공부를 하면 수백 수천 년 전의 일들을 일목요연하게 정리해서 이해할 수 있다. 또 현재의 지명과 비교해 살펴보면서, 어떤 지역이 역사적으로 중요하고 각각의 지역이 어떻게 관계 맺고 있는지를 전체적이고도 통사적으로 확인할 수 있어서 좋다.

지도를 찾고 지도 여백을 채워가면서, 잠깐이나마 아이들은 그때 그곳에 살던 사람이 되어본다. 그럼으로써 숫자와 인명, 지명만 나열되기 쉬운 지리와 역사를 훨씬 역동적으로 이해할 수 있게 된다. 이 점이 지도를 보는 가장 큰 매력인 것 같다.

함께 읽는 부모만이 알 수 있는 것들

　요즘에는 대부분 정한이 현욱이 스스로 책을 읽지만, 몇 년 전까지만 해도 아이들은 엄마의 '무릎학교'에서 책을 보았다. 아이들에게 좀 더 실감나고 흥미롭게 읽어주려고 군데군데 변주를 해가며 말 그대로 목이 쉬도록 읽어주곤 했다.

　나는 책을 읽힐 때 한 가지 원칙을 지키고자 노력했다. 그것은 '내가 먼저 읽는 것'이다. 아이들이 어떤 책을 골라 오든 일단 사주었으면 내가 먼저 읽고 내용을 파악하려고 했다.

　이유는 단순하다. 아이들에게 재미있게 읽어주기 위해서다. 내가 책을 재미있게 읽어줘야 아이도 책 읽는 소리에 집중하게 된다. 책 읽고 나서도 생활 속에서 자연스럽게 같이 읽은 책에 관해 이야기할 수 있어서 좋다. 아이들로서도 자기가 읽은 책에 대해 엄마 아빠가 알고 호응해주니 더 즐겁게 얘기할 수 있을 것이다. 이런 이유로 나는 전집을 사도 한꺼번에 풀어놓지 않고 내가 먼저 읽은 다음에 몇 권씩만 내놓곤 했다.

물론 어른이 아이들 책 읽는 게 항상 즐겁지만은 않다. 개인적으로 읽고 싶은 책은 따로 있는데 아이들 책을 같이 읽다 보니 내가 원하는 책은 어느새 뒤로 물러나 있곤 한다. 요즘은 슬그머니 내가 읽고 싶은 책을 찾아보기 시작했지만, 그래도 아이들 책에 더 신경 쓸 수밖에 없다. 남편은 본인 스스로 인정하듯이 본디 책하고는 그리 친한 편이 아니다. 보통 남자들처럼 신문이나 시사 잡지를 즐겨 읽는 사람인데, 아이들에게 책을 읽어주는 걸 보면 '아이들을 위해 정말 노력하는구나' 하는 생각이 든다.

지금은 아이들에게 책을 읽어줄 나이는 아니어서 내가 먼저 책 내용을 파악해야 하는 부담은 없어졌다. 그렇더라도 정한이 현욱이의 책 읽는 걸 구경만 할 수는 없어서 요즘에도 아이들 책을 일주일에 한두 권 정도는 읽는다. 주로 아이들이 다 읽으면 내가 그 책을 받아서 따라 읽는 편이다.

하지만 이미 정한이의 독서량은 내가 따라잡을 수 없는 수준이 되었고, 책의 내용도 다양하고 어려워져서 함께 읽지 못하는 책이 점점 많아지고 있다. 또 이제는 내가 책보다는 학교 공부에 신경 쓰게 되면서 책 읽는 시간 자체가 점점 부족해졌다. 정한이는 내가 간섭하지 않아도 책을 잘 읽으니 신경 안 써도 된다는 핑계 아닌 핑계도 만들어가면서 슬그머니 아이 책을 읽지 않게 된다. 당연히 책 이야기를 하는 일도 드물어졌다. 어릴 적부터 엄마 아빠와 함께 책 읽어 버릇한 정한이는 이 점을 매우 아쉬워한다. 그래서 가끔씩은 내게 책 읽자는 부탁을 해온다.

"엄마, 《우리 역사 바로 알기》 같이 읽으면 안 돼요?"

이럴 때마다 마치 그동안 정한이를 내버려둔 것 같은 마음에 속으로 뜨끔한다.

"그래, 엄마에게 이틀만 시간을 줘."

빼도 박도 못하게 약속까지 했으니, 이제 꼼짝없이 수박 겉핥기가 되더라도 읽어야 한다. 정 안 될 때는 목차라도 살펴본다. 목차만 자세히 읽어도 최소한의 질문은 할 수 있고, 정한이와 대화를 이어갈 수 있어서 급할 때는 이 방법을 쓴다. 내가 책에 관해 질문을 하면 정한이는 그 대답을 하기 위해서라도 책을 더 꼼꼼히 자주 들여다보게 되는 것 같다.

물론 어른과 눈높이가 전혀 다른 아이들 책을 읽는 건 생각처럼 쉽지 않다. 남편처럼 애초에 독서에 취미가 없는 사람들에게는 더욱 고역일 것이다. 하지만 그래도 아이들을 돌보는 위치에 있다면 아이들 책을 함께 읽어야 한다. 아니, 책을 싫어할수록 더욱 열심히 읽으라고 말하고 싶다. 그래야 책 읽는 아이의 '즐거움'과 함께 '고충'까지 헤아릴 수 있기 때문이다. 독서가 쉽지 않다는 걸 일단 몸으로 느끼게 되면, 책 읽는 아이의 모습이 더욱 고맙고 사랑스럽게 보일 것이다. 설령 아이가 책 읽기를 힘들어하거나 포기하더라도 '왜 끝까지 못 읽느냐'고 아이를 윽박지르지 않고 그 마음을 이해하고 다독이게 될 것이다.

정한이는 이 책 저 책 가리지 않고 읽어나가는 편이지만, 가끔 재미있어 보이는 책에 겁 없이 덤볐다가 항복을 선언하고 포기하는 경우가 있다. 하긴 아직 아이인데 한계가 없을 수 없다.

정한이가 지금껏 읽은 책 중에 가장 고생한 책은 《사서오경(四書五經)》인데, 한동안 낑낑대더니 결국 잠정 포기해버렸다. 정한이는 어려운 책을 만나면 한 번에 끝까지 읽으려고 고집하지 않는다. 다른 참고자료를 찾아봐도 내용을 잘 모르겠으면 일단 제쳐두고 다른 책으로 건너뛴다. 그렇게 머리를 식힌 다음, 의욕이 나면 다시 도전하기도 한다.

이럴 때 나는 정한이에게 "왜 아까운 책을 다 읽지도 않니?" 하고 다그치지 않는다. 책 욕심이 많은 아이여서 허투루 책을 낭비할 리도 없거니와, 설령 읽기를 포기했더라도 왜 포기했냐고 혼내 버릇하면 아이가 지레 질려버릴 것 같아서다.

공부 잘하게 만드는 부모의 역할

물론 돈을 들여 책을 사주고, 책 읽는 모습을 흐뭇하게 바라보던 엄마 입장에서는 아이가 끝까지 읽지 못하고 포기하면 김이 샌다. 고작 책 한 권 포기했을 뿐인데 부모는 '아직 이걸 읽을 수준이 안 되나' 하는 가벼운 실망에서부터 '혹시 끈기가 없는 건 아닐까' 하는 걱정까지 별 생각이 다 든다. 하지만 이런 걱정은 아이에게나 부모에게 하등 도움이 안 된다.

자기가 읽고 싶은 걸 자유롭게 읽을 수 있을 때, 아이들은 책에 재미와 애착을 갖게 된다. 그리고 그 애착이 '공부재미'로 이어진다고 생각한다. 그런데 1만 원 남짓 하는 책값이 아까워서 아이에게 읽으라고 윽박지르다가는 자칫 그 뒤에 읽어야 할 수많은 책에 대한 재미를 잃어버릴 수 있다.

그래서 나는 아이에게 읽히고 싶은 책이 있어도 결코 강요하지 않는다. "이 책 읽어보니 재미있더라. 정한이도 나중에 한번 읽어봐." 하고 은근슬쩍 권하는 것이 고작이다. 그러면 책 욕심 많은 정한이는 나중에라도 한 번씩 읽으려고 한다. 반면 현욱이는 재미없어 보이면 내가 권한 책이라도 반드시 읽으려고 하지는 않는다. 그러면 나도 '이건 현욱이에게 안 맞나 보다' 생각하고 두 번 권하지 않는다.

가끔 가다 내게 '어떻게 하면 정한이네처럼 아이들이 책을 많이 읽게 할 수 있냐'고 묻는 사람들이 있다. 내가 전문가가 아니니 깊이 있는 내용이야 알 수 없다. 다만 나는 책을 싫어하는 아이에게 무턱대로 책을 들이미는 것은 좋지 않은 것 같다고 말해준다. 주위에 보면 "이 책을 얼마나 비싸게 주고 샀는데, 책 좀 봐라, 책. 돈이 아깝다. 누구는 책도 잘 읽더만 니는 와 이 비싼 책을 사줘도 안 읽노?" 하고 타박하는 엄마들이 가끔 있다.

그럴 때마다 엄마에게 혼나는 아이들의 표정은 다 똑같다. '내가 언제 비싼 책 사달라고 졸랐나? 엄마 맘대로 사놓고는 왜 나한테 뭐라 그래?' 속으로 이렇게 말대답하는 게 눈에 보인다.

아이의 의중은 고려하지도 않고 엄마 마음대로 사놓고, 아이들에게 읽지 않는다고 잔소리하는 건 잘못된 것 아닐까? 부모가 먼저 책을 사줄 때는 아이의 눈높이에서 아이들과 잘 조율해야 한다. 만약 아이 생각과 상관없이 책을 산다면 최악의 경우 '아이가 이 책을 안 읽을 수도 있다'고 생각하고 고르는 게 맞는 것 같다. 그렇게 마음을 풀어놓아야 부모도 편하게 책을 권할 수 있고, 아이도 부담 없이 받아들이게 될 것이다.

아이에게 강요하지 않는 것은 비단 책 읽기뿐 아니라 아이를 교육하는 모든 것에 적용된다. 일례로 예전에 신문을 활용하는 교육인 NIE(newspaper in education)에 관한 강좌를 듣고 집에서 아이들과 NIE 활동을 한 적이 있는데, 이때 강좌에서 배운 걸 아이들에

공부 잘하게 만드는 부모의 역할

게 그대로 교육시키지 않았다. 내가 잘나서가 아니라, 어떤 것은 아이에게 필요 없기도 하고, 또 어떤 것은 너무 어려워서 아이들이 힘들어할 것 같아서였다.

만약 내가 아이의 특성은 안중에도 없이 "이것 배우느라 엄마가 얼마나 힘들었는데, 너 똑바로 해."라고 말한다면 아이들은 과연 엄마의 노력을 고마워할까?

때로는 아이들의 의욕을 북돋기 위해 "이것 하고 나면 너한테 얼마나 도움이 되는데, 빨리 해봐."라고 권하는 엄마들도 있는데, 이것도 그리 좋은 말 같지는 않다. 엄마의 공(功)을 내세우고 엄마의 욕심을 앞세우면 아이들도 엄마도 힘들고 지칠 것이 뻔하다. 그런 말이 나온 다음부터는 엄마가 뭔가 배우러 간다고 하면 아이들은 어떤 생각이 들까? 한동안 엄마에게 들들 볶일 생각에 머리부터 지끈지끈 아파오지 않을까?

아이의 능력을 믿고 기다려주기

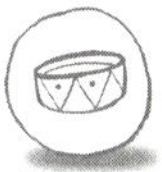

요즘 아이들 책은 참 잘 만들어져 나온다. 그림도 알록달록 예쁘지만, 무엇보다 내용이 좋은 책들이 많다. 다른 사람을 배려하는 마음, 친구들과 사이좋게 어울려 노는 즐거움, 자연의 소중함과 고마움 같은 것을 차근차근 알려주는 책들을 읽노라면, 어른인 내 마음까지 깨끗해지는 것 같다.

정한이랑 매일 반복해서 읽던 책 중에 《쿵쿵, 고릴라의 북소리》가 있다. 그 책의 줄거리는 이렇다. 숲속 동물들이 모두 모여 예쁜 목소리로 합창을 한다. 그런데 유독 고릴라만 이상한 소리를 내자 동물들은 고릴라를 빼고 노래하자고 했다. 하지만 그러기에는 고릴라가 불쌍했다. 고민 끝에 동물 친구들은 꾀를 내어 고릴라에게 가슴을 쳐서 '쿵쿵' 북소리를 내라고 했다. 고릴라의 북소리에 맞춰 동물들은 신나게 합창을 한다는 이야기다.

공부 잘하게 만드는 부모의 역할

이 책을 읽을 때 내가 가슴을 치면서 고릴라 흉내를 내면 정한이도 따라 하면서 웃곤 했다. '어떻게 하면 더 재미있게 읽어줄까' 고민하다가 나온 방법인데, 매우 성공적인 셈이다.

이처럼 나는 책을 읽어줄 때 재미있게 들려주고자 갖가지 아이디어를 짜낸다. 하지만 그에 비해 책의 주제를 전달하는 데는 그리 공을 들이지 않는다. 교훈을 강조하지 않는 것은 물론이다. 여러 번 읽으면 아이가 자연스럽게 터득할 것 같아서다. 책을 읽으며 한글을 알아간 것처럼, 정한이는 책을 읽으며 자기 수준에서 내용이 주는 교훈을 열심히 이해했다.

책을 읽고 엄마가 그 책으로 무엇인가를 가르치려고 들면 아이가 신나지 않을 것 같다. 읽고 난 후에 엄마가 아이에게 질문을 하고, 답을 기다리고, 원하는 답이 나오지 않는다고 신경질을 내면 과연 책 읽기가 즐거울까? 모르긴 몰라도 책 읽기가 교훈을 얻기 위한 도구로 획일화될 것이다. 예를 들어 내가 《쿵쿵, 고릴라의 북소리》를 읽고 난 다음에 이렇게 말했다고 생각해봤다.

"봐, 이 책에서는 무엇을 말하고 있니? 친구들과 모두 사이좋게 지내라고 하지? 친구의 잘하는 점을 찾아내 같이 어울려야지, 따돌려놓고 잘하는 친구들끼리만 놀면 안 돼."

누군가 내게 매번 이런 식으로 가르치려 든다면 책 읽기가 정말 지겨워질 것 같다. 서점이나 도서관에서 책 읽어주는 부모들을 보

면 가끔 이렇게 교훈을 강조하는
경우가 있다. 아이가 바르게 자
라기를 바라는 마음에서 하는 것
이겠지만, 아이가 부모의 깊은

뜻을 헤아려줄까? '잔소리' 때문에 괜히 책만 더 싫어하게 되지는 않을까 걱정이다.

모든 책을 읽고 난 후에 그 책을 가지고 반드시 무엇인가를 가르치려고 드는 것은 좋은 독서교육이 아닌 것 같다. 다만 아이가 좀 더 자란 다음에 친구들 사이에서 유사한 문제를 겪는다면 고릴라 이야기 등 책의 내용을 예로 들어 대화하면서 자연스럽게 해결하는 것도 효과적일 것이다.

우리 부부가 책에 관해 아이들에게 해주는 일은 대부분 '사주고 읽어주는' 것이다. 자녀교육에 대해 아는 것도 많지 않고, 뭘 가르치기 위해 읽히는 게 아니라서 책의 교훈이 뭔지에 대해 세세히 설명하지 않는다. 대신 읽어달라고 하면 언제든 읽어주고, 반복해서 읽어주는 게 지겨우면 이렇게 저렇게 이야기를 바꿔서 들려준다.

커가면서 책 읽어주는 일은 점점 줄어들지만, 그래도 다른 집보다는 많이 읽어주는 편이다. 아이들도 그게 익숙한지, 지금도 자기 전에는 책을 읽어달라고 한다. 교육을 전공하는 사람이 들으면 "아니, 6학년이나 된 아이에게 아직도 책을 읽어주나?" 할지도 모르겠

공부 잘하게 만드는 부모의 역할

다. 우리가 특별한 교육관이 있다거나 가르쳐줄 내용이 많아서 그런 것은 결코 아니다. 아직 3학년인 현욱이를 생각해서이기도 하고, 정한이도 좋아하기 때문에 별다른 생각 없이 읽어준다. 동시집도 읽고, 재미있는 이야기도 읽고, 속담이야기도 읽는다.

이때 '기왕에 읽어주는 것, 아이가 하나라도 얻어가게 하자'는 욕심이 생기는 건 어찌 보면 당연한 일이다. 그래도 아직은 책을 재미있게 읽는 게 더 중요한 나이라고 생각해서 자제하고 있다. 좀 더 크면 훨씬 어렵고 깊은 뜻이 담긴 책도 우리보다 잘 이해할 수 있으리라고 믿는다.

그리고 가만히 보면 아이들은 생각보다 응용력이 좋아서, 굳이 가르치려 들지 않아도 알아서 배우는 것 같다. 아마 아이 키우는 분들은 다들 공감할 텐데, 아이들은 자기가 들은 것, 배운 것을 어떻게든 써먹으려고 한다. 한창 말을 배울 때는 새로운 단어를 들으면 아무 말에나 그 단어를 넣어서 사용하지 않는가. 책도 마찬가지다. 우리 아이들도 가끔 생각지도 못한 곳에서 책에서 읽은 내용을 활용하는 경우가 있다.

얼마 전에 아이들 소풍 준비를 하러 현욱이와 마트에 갔다. 그런데 계산하려고 보니 조금 전까지 사용했던 마트 적립카드가 감쪽같이 없어진 것이다. 장바구니를 쏟아보고 지갑을 뒤지고 아무리 찾아도 보이지 않았다. 어쩔 수 없이 카드를 재발급받아서 나오는데,

갑자기 현욱이가 씨익 웃는다.

"엄마, 귀신이 곡할 노릇이네요."

아이가 쓸 만한 표현이 아니라서 내가 놀란 얼굴로 물었다.

"우와, 우리 현욱이 그 속담을 어떻게 알았니?"

"아, 그거요. 얼마 전에 아빠가 읽어준 책에서 나왔어요."

그 즈음 남편이 침대맡에서 읽어주던 속담이야기 책에서 들은 모양이었다.

"그렇구나. 우리 현욱이 대단한데? 그 속담을 기억하는 것도 대단하고, 상황에 딱 들어맞게 사용하는 것도 그렇고."

"히히히~ 현욱이는 천재라는 말씀!"

"그래, 맞다."

현욱이가 천재일 리는 없으니, 다른 아이들도 아마 비슷한 상황이 닥치면 현욱이 같은 응용력을 발휘할 것이라 생각한다. 재미있게만 읽으면 아이들은 그것을 어떻게든 자기 머리에 녹여낸다. 내 역할은 그저 읽어주고 기다려주는 것뿐. 이것이 아이들을 키우면서 얻은 '나의 교훈'이다.

정한이의 〈퀴즈 대한민국〉 도전기

　일요일마다 〈퀴즈 대한민국〉 프로그램이 시작되면 아이들은 필기구를 들고 거실로 모인다. 아이들은 용돈을 벌 좋은 기회이기 때문에 퀴즈 맞히기에 아주 열심이다. 물론 우리 부부도 아이들이 답을 맞히는 게 신기해서 즐겁다. 할아버지는 아이들의 퀴즈 푸는 실력을 눈여겨보시고는 중학생이 되면 퀴즈 대회 나가러 서울에 꼭 한번 가자고 하셨다.

　그런데 그 꿈을 일찍 이룰 기회가 생겼다. 〈퀴즈 대한민국〉의 지역 예선을 대구에서 치른다는 것이다.

　"정한아, 〈퀴즈 대한민국〉 예심이 대구에서 있다는데 가볼래?"

　이런 제안을 마다할 정한이가 아니다. 대뜸 "좋아요. 가봐요."라는 대답이 돌아왔다.

　좋은 추억도 만들고 방송국 구경도 하고, 마침 주말이라 저녁 외식도 할 겸 가벼운 마음으로 지역 예선을 보러 갔다. 방송국에 도착하니 '퀴즈 대한민국'이라고 찍힌 볼펜을 주었다. 사람들에게 예선에 참가했다고 자랑하고 싶었는데, 중요한 증거물이 생긴 셈이다.

예선이 열리는 곳에는 대구 인근에서만 150여 명이 모여들어 열기가 자못 대단했다. 개중에는 정한이 또래의 아이들도 몇 명 눈에 띄었다.

예선은 진행자가 문제를 불러주면 답을 적는 형식으로 치러졌는데, 특이하게도 정답을 알려주지는 않았다. 우리 가족은 정한이와 아내가 도전했는데, 1차 필기시험 결과 정한이는 합격하고 아내는 떨어졌다. 아내도 꽤 많은 것을 알고 있는데 떨어지고 정한이가 합격한 것을 보고, 나는 속으로 '정한이 실력이 내 생각보다 꽤 높구나' 하고 생각했다.

그리고 치러진 면접시험. 18명의 도전자 중 가장 어린 정한이에게 사람들의 시선이 쏠렸다. 정한이는 별로 떨지도 않고 방송작가의 질문에 재미있게 답변을 잘했다. 정한이를 지켜보던 사람들은 신기해하면서 "아이에게 훈련을 많이 시켰구나!" 하고 한마디씩 했다. 사실 아무런 훈련이나 준비를 하지 않았는데 말이다.

제작진이 알려주기를, 일주일 뒤에 합격자 발표가 있고, 합격한 사람은 6개월 안에 본선을 치르며, 출연 일주일 전에 방송국에서 통보를 할 것이라고 했다. 잘하면 본선에 나가 TV에 출연할 수도 있다는 생각으로 들뜬 저녁을 먹었다.

하지만 일주일이 지나고 이주일이 지나도 연락은 없었다. 우리는 다른 사람들에게 질문할 때 정한이가 너무 산만하게 행동해서 떨어졌다고 생각하고 예선 본 것조차 까맣게 잊고 지냈다. 다만 정한이

공부 잘하게 만드는 부모의 역할

는 늘 아쉬운지 가끔씩 "다음에 대구에서 예심하면 또 나가볼 거예요." 하고 말하곤 했다.

그렇게 한두 달이 지난 어느 날, 방송국이라면서 전화가 왔다.
"〈퀴즈 대한민국〉 작가인데요, 2월 4일 녹화가 있어요. 정한이 출연할 수 있나요?"
갑자기 걸려온 전화에 머리가 멍해졌다.
"예, 개학을 해서 학교에 가야 하지만…. 이번에 출연하지 않으면 언제 할 수 있나요?"
"언제 다시 출연할 수 있는지는 장담할 수 없어요."
"그래요, 그럼 출연해야죠. 학교에 체험보고서 쓰고 갈게요."
"예, 그럼 메일로 자세한 인터뷰 자료 보내드릴게요."
"예, 고맙습니다."
믿기지 않는 저녁이었다. 한편으로는 '이럴 줄 알았으면 미리 준비를 좀 시킬걸' 하는 아쉬움이 밀려왔다. 알고 봤더니 우리 부부가 지역예선 때 이야기를 잘못 들은 것이었다. 애당초 정한이는 '합격자 발표는 없고 출연자는 6개월 내에 출연 일정이 잡히고, 출연 일주일 전에 연락한다'고 들었다고 했는데, 우리 부부가 아니라고 우겼던 것이다.
늦었지만 준비를 소홀히 할 수는 없는 일. 우리는 주말에 《퀴즈 대한민국 문제풀이》 책을 구입해서 벼락치기에 돌입했다. 문제 푸는 방식을 훈련하려고 입으로 버저 소리를 내가면서 그야말로 열심히 준비했다.

　서울로 출발하기 전날, 정한이의 반 아이들이 정한이에게 주는 응원 메시지를 작성해 선물했다. 아이들의 응원에 신이 난 정한이는 집에 와서 한껏 자랑을 했다.
　"아이들이 나를 위해서 응원 메시지를 써서 선물했어요."
　"정한아, 그러면 선물은 어디에 있는데?"
　"아차! 교실에 두고 급해서 그냥 왔어요."
　기분이 너무 좋아서 도화지를 교실 칠판에 붙여놓고는 깜빡하고 가져오지 못했다는 것이다. 이렇게 덜렁대면서 문제는 어떻게 맞히는지….
　"정한아, 친구들이 응원한 걸 TV에 가지고 나가야지."
　그랬더니 현욱이가 나섰다.
　"아빠, 형아랑 형아 교실에 가서 응원 메시지 갖고 올게요."
　그래서 정한이와 현욱이가 학교에 갔지만, 결국 찾을 수 없었다. 정말 아쉬울 뿐이다. TV에서 보여줬으면 반 친구들도 정말 좋아했을 텐데…. 이것 말고도 우리는 상경하는 길에 캠코더를 나두고 왔다고 옥신각신하는 등 시종일관 허둥대며 시끄럽게 방송국에 '입성'했다.

　이렇게 본선 녹화장에 들어서는 순간까지 정신없어하며 가슴을 졸였지만, 프롤로그에서 말씀드렸듯이 정한이는 놀라운 집중력을 발휘해 누구도 기대하지 못한 '퀴즈영웅' 자리에 올랐다.

　'퀴즈영웅'이 된 뒤, 고령군수님에게 축하전화도 받고 언론 인터뷰도 하며 한동안은 숨 돌릴 틈 없이 바쁜 나날을 보냈다. 물론 정한이가 TV에서 공언한 대로 상금으로 반 친구들에게 피자 턱도 냈다. 적은 금액이지만 고령군 교육발전기금으로 일부 드리고, 학교에 책도 기증하고, 할아버지 친구분들 저녁 식사비로 약간 드리고, 동생인 현욱이에게도 좀 주고, 사촌들에게 조그마한 선물도 하고, 나머지 상금은 미래를 위해 정한이 이름으로 적금을 들어놓았다. 다음에 정한이가 크면 알아서 쓰도록 할 계획이다.

PART 3

호기심이 이끄는 '책갈피 독서공부법'

궁금증이 꼬리에 꼬리를 무는 '책갈피 독서공부법' | 독후활동의 결정체, 워크북 | 정한이의 지식 보물창고, 비밀노트 | 글쓰기가 싫을 때 쓰는 일기 | 지식여행을 떠나자 | 전시회에 가면 반드시 '도록'을 사라

아빠 이야기 3 | 남자끼리 '1박 2일'

궁금증이 꼬리에 꼬리를 무는 '책갈피 독서공부법'

우리 집에는 책갈피가 많다. 무엇이든 표시만 할 수 있는 물건이면 책갈피로 사용한다. 정한이가 책을 읽다가 궁금한 것이 생기면 그 부분을 표시해두고 다른 책을 찾아 읽기 때문이다.

예전에 정한이는 책 한 권이 닳도록 읽고 또 읽곤 했다. 공룡에 푹 빠져 있을 때는 공룡 도장, 공룡 퍼즐, 공룡 인형 등을 함께 갖고 놀며 공룡 이름을 외워댔다. 그뿐인가, 지점토나 골판지로 공룡을 만들고 책에서 읽은 공룡 이야기들을 읊으며 놀았다.

그러다 세계지리에 흥미를 가질 무렵에는 세계지도나 지구본에 낙서를 하며 놀았다. 그때 정한이는 세계전래동화를 꽤 재미있게 읽었다. 이것이 자연스럽게 세계사와 연결되어 지금은 내용이 제법 복잡한 세계사 책도 잘 읽는다.

이렇게 한 권을 깊이 읽던 정한이가 언제부터인가 이 책 저 책 옮겨 다니기 시작했다. 한 권을 진득하니 읽지 못하고 자꾸 다른 책을 건드리는 것이다. 마치 책에 재미를 못 붙이고 싫증을 내는 것 같다.

하지만 정한이가 이렇게 읽는 데는 나름대로 타당한 이유가 있다. 궁금한 게 생기면 그걸 알아보기 위해 다른 책으로 넘어가곤 했던 것이다. 궁금한 건 궁금할 때 바로 해결하는 정한이의 성향이 반영된 독서법이었다. 하도 여러 권을 펼쳐놓는 바람에 읽던 부분을 표시하기 위해 내가 리본끈으로 책갈피를 만들어주기도 했다. 정한이의 이런 '책갈피 독서공부법'은 여러 매체의 관심을 받기도 했다.

구체적으로 설명하면 이렇다.

정한이는 A책을 읽다가 모르는 부분이 나오면 표시를 해두고, 모르는 부분에 대한 설명이 있는 B책을 찾아 읽는다. 거기에서 또다시 새로운 호기심이 생기면 C책을 찾아 읽고, 어느 정도 납득이 되면 다시 A책으로 돌아와 책갈피로 표시해둔 부분부터 읽어나간다. 인터넷으로 신문기사를 읽다 보면 특정 단어에 '하이퍼링크(hyperlink)'가 걸려 있는 것을 보는데, 링크를 클릭하면 해당 단어에 관한 기사를 단번에 검색할 수 있다. 정한이의 독서법도 이를테면 인터넷의 하이퍼링크와 비슷하다고 할 수 있다. 실제로 예를 들면 다음과 같다.

《신라 왕조 1000년》을 읽던 정한이가 '미추 이사금' 대목을 읽더니 갑자기 《삼국유사》를 뒤적인다. 미추왕이 죽고 적이 쳐들어왔는데, 미추왕의 혼이 죽엽군(竹葉軍)이 되어 적을 물리친 이야기를 더 자세하게 알고 싶어서 《삼국유사》의 미추왕과 죽엽군 부분을 읽는 것이다. 그 부분이 해결되자 정한이는 다시 《신라 왕조 1000년》을 마저 읽어갔다.

《한나 아렌트가 들려주는 전체주의 이야기》를 읽은 다음에는 인터넷으로 '아이히만'이라는 인물을 검색했다. 이름은 '칼 아돌프 아이히만', 독일 나치스 친위대 장교로 유럽 각지에서 유대인들을 체포해 강제 이주시키는 일을 계획하고 지휘한 사람이다. 독일이 항복한 후에 아르헨티나로 도망가서 살다가 이스라엘 비밀단체인 모사드에 의해 체포되었다. 예루살렘 법정에서 유대인 600만 명을 학살한 전범으로 판결돼 교수형에 처해졌다.

그런데 이번에는 인터넷 정보를 보고 또 다른 궁금증이 일었나 보다. 정한이가 《예루살렘의 아이히만》을 사달라고 메모를 해놓았다. 나중에 책을 사주었더니 그 책을 읽으면서 이번에는 《음모론》을 펼친다. 《음모론》에서 이스라엘의 비밀 정보단체 수장의 죽음에 대해 읽은 후에 다시 《예루살렘의 아이히만》을 읽는다.

이런 독서 패턴은 다른 책에도 이어진다. 한번은 《교양 있는 우리 아이를 위한 세계 역사 이야기》에서 루이14세의 아들이 천연두로 죽었다는 내용을 읽었다. 정한이는 '그런가 보다' 하고 넘어가는 게

호기심이 이끄는 '책갈피 독서공부법'

없다. 이번에는 《질병》이라는 책에서 천연두 항목을 펼쳐놓고 읽는다. 고대 이집트의 파라오 람세스5세, 영국 여왕 메리2세 등도 역시 천연두로 죽었다는 새로운 사실을 알게 된다. 천연두란 바이러스에 의해 감염되는 전염병으로, 병에 걸리면 절반은 죽고 다행히 살아도 얼굴에 흉터가 남는다는 것도 정한이 세대에는 새로운 사실이다. 감염된 이후에는 치료법이 없는 무서운 질병이었는데, 동양에서 인두법이라는 예방법이 고안됐고, 지금은 제너의 종두법으로 천연두가 사라졌다는 것도 알게 됐다. 우리나라에는 조선 후기에 박제가가 청나라를 통해 예방법을 들여왔다.

이렇게 해서 천연두에 관한 탐험은 일단락되었다. 하지만 《질병》 책에 정한이의 시선을 잡아끄는 게 있었다. 책 한쪽 귀퉁이에 실려 있는 유익한 세균에 관한 글이 그것이었다. 유산균, 효모균, 오물을 분해하는 메탄균…. 이렇게 읽다 보니 과학 잡지에 실려 있던 '메탄가스' 기사가 생각나더란다. 그래서 이번에는 과학 잡지를 꺼내어 지구온난화의 주범인 메탄가스가 되새김동물의 트림과 방귀에서 나오는 가스라는 것을 알게 되었다. 동시에 메탄가스를 줄일 수 있는 방법이 소개된 꼭지를 열심히 읽는다. 사료에 코코넛, 해바라기 기름처럼 불포화지방을 추가하고, 클로버 같은 콩과식물의 타닌 성분을 이용하거나 마늘의 알리신을 이용하는 방법이 있다는 것을 읽는다. 그러고 나서야 다시 애초의 《세계 역사 이야기》로 돌아가 책을 읽기 시작한다. 역사책이니만큼 연표를 옆에 두고 우리나라와

일본·중국·서양을 비교하며 읽
는 방법도 사용한다.

물론 모든 책을 이렇게 읽는
것은 아니다. 한 권을 그냥 죽 읽

을 때도 있다. 하지만 기본적으로 궁금한 점이 있으면 책으로든 인
터넷으로든 그때그때 찾아서 궁금증을 해결하고 넘어가려고 한다.

처음에 책을 읽을 때는 책과 친해지게 하는 것 못지않게 독서습
관을 잘 들이는 것도 중요하다고 한다. 그래서 부모들은 아이에게
바른 자세로 한 권을 끝까지 읽으라고 잔소리를 한다. 이런 기준에
서 보면 정한이는 '책벌레'는커녕 '독서 낙제생'이다.

어른이 보기에도 쉽지 않은 주제의 책을 이렇게 여러 권 왔다 갔
다 하며 읽으니, 지켜보는 입장에서는 솔직히 정신없어 보일 때도
많다. 그래서 처음에는 정한이에게 잔소리를 하기도 했다. 그런데
엄마에게 혼난 다음에는 책 읽는 간격이 뜸해지는 것 아닌가. 아이
고, 잘못하다가는 책 읽는 것 자체를 싫어하겠다는 생각이 들었다.

그래서 그 뒤부터는 책 읽는 방법에 대해 간섭하지 않는다. "너는
왜 한 권을 끝까지 읽지 못하니?" "그런 식으로 읽어서 이야기가
연결이 되니?"라는 잔소리도 하지 않는다. 어떤 식으로 읽든 독서
를 함으로써 아이에게 지식으로 남으면 그만 아닌가. 어른들 보기
좋으라고 한 권 한 권 차례대로 읽느라 궁금한 것이 있어도 '다 읽

호기심이 이끄는 '책갈피 독서공부법'

고 찾아봐야지' 하고 대충 넘어가다 보면, 점점 습관이 되어서 나중에는 책을 읽어도 별로 궁금한 것도 안 생기고, 아예 머릿속에 남는게 없게 될지도 모른다.

책은 자신에게 맞는 방법으로 읽어야 한다. 호기심은 어떻게든 해결하고 넘어가야 하는 정한이에게, 무조건 참고 한 권을 끝까지 읽으라고 하면 얼마나 답답하고 짜증나겠는가. 예전에 정한이가 자신의 책 읽는 방식에 관해 쓴 글이 있는데, 이걸 보면 정한이 나름의 독서방식이 있고, 그걸 함부로 바꾸려고 하면 안 되겠구나 하는 생각이 든다.

나는 책을 읽을 때 한 번에 정독하여 읽는 것은 아니다. 나는 일단 책을 구입하면 가장 궁금하였던 부분과 목차를 보고 호기심이 있는 부분을 먼저 읽은 다음에 정독을 하지는 않고 자연스럽게 한번 읽는다. 그러면 책의 대강의 줄거리와 자기가 궁금하고 알고 싶었던 부분은 머리에 기억을 하고 있는 것이다. 그리고 나서 책을 책꽂이에 꽂아두었다가 다른 호기심이 생기거나 아니면 '저 책을 저번에 한번 읽었는데 다 확실히 기억이 나지 않으니 어떤 내용이 있더라?'하면서 다시 한 번 읽게 되면서 처음보다는 많은 내용을 기억하게 되고 하여, 보통 한 권의 책을 가지고 기본적으로 세 번 정도는 읽게 되면 많은 내용이 기억에 남는 것 같았다. 그리고 자기가 좋아하는 책이나 궁금한 점이 많고 호기심이 많았던 책은 열 번 정도 읽은 책도 있다. 가령 《비주얼 박물관》 전집은 초등학교 2학년 때 구입한 것으로 기억하는데 열 번도 더 읽은 책도 있고, 지금도 수시로 궁금한 점이 있으면 읽고 읽는다.

아이들은 어릴 때 재미있는 책이 있으면 열 번이고 스무 번이고 계속 읽으려고 한다. 그러다가 자신에게 맞는 독서법이 무엇인지 판단이 서기 시작하면서, 한 권에 몰두하게도 되고 몇 권을 동시에 읽어가게도 되는 것 같다. 어느 쪽이든 본인에게 즐거운 독서가 되고 나중에까지 남는 게 있다면 좋은 방법이라 생각한다.

호기심을 좇아 여러 권의 참고도서를 섭렵하는 정한이의 방식은 사실 엄청난 집중력이 필요한 독서법이다. 이야기를 하다가 옆길로 새서 애초의 용건을 잊어버리는 것처럼 처음 읽기 시작한 책은 내팽개치고 다른 책에만 골몰하기 쉬운데, 참고도서에서 필요한 정보를 모두 취한 다음에는 다시 처음의 책갈피로 즐겁게 돌아오지 않는가. 책 읽기를 더욱 풍성하게 하는 '앎'이라는 보물을 잔뜩 품에 안은 채 말이다.

호기심이 이끄는 '책갈피 독서공부법'

독후활동의 결정체, 워크북

　책을 읽고 나면 흔히 '독후감'으로 대변되는 독후활동을 한다. 아직 주제의식을 파악하는 힘이 떨어지는 아이들은 적절한 독후활동이 뒤따라야 머릿속에 내용이 정리되고 더 깊게 생각하게 되는 것 같다. 그래서 정한이 현욱이도 책을 읽고 난 다음에는 그림을 그리기도 하고 여행을 떠나는 등 나름의 독후활동을 하려고 노력한다.

　아이와 내가 가장 먼저 시작한 독후활동은 책을 읽은 후 책 내용을 말해보는 것이었다. 일종의 독후감 같은 것으로, 아마 대부분의 부모가 이런 독후활동을 하지 않나 싶다. 처음에는 생각나는 문장을 책에서 찾아 읽어보도록 했다. 그런 다음에는 생각나는 단어들을 책을 보지 않고 말하게 했다. 그것이 자연스러워지고 난 후에는 줄거리를 이야기하게 했다. 물론 앞뒤 문장이 맞지 않고 내용도 뒤죽박죽일 때가 종종 있었다. 그래도 일단은 이야기를 끊지 않고 끝까지 들어주었다(성격이 급한 나로서는 굉장한 인내심을 요구하는 일이었다). 틀린 문장이나 앞뒤가 뒤바뀐 내용을 바르게 되풀이해주는 작업은 줄거리 말하기가 익숙해진 다음에 시도했다.

그런데 이처럼 독서감상 위주의 독후활동은 많이 하는 방식임에도 문제가 적지 않다. 본의 아니게 자꾸 아이가 제대로 읽었는지 '확인'하고 '검사'하는 모양새가 되기 때문이다. 행여 아이가 틀린 말을 하면 나도 모르게 답답해지는데, 이게 말로 표현은 안 해도 아이에게 고스란히 전해져서 아이를 위축시킨다. 또 엄마 아빠가 자꾸 줄거리나 등장인물의 이름, 느낀 점 등을 물어보면, 아이들은 책을 읽는 내내 불안할 것 같다. '이 책 읽고 나면 엄마가 물어보실 텐데, 대답 못하면 어쩌지?' 이렇게 생각하기 시작하면, 머지않아 책은 꼴도 보기 싫은 존재가 될지도 모른다. 이런 생각 때문에 줄거리를 말하는 식의 독후활동은 오래 지속하지 않았다.

여섯 살 무렵부터는 책에 나오는 그림을 간단하게 묘사하는 작업을 시켰다. 남자아이여서 그런지, 워낙 미술에 소질이 없어서 그런지 그림을 잘 그리지는 못했지만, 책 읽은 후에 자신의 느낌을 그림이라는 방법으로 신나게 표현하면 그만이라는 생각에 크게 개의치 않았다.

내가 생각해낼 수 있는 독후활동은 여기까지였다. 이 밖에 책을 읽고 얘기도 많이 하고, 놀이도 하고, 가끔 여행도 떠나곤 하지만 뭔가 일상적이고도 체계적으로 정리되는 활동들은 아니다. 더욱이 아이가 초등학생이 되면서 책 읽기 외에 '학습'에도 신경 쓰지 않을 수 없었다. 그럼에 따라 내 관심도 독후활동보다는 학습활동으로 조금씩 옮겨지게 되었다.

그러던 차에 눈에 띈 것이 바로 'NIE'다. 정한이가 1학년 때 고령군 도서관에서 NIE 무료강좌를 한다기에 3개월간 수강한 일이 있다.

아시다시피 NIE는 '신문'을 활용하는 교육이다. 내가 NIE에 관심을 갖게 된 이유는 분명했다. 신문은 명실상부한 정보의 도가니다. 매일 새로운 정보를 제공하니, 잘만 활용하면 어린 아이라도 세상 돌아가는 시야를 키울 수 있다. 안 그래도 책 보면서 이것저것 연관된 내용을 물어보는 정한이니까, 정보 수집이나 활용 능력을 키워주면 좋겠다는 생각이 들었다. 또 신문 특유의 논리적 글쓰기를 매일 접할 수 있으니 자연스럽게 논리적인 읽기와 쓰기를 연습할 수 있다. 비단 논리력뿐인가. 하려고만 들면 연재만화를 가지고 감성 교육을 할 수도 있다. 이런 여러 가지 장점이 있는 데다, 결정적으로 정한이가 아이 치고는 뉴스를 잘 본다. 그래서 NIE 교육이 정한이에게도 맞겠다 싶었다.

내 예상이 적중했는지, NIE 교육을 받으면서 그날 배운 내용을 실습 삼아 집에서 해주었더니 아이들이 무척 재미있어했다. 처음에는 가장 기초단계라고 하는 신문광고를 이용했다. 우선 마음에 드는 모델을 찾아 자기소개서를 썼다. 그러고는 아이들과 함께 신문을 뒤적이며 큰 제목을 읽고 흥미 있는 기사를 오려보라고 했다. 나는 아이들이 모은 기사의 테두리를 다듬어주는 역할을 했다.

내가 가진 지식이 없기도 하지만, 이런 활동들을 하면서 나는 이론을 가르치겠다는 욕심은 가지지 않았다. "가위 사용할 때는 엄마가 도와줄게." "칼은 쓰지 말자." "그림을 오릴 때는 그림이 잘 보이도록 오려보자." 같은 단순한 주의만 주고 나머지는 아이들이 알아서 하게 했다. 이것도 하면 안 되고, 저것도 조심하라는 식으로 제약조건이 많아지면 아이들이 그것에 신경 쓰느라 정작 하고 싶은 일들을 마음껏 하지 못하게 될 것 같아서였다.

이렇게 해서 기사가 다 모이면 나는 신문기사에 밑줄을 그어놓고 단어 찾기 문장을 만들었다. 밑줄 그은 기사를 옮겨 적고 주요 단어에 동그라미를 해놓아 그것을 채우는 것이다. 그러면 아이들은 빠진 글자를 채우기 위해 신문을 읽었다. 처음에는 기사를 소리 내어 같이 읽고 답을 찾았는데, 몇 번 해보더니 혼자 알아서 척척 찾기 시작했다. 그때 정한이가 재미있게 한 활동은 새 지폐에 관한 기사를 보고 만든 '나의 지폐 도안'이었다.

어느 날은 '나비 박사' 석주명을 기사에서 접한 후에 도서관에서 석주명 위인전을 대출해 와서 읽기도 했다.

“정한이 책 빌려왔네.”

“네, 나비 박사에 대해서 좀 더 알고 싶어서요.”

이렇게 정한이는 NIE 활동을 통해 신문과 친해지고, 책과는 더욱 친해졌다. 전문 지도사 과정도 아니고, 무료강좌 석 달을 들은 게 전부이니 내가 가진 지식이란 참으로 얕은 것이었다. 좀 심하게 말하면 그저 흉내를 낸 정도라고 할까. 그래도 우리 아이들과 함께하는 작업이니, 우리가 즐거운 놀이로 생각하면서 자연스럽게 신문의 매력을 느끼면 그만이라고 생각하며 스스로를 독려했다.

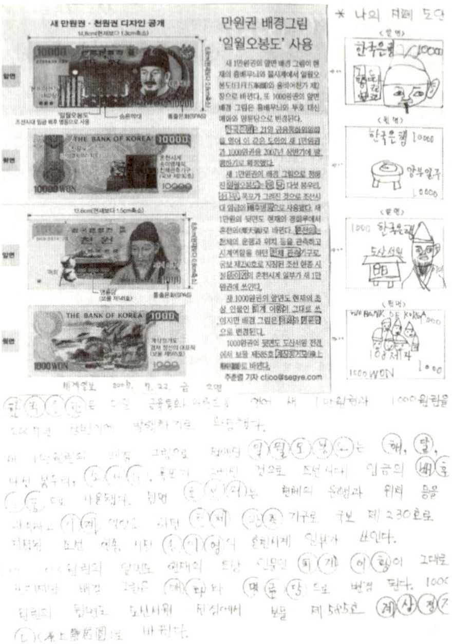

NIE 활동 자체는 그리 오래가지 않았다. 하지만 이것이 발전해 우리 집만의 재미있는 독후활동이 생겨났다. 바로 ‘워크북’이다.

워크북은 우리 부모세대가 학교 다닐 때 흔히 ‘학습장’이라고 부르던 것과 같다. 활동의 주요 내

정한이의 NIE 활동. 화폐 신권 발행이 추진되던 무렵 만든 것이다. ‘한국은행’, ‘일월오봉도’ 등 기사에 나온 주요 단어를 찾아 넣는 문제를 내고, 한쪽에는 ‘나의 지폐도안’을 그려보게 했다. 정한이는 1만 원 권 뒷면에 ‘혼천의’ 대신 해시계인 ‘앙부일구’를 넣은 도안을 그렸다.

용과 의의를 노트에 정리하는 형태인데, 책을 읽거나 체험활동을 하고 나서 워크북을 작성하면 복습효과가 아주 좋다. 더욱이 워크북 만드는 과정 자체가 NIE 활동과 크게 다르지 않아서, 정한이의 NIE 활동은 자연스럽게 워크북 만들기로 전환되었다.

책이야 아주 어릴 적부터 읽혔지만, 그때부터 워크북에 대해 생각했던 건 아니다. 워크북은 정한이가 책을 잘 이해하고 있는지 궁금했을 때 떠올리게 되었다. '아이가 분명 여러 번 반복해서 읽기는 하는데, 과연 머릿속에 내용이 잘 정리돼 있을까?' 이런 궁금증이 일 때 워크북을 만들면 시험 보듯이 다그치지 않고도 아이의 이해 수준을 비교적 정확하게 확인할 수 있다.

여기에 더해 결정적 계기가 찾아왔다. 아이가 학교에 입학하고 나니 방학에 숙제가 있었다. 방학 동안 뭔가를 만들거나 해야 할 텐데, 뭘 할지 딱히 떠오르는 게 없었다.

정한이는 그림 그리기를 좋아하는 한다. 하지만 잘은 못한다. 정한이가 입학하고 나서 확실히 깨달은 것 하나는 그림이나 글쓰기, 운동에 대한 기대를 버려야 한다는 사실이었다. 괜히 욕심내봐야 모자 사이만 나빠질 게 뻔했다.

그런데 집에서 하는 거면 아무렇게나 해도 되지만, 명색이 숙제인데 좀 더 신경 써서 했으면 하는 게 엄마로서 내 바람이었다. 남들처럼 그림이나 글짓기 숙제를 하자고 하면 아이도 힘들고, 나도 화가 나서 아이에게 언성을 높이게 될 것이다. 그렇다고 숙제를 하

호기심이 이끄는 '책갈피 독서공부법'

지 않을 수는 없고, 이걸 어쩐다?

고심 끝에 정한이가 좋아할 만한 것으로 숙제를 하자고 생각한 것이 지금의 워크북 만들기였다.

처음에는 앞서 이야기했던 NIE 방식의 워크북 활동을 했다. 그러고 나서 두 번째로 시도해본 것이 《원리가 보이는 과학》이라는 과학전집이었다. 정한이가 1학년이 되었을 때 구입한 책인데, 아이들도 재미있게 읽은 데다 내 입장에서도 설명이 잘돼 있어서 먼저 읽고 워크북을 만들기 좋았다. 내 나름대로 문장 완성하기 문제도 고안해서 밑줄이나 네모, 따옴표 등을 이용해 답을 채우게 했다. 때로는 그림에 대한 설명을 덧붙이게 하고, 그림을 그려보게도 했다. 그려진 그림에 색을 칠하는 과제도 내고, 표도 그려보게 했다.

물론 내가 어설픈 솜씨로 하는 것이니 그림도 엉성하고 문제를 잘못 낼 때도 있었다. 정한이가 이 정도는 알겠거니 하고 낸 문제를 의외로 어려워해서 틀린 답을 적는 경우도 드물지 않았다. 엄마로서는 문제를 낼 때 맞히리라는 기대가 있으니까 아이가 틀릴 때 당연히 실망한다. 그래도 그때 구박을 하지 않아야 한다. 그렇다고 그냥 넘어갈 수는 없으니, 넌지시 눈치를 준다.

"어, 엄마가 알기로는 몸에 들어온 나쁜 세균과 싸우는 것은 적혈구가 아니라고 하던데."

내 말을 들은 아이는 책을 다시 한 번 뒤져본다.

"엄마 말이 맞네요. 나쁜 병균과 싸워 우리 몸을 지켜주는 일은 백혈구가 하네요."

물론 그림을 잘 그리지 않아도 구박하지 않는다. 지금은 미술 시간이 아니다. 또 아이가 모든 것을 잘해야 한다는 욕심은 진즉에 버렸다. 음… 솔직히 말하자면 때로 미련이 슬며시 고개를 들 때도 있다. 하지만 두 손으로 미련을 꾹 눌러 없애려 노력한다. 그저 특징을 잡아서 흉내만 내면 군말 없이 넘어간다.

색칠도 마찬가지다. 꼼꼼하게 칠하지 않아도 된다. 색을 칠하는 이유는 지형의 경계선을 구분 짓거나 지구의 구조를 알아보기 위해서이니, 경계만 확실히 보이면 된다. 어떤 색깔로 칠하든 아이가 칠하고 싶은 대로 둔다. 다만 아예 색깔 구분이 모호하면 안 되니까 "선을 구분하여 색칠하세요."라는 문구만 덧붙여 써놓고 만다.

애초에 정한이가 즐겁게 할 수 있는 독후활동으로 워크북을 택한 만큼, 처음에는 책도 정한이가 가장 신나게 읽을 만한 것으로 고르는 데 신경 썼다. 정한이는 과학 분야를 좋아한다. 그래서 과학책 중에서 쉽게 접근할 수 있는 전집으로 골랐다. 이렇게 시작된 워크북 활동은 '정답'이 있는 과학 등의 분야에서 점차 '생각'을 써야 하는 문학 쪽으로 영역을 조금씩 넓혀갔다.

명작은 단답형 질문이 별로 의미가 없어서 내가 문항을 만들기 까다롭다. 게다가 독후감을 많이 쓰는 분야라서 그런지 책 자체에 독후활동에 관한 팁이 많이 제공되는 편이다. 그래서 명작을 살 때는 독후활동용 워크북이 포함돼 있는 것으로 구입했다. 이번에는 좀 쉽게 워크북을 해보려나 생각했는데….

그런데 시판되는 워크북을 그대로 하기에는 무리가 있었다. 문제는 글쓰기였다. 글쓰기를 싫어하는 정한이가 그 많은 빈 종이를 메우려면 책을 읽는 시간보다 워크북에 매달리는 시간이 몇 배는 더 걸릴 것 같았다. 물론 독서감상문을 잘 쓰면 좋겠지만, 싫어하는 아이를 붙잡고 쓰라고 하면 얼마나 고역이겠는가. 그래서 결국 명작에도 워크북을 따로 만들어주기로 했다. 기존에 구입한 워크북을 바탕으로 정한이가 수행하기 어려운 문항은 빼고 좀 더 붙일 것은 덧붙여서 만들어주었더니, 다행히 정한이도 잘 따라 했다.

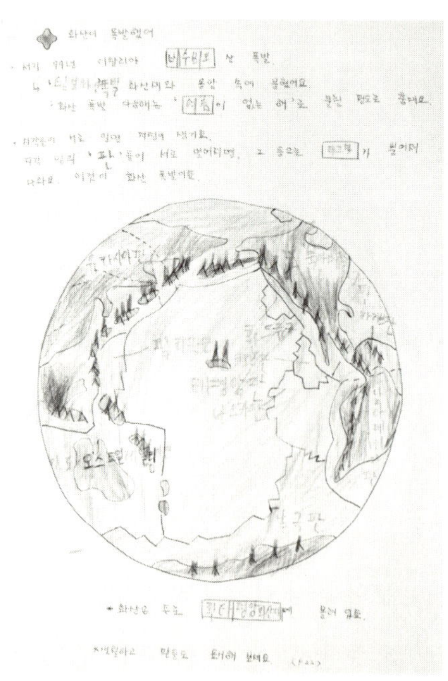

정한이의 워크북. 《화산이 폭발했어》를 읽고 책에 나온 주요 내용을 인용해 빈칸 채우기를 했다. 아울러 화산이 폭발하는 원리를 그림을 통해 되새겨보았다.

이렇게 해서 정한이와 만들기 시작한 워크북은 현욱이에게도 이어지고 있다. 공책을 사서 제대로 만들 때도 있지만, 어떨 때는 그냥 집에 있는 이면지를 가져와서 간단하게 만들기도 한다.

내가 음식이며 옷이며 만드는 걸 좋아하니까 워크북도 취미 삼아 만들었다고 생각할지도 모르겠다. 하지만 워크북을 만드는 것은 결코 쉬운 일이 아니다. 처음부터 그저 내가 할 수 있는 만큼의 정성을 깃들이면 된다고 생각했기에 망정이지, 판매되는 것처럼 거창하게 만들려면 정말 엄두도 내지 못했을 것이다.

내가 만드는 워크북에서만큼은 내가 정한이의 선생님이 되어야 한다. 못해도 정한이만큼은 알아야 한다. 그래야 문제 흉내라도 낼 것 아닌가. 그러니 그 책의 내용을 모두 암기하지는 않더라도 적어도 한 번씩은 읽어야 했다.

아이들이 책을 읽는 시간이나 자습하는 시간에, 또는 아이들이 잠든 시간에 틈틈이 책을 읽고 워크북을 만들었다. 남의 눈에는 아마 추어처럼 보여도, 이 과정은 상상 이상의 중노동이다. 단번에 한 권 분량을 만들어놓겠다고 덤볐다가는 아마 1년도 못하고 지쳐버렸을 것이다. 그래서 나는 만드는 분량만큼 동시에 활용하는 방법을 택했다. 그래야 아이들이 워크북 기다리는 시간도 줄어들 것 같았다.

내가 쓰고 그리고 오리고 하는 모습이 힘들어 보였는지 남편이 한마디 할 때가 있다.

호기심이 이끄는 '책갈피 독서공부법'

“컴퓨터로 하지. 그러면 내가 좀 도와줄 수도 있고.”

물론 컴퓨터로 하면 빠르게 완성할 수 있고 힘도 덜 수 있을지 모른다. 그런데 나는 컴퓨터를 자주 사용하지 않는다. 컴퓨터로 만들려면 일부러 시간을 내서 그 앞에 앉아야 하는데, 그게 번거롭다. 또 그림을 그리거나 색칠을 할 때는 어차피 사람 손이 가야 한다. 무엇보다 중요한 것은 아이들이 엄마가 워크북 만드는 모습을 보면서 그 워크북을 소중하게 생각한다는 것이다. 정한이는 내가 만든 워크북을 보고 이렇게 말한다.

“엄마가 만들어놓은 것을 보면 가슴이 찡하고 고마워요.”

정한이는 알까? 정한이의 이 말 때문에 오늘도 엄마가 오리고 붙이고 이 궁리 저 궁리 골몰하며 ‘워크북 만들기 삼매경’에 빠져든다는 것을. 이렇게 나의 노력과 함께 아이들의 솜씨가 곁들여져서, 우리의 워크북은 하나하나 늘어간다.

정한이의 지식 보물창고, 비밀노트

엄마 아빠와 친하게 지내는 우리 아이들은 뭐든지 부모에게 터놓고 애기하는 편이다. 그런데 몇 년 전부터 우리 부부에게 '접근금지' 구역이 생겼다. 바로 정한이의 보물1호, '비밀노트'다.

여러 매체에서 정한이의 독서법과 공부법을 인터뷰했는데, 그때마다 큰 주목을 받았던 게 바로 비밀노트다. 어렵사리 비밀노트를 열어본 사람들은 정한이의 꼼꼼한 정리에 적잖이 놀라는 눈치였다.

정한이가 비밀노트를 작성하는 이유는 무엇일까? 정한이는 어느 기자의 물음에 이렇게 대답했다.

"비밀노트는 책을 읽고 생각을 정리할 때 써요. 중요한 걸 잊지 않기 위해서요."

물론 맞는 말이다. 하지만 우리 부부가 정한이에게 비밀노트를 쓰게 한 이유는 사실 다른 데 있었다.

우리 집은 아이들에게 학습지 선생님을 붙이거나 과외를 시키지 않는다. 남들이 보기에는 '소신 있는 엄마'라고 생각하겠지만, 나도 속으로는 내가 하고 있는 교육이 맞는지 불안할 때가 더러 있다. 언제까지 사교육 없이 내가 아이들 공부를 돌봐줄 수 있을지 솔직히 잘 모르겠다. 더구나 학년이 올라갈수록 아이들의 공부는 점점 어려워지고, 현욱이까지 학교에 들어가니 더 정신없어졌다.

아직까지는 아이들이 그날치 학습 분량을 소화하면 체크해주고 틀린 문제가 있으면 같이 풀어보기도 한다. 수학문제는 워크북처럼 오답노트를 만들어주고 틀린 문제를 완벽히 익힐 때까지 반복해서 풀도록 한다. 엄마의 정성을 봐서인지 아이들은 오답노트도 비교적 성실히 공부하는 편이다.

문제는 책이다. 학교 공부는 힘들게나마 정해진 진도를 맞출 수 있는데, 책은 정한이의 속도를 따라가지 못하는 처지가 되었다. 게다가 정한이는 질문도 많고 수다는 더 많다. 엄마인 나도 때로는 귀찮을 정도다. 혹시 너무 말을 많이 해서 다른 사람들에게 피해가 갈까 봐 학교에서는 조용히 있으라고 당부를 할 만큼 좀 유별나다.

실제로 학교에서도 엉뚱할 만큼 특이한 질문을 많이 해서 반 전체 진도가 늦어지는 일이 허다하다고 하니, 신경 쓰지 않을 수 없다. 그래서 학교에서는 얌전히 있고 대신 집에서 마음껏 아는 걸 얘기하자고 했는데, 우리의 당부도 소용없이 정한이는 상대가 누구든 길을 걸을 때나 TV를 시청할 때나 자기가 아는 내용이 나오면 그것에 대해 끊임없이 얘기한다. 물론 우리 부부는 부모인지라 '어쩜 저런 것들을 다 알고 있을까?' 하는 눈빛으로 신기해서 들어주고, 칭찬도 한아름 안겨준다.

그런데 아이들이 크고 각자 개인시간이 늘어나면서 정한이가 원하는 시간에 아이의 이야기를 들어주는 게 점점 어려워졌다. 또 정한이는 신나서 떠드는데 우리는 전혀 모를 때 맞장구 쳐주는 것도 힘이 들었다. 그래서 생각해낸 것이 비밀노트다.

정한이가 비밀노트를 처음 적은 건 3학년 때인 2006년 월드컵 시기였다. 정한이는 세계의 나라와 수도 등에 관심이 많아서, 이때도 본선에 진출한 국가들의 정보를 찾느라 여념이 없었다. 《어린이 세계지도책》을 보고 각 나라가 위치한 대륙·수도·국기·종교 등을 알아내고는, 늘 하던 대로 우리에게 미주알고주알 알려주기 시작했다.

그런데 내가 모르는 나라가 너무 많아서 대화하기가 쉽지 않았다. 한두 번 겪는 일도 아니고, 계속 "응, 그랬어? 잘 찾았네!" 같은 뻔한 말만 되풀이할 수도 없는 일. 계속 알지도 못한 채 같은 대답만 하다가는 정한이가 김이 새겠다는 생각이 들었다. 뭔가 정한이가 마음껏 '아는 척'을 할 수 있는 장치가 필요했다.

'그래, 워크북처럼 정한이의 정리노트를 만들면 되겠다.'

그렇게 해서 비밀노트의 첫 권이 만들어졌다. 정한이는 내가 건네준 노트에 월드컵 본선진출국들의 국기를 그리고 그 나라의 각종 정보를 빼곡히 기록했다. 노트를 정리하면서 머릿속에도 저장했는지, TV에서 축구경기가 중계되면 그 나라의 수도나 종교 등을 노트도 안 보고 우리에게 들려주곤 했다. 그 다음부터 정한이는 궁금하기는 한데 한꺼번에 외우기 어려운 자료를 접하면 노트에 기록하기 시작했다. 월드컵 본선진출국 다음에는 원소기호와 주기율표 같은 내용을 찾아 정리했다.

비밀노트나 워크북이나 모두 정한이가 새롭게 알게 된 내용을 정리하는 도구이지만, 정한이에게 갖는 의미는 엄연히 다르다. 워크북은 엄마가 만들어주는 것이니 함께하는 재미와 고마움이 있어서 좋고, 비밀노트는 정한이 스스로의 힘으로 채워나가는 보람이 있다. 그래도 스스로 한다는 점에서 정한이에게는 비밀노트가 더 각별할 수밖에 없다. 그래서인지 어느 날부터 정한이는 이 노트에 '비밀노트'라는

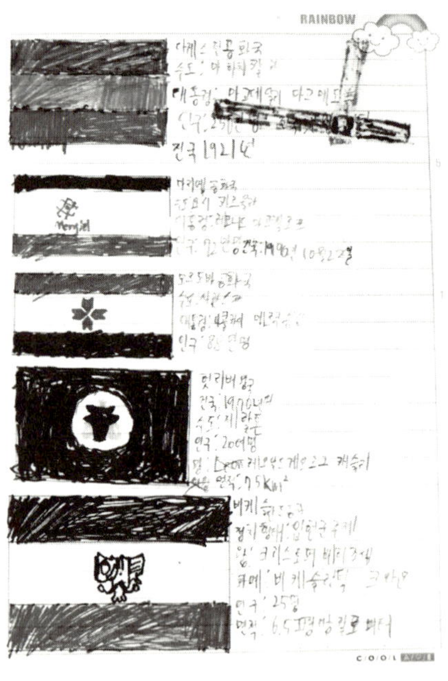

정한이의 보물1호인 '비밀노트'. 핫리버 왕국, 비케슬란드 공국 등 미승인국가의 정보가 적혀 있다. 그림을 못 그리는 정한이는 이들 국기를 그릴 때 "정말 기절하는 줄 알았다."고 했다.

이름을 붙이더니 말 그대로 누구에게도 보여주지 않는다. 기자들이 부탁했을 때도 마지못해 꺼내 주면서 "표지만 보시면 안 돼요?" 하고 부탁할 정도였다. 원소기호나 주기율표 같은 게 정리돼 있다는 것도 언젠가 정한이가 비밀노트를 잃어버렸을 때 찾아주면서 살짝 엿봐서 알게 된 것이다. 원소에 관한 내용 말고도 어떤 단어들을 설명하는 글이 4~5줄씩 정리돼 있던 기억이 난다.

현재 정한이의 비밀노트에는 과학사, 우주선 소개, 큰수, 작은수, 접두단위, 미래도시, 음료의 카페인 함유량, 소행성, 최소공배수, 희랍문자, 고대문자, 각 기계별 전자파 발사강도, 허리케인의 등급, 공기의 저항, 남사당놀이, 청계천 현황, 고대 이집트 상형문자 등의 내용이 기록돼 있다. 그냥 아이의 말을 듣기만 하던 것과 달리, 이렇게 일목요연하게 정리된 자료를 보니 '아이의 호기심이 이렇게 끝 간 데 없이 넓었구나' 싶어 내심 놀랐다.

"이게 다 정한이가 궁금한 거야?"

"그렇긴 한데요, 지금 보면 아무것도 아닌 것도 있고, 잘못 기록된 것도 있어요."

정한이는 쑥스러운 듯 웃으며 말한다. 말하는 모습이 제법 어른스럽기도 하다.

글쓰기가 싫을 때 쓰는 일기

    초등학교 때의 추억을 들라면 수도 없겠지만, 그중 하나로 6년 내내 일기를 쓰며 애먹었던 기억을 떠올리는 분들도 계실 것이다. 선생님께서 '참 잘했어요' 도장을 찍어주시며 일기 쓰기를 독려했지만, 그날이 그날인 어린 시절에 매일 일기 쓰는 게 어찌나 고역이던지. 특히 방학이 끝날 무렵이 되면 그동안 마음 놓고 미뤄뒀던 일기를 한꺼번에 쓰느라 여간 고생한 게 아니다.

    아마 요즘 초등학생들도 그럴 것이다. 요즘 아이들은 학교 갔다 오면 학원에 가고, 그 다음에는 숙제하고 TV 보거나 컴퓨터 게임을 하며 하루를 보낸다. 예전처럼 해질 때까지 친구들과 노는 아이들도 적으니 특별히 재미있는 일은 많지 않을 것 같다. 매일 일기를 쓰라고는 하는데, 반복적인 일상에 소재로 삼을 건 없고… 그러다 아예 일기 쓰는 것 자체를 싫어하게도 된다.

이렇게 일기 소재가 부족할 때 정한이는 색다른 방법을 쓴다.

정한이는 쓸 얘기가 없으면 책을 읽고 느낀 점이나 TV와 신문에서 본 뉴스에 관해 일기를 쓴다. 그러면 일기를 쓰면서 다시 한 번 책에 대해 생각해볼 수 있고, 머릿속에 오래 기억되는 계기도 된다. 또한 자기가 아는 것에 대해 다른 사람들에게 수다 떨지 못할 때 대리만족 수단으로도 요긴하게 활용한다.

다음 글은 정한이가 3학년 때 쓴 일기다.

2006년 8월 12일 토요일

제목 : 신채호

신채호는 1880년 12월 8일에 충북 청주에서 태어나 할아버지인 신성우에게서 한학교육을 받고 10세에 사서삼경과 통감을 읽어 신동이라고 불림. 17세가 되어서 신기선의 추천으로 성균관에 입학하여 그해 독립협회 참가하였고 1904년 성균관에서 조소앙 등과 함께 항일성토문을 쓰고 1905년 성균관 박사가 되었으나 을사조약이 체결되자 황성신문에 논설을 썼다. 그리고 1920년대 중반 이후 무정부주의에서 활동하였고 단군시대에서 삼부여까지의 역사와 고구려의 역사를 연구하였다. 그리고 1924년 다물단을 조직하여 지도하고 1928년 독립운동 자금조달 위폐 사건으로 지룽항에서 잡혀 10년형을 선고받고 1936년 뤼순 감옥에서 옥사하였다.

호기심이 이끄는 '책갈피 독서공부법'

이 밖에도 정한이는 일기에 많은 것을 담는다. 본디 글쓰기를 별로 좋아하지 않는 정한이여서 그날 있었던 일을 길게 쓰는 건 잘 못한다. 대신 세상 돌아가는 것에 관심이 많아 사회문제나 사회현상 또는 역사와 관련된 글을 쓰는 것으로 자신의 생각을 정리하는 걸 즐기는 편이다.

정한이가 1학년 때 세계사에 관한 책을 읽는데, 신문인가 TV에서 우리나라의 제5공화국에 관한 기사를 보았다. 마침 자신이 읽고 있던 책의 중세시대 편과 제5공화국 관련 기사에서 어떤 연관성을 찾았던 것 같다. 그날 정한이의 일기 주제는 '역사'가 되었다.

2004년 8월 2일

제목 : 중세시대와 제5공화국

나는 중세와 제5공화국을 똑같이 생각한다. 왜냐하면 너무나도 똑같기 때문이다. 왕과 대통령의 진압법이 비슷하고 잘하는데도 탄압하는 것이 똑같기 때문이다. 그래서 나는 제5공화국을 '제2의 중세'라고 부른다.

보통 아이들은 뉴스에 관심이 없는 데 반해 정한이는 책을 통해 얻은 지식을 사회문제와 연결하는 능력을 조금씩 알아가는 중이라고 느낄 때가 있다. 그걸 일기에 담은 경우가 제법 많다. 다음은 2004년 인도네시아 지진이 일어난 것을 뉴스에서 보고 적었던 일기 내용이다.

2005년 1월 3일

제목 : 기억하고 싶지 않은 쓰나미

지난 12월 26일 오전 10시 인도네시아 아체주에서 8.9의 대지진이 일어났다. 그 동시에 해일이 덮쳤다. 이것은 해일 쓰나미라는 것이다. 그런데 뉴스를 보고 안 것이다. 몰디브는 피해가 적은데 스리랑카는 많다. 몰디브는 왜 피해가 적으냐면 산호초가 방파제 역할을 해서 피해가 작았던 것이다. 스리랑카는 왜 피해가 많았냐면 섬나라라여서 그랬다. 이번 재해는 15만 명이 넘는 사상자가 났다. 우리나라 사람 실종자 8명, 사망자 10명이다.

2008년 4월 22일

제목 : 하늘을 모르는 자 油價

요즘은 유가가 계속 올라가고 있어서 유가에 대한 시를 지어봤다.

하늘을 모르는 자 유가!
하늘을 모르는 자,
그는 바로 유가

매일매일
올라가네

호기심이 이끄는 '책갈피 독서공부법'

100달러, 103달러에서

117.48달러까지

정말 하늘을 모르는

오만한 사람이구나.

유가에 관한 시는 정한이가 5학년 때 쓴 것이다. 글을 보고 있으면 멋있게 쓰고 싶은 마음이 보여 귀엽기도 하고, 이런 걸 주제로 시를 지을 생각까지 했을까 하는 생각에 내 아이지만 신통하기도 하다.

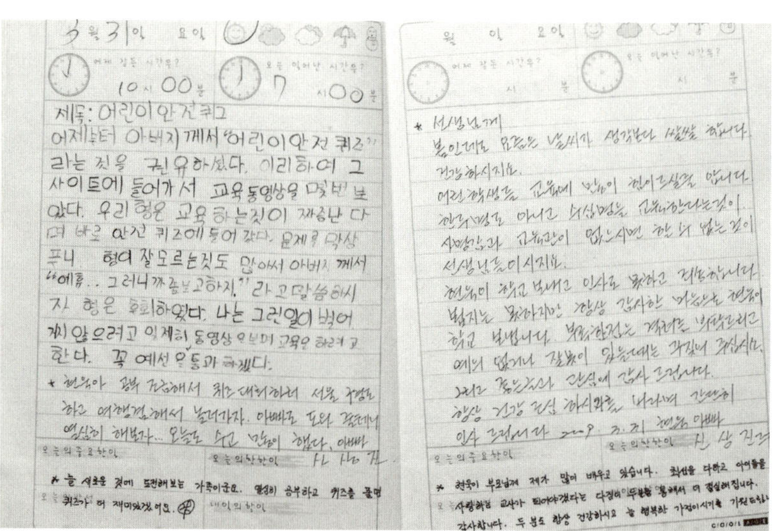

일기는 정한이보다 현욱이가 더 즐겨 쓴다. 사진은 현욱이가 정한이와 함께 '어린이 안전퀴즈'를 푼 날의 일기다. 교육동영상을 안 보고 문제를 풀던 형이 고전하는 것을 보고 자기는 열심히 동영상을 보았다는 내용이다. 그 아래 남편이 답글로 "공부 조금 해서 퀴즈 대회 하러 서울 구경도 하고 여행 겸 놀러가자. 아빠도 도와줄 테니 열심히 해보자."라고 적었다. 오른쪽 페이지에는 남편이 담임선생님께 '찾아뵙지 못해 죄송하고, 항상 감사하다'는 내용의 편지를 썼다. 맨 아래 고맙다는 선생님의 답글이 보인다.

아이들이 일기를 쓰면 우리는 몇 줄이라도 답장을 한다. 자기 일기 보는 걸 '검사한다'고 생각해서 싫어하는 아이들도 많다고

하는데, 우리 아이들은 이에 대해 그리 민감하게 받아들이지 않는다. 아직 사춘기가 되지 않아서 그럴 수도 있고, 개인 사생활보다는 책 이야기 같은 소재를 많이 다뤄서 '비밀 이야기'라고 생각하지 않는 것 같기도 하다. 어쨌든 아이들이 '저항'을 하지 않는 덕에 우리 부부는 아이들 일기를 보면서 요즘 어떤 생각을 하는지, 조언해줄 것은 없는지 알 수 있다. 그리고 우리가 답장을 쓰면 아이들이 또 우리 생각을 알게 되고….

오가는 글을 통해 서로의 생각도 알고 정(情)도 느끼게 되어 아이들도 좋아하는 것 같다. 가끔 서로의 의견이 다른 경우에도 일기장에 우리 부부의 의견을 적어놓으면 아이들이 무언가 깨닫는 게 있을 것이라 생각한다.

물론 일기에는 우리뿐 아니라 담임선생님도 답장을 겸한 글을 적어주신다. 그걸 보고 있으면 마치 우리가 정한이 현욱이가 된 것처럼 기분이 좋다. 그러니 부모와 선생님으로부터 동시에 답장을 받는 아이들의 기분은 얼마나 좋겠는가. 그걸 생각하면 하루도 답글을 미룰 수 없다. 그런 의미에서 일기장은 아이들과 우리 부부가 마음으로 연결되는 또 하나의 장(場)이라 할 수 있다.

호기심이 이끄는 '책갈피 독서공부법'

지식여행을 떠나자

정한이가 가장 좋아하는 책 분야는 역사와 지리다. 그래서 아주 어릴 때부터 역사 관련 책을 즐겨 읽곤 했다.

그런데 역사책이나 지리책을 계속 읽다 보면 책으로 읽는 것에만 만족하기 어려워진다. 정한이도 언제부터인가 책을 읽으면 책에 소개된 곳에 가고 싶다고 조르기 시작했다.

서울에 사는 아이들은 청계천도 가고, 고궁 등 문화유적도 가고, 가끔 외국문물을 보여주는 특별전시회에도 가고 하면서 체험활동을 할 수 있지만, 우리가 사는 지방에서는 어림없는 일이다. 그래서 정한이의 욕구도 풀어줄 겸, 가까운 곳부터 가족여행을 다니기 시작했다. 남편의 직업상 평일을 끼고 여행할 수 없어서 주로 주말에 당일치기 나들이나 1박 2일 여행을 다녀오곤 했다.

정한이가 일곱 살 때였던가, 집에 있는 《국도탐사 길잡이》라는 책을 읽더니 진주 촉석루에 가고 싶다고 졸랐다. 책에는 그냥 '임진왜란 때 논개가 왜군 장수를 껴안고 죽음을 맞이한 곳'으로만 설명돼 있었는데, 정한이는 촉석루의 높이는 얼마며, 물은 얼마나 깊은지가 궁금했나 보다. 논개가 뛰어든 옛날과 같을 수는 없지만, 정한이는 실제 촉석루를 둘러보면서 책으로는 풀 수 없는 호기심을 충족시킨 듯했다. 진주까지 간 김에 내쳐 진주박물관에도 들러서 김시민 장군을 다룬 영화를 본 기억도 난다. 집으로 떠나려고 할 때, 자동차 열쇠를 촉석루 정각 마루에 놓고 왔다는 걸 깨닫고 한바탕 소동이 일어나기도 했지만.

이런 식으로 시작된 가족여행은 주로 정한이가 바라는 대로 박물관이나 과학관, 아니면 문화재를 볼 수 있는 곳을 중심으로 지금까지 이어지고 있다. 진주박물관·김해박물관·대구박물관·경주박물관·대가야박물관·합천박물관·함양박물관 등 경상도에 위치한 박물관은 정말 수도 없이 갔다. 집에서 가장 가까운 대가야박물관은 열 번도 더 간 것 같은데도 가끔씩 다시 가곤 한다. 갈 때마다 아이들은 호기심이 생기고 궁금한 것이 있다고 하니, 신기할밖에.

정한이에게 여행은 책과 떼려야 뗄 수 없는 관계다. 정한이에게 있어 여행은 한마디로 '책에서 본 것을 확인하는 과정'이다. 우리는 정한이의 바람을 들어주기 위해 외국이야 당장 어쩔 수 없다고 해도 우리나라에서 갈 수 있는 곳은 가급적 가보려고 노력한다. 가고 싶은 곳이 생기면 정한이가 먼저 메모를 해놓고 가자고 조르는 일도 흔하다. 그래서 우리 가족의 여행 코스는 놀이공원이나 관광지보다는 문화유적이나 박물관을 중심으로 짜이는 일이 흔하다. 예를 들어 서울에 가면 창경궁·경복궁·중앙박물관을 가는 식이다.

부모 입장에서는 놀이공원에 가는 것보다 경제적이기도 하고, 무엇보다 학교 교과와 바로 연결될 수 있으니 환영할 일이다. 하지만 형보다 활동적이고 우리 가족 중 유일하게 놀이기구 타는 걸 좋아하는 현욱이를 생각하면 좀 안됐다. 그래서 지나치게 정한이 위주로 일정이 짜일 때는 놀이공원이나 수족관 등을 들러 현욱이를 달래준다. 놀이공원에서 한바탕 신나게 논 후에는 현욱이도 한층 즐거운 마음으로 형을 잘 따라다닌다. 형의 끝없는 설명을 참아가면서….

정한이가 책을 읽고 어디를 가자고 조르기도 하지만, 가끔은 책과 관계없이 여행을 할 때도 있다. 예컨대 우리 부부의 결혼기념일이나 긴 연휴가 이어질 때면 서울이나 인근 휴양지로 여행을 떠난다. 그러면 정한이는 갑자기 분주해진다. 책과 인터넷을 동원해 여행지에 관한 정보를 미리 찾아봐야 하기 때문이다. 얼마 전에 일본 여행을 가자고 했을 때 정한이는 《먼 나라 이웃 나라》를 비롯해 일본에 관해 쉽게 풀어 쓴 책 몇 권을 연달아 읽었다. 그 밖에 여행지인 도쿄·오사카·교토에 관한 자료를 모으느라 여행 전날까지 한껏 들떠 있었다. 이렇게 모은 자료와 책은 여행지에도 갖고 다니며 틈틈이 참조하곤 한다.

사전지식을 갖고 여행하면 이해도 쉽고 책의 내용과 비교도 되어 훨씬 재미있다. 안 그래도 말이 많은 정한이는 자신이 아는 것을 알려주는 걸 정말 좋아한다. 정한이가 우리에게 이것저것 설명을 하면 우리 부부는 '고슴도치 부모'가 되어 열심히 감탄하고 칭찬을 한다. 물론 우리가 아는 내용이어도 설명을 잘 들어주지만, 정한이 덕분에 몰랐던 내용을 알게 된 적도 제법 많다. 내가 칭찬도 하고 덧붙여 질문도 하면 기분이 좋아진 아이는 "엄마, 앞으로도 책 열심히 읽어야겠어요." 하고 웃곤 한다.

이렇게 떠난 여행은 주로 '체험학습 보고서'로 정리된다. 아이들은 전시장에서 판매하는 도록(圖錄)이나 팸플릿, 그리고 스스로 찾아본 자료를 토대로 감상을 적는다. 때로는 전시물을 보면서 새롭게 궁금한 점이 생겨서 추가로 자료를 찾아보기도 한다. 이렇게 준비한 자료로 체험학습 보고서를 쓰면 학교과제도 충실히 수행할 수 있고, 무엇보다 여행을 돌아보면서 여행지와 관련된 정보를 가지런히 머릿속에 정리할 수 있어서 좋다. 자기 손으로 직접 만드니 기억에 오래 남는 건 두말하면 잔소리다.

호기심이 이끄는 '책갈피 독서공부법'

그런데 정한이나 현욱이의 얘기를 들어보면 현장체험을 갔다 와서 부모들이 숙제를 대신 해주는 집도 있는 것 같다. 컴퓨터로 작성해서 뽑으니 가지런하고 보기에도 좋을 것이다. 경우에 따라 그렇게 잘 정리된 과제물을 좋게 평가하고 칭찬해주시는 선생님도 있으리라 생각한다.

하지만 그렇게 하면 결국 아이들 숙제가 아닌 '어른 숙제'가 되지 않는가. 우리 부부는 보고서를 아이들이 직접 작성하라고 한다. 도와줘도 컴퓨터에서 자료를 찾아주는 정도이고, 이때도 오리고 붙이고 내용을 옮겨 적는 건 아이들이 직접 해야 한다. 컴퓨터의 자료를 복사해서 그대로 붙이면 기억에 남는 것이 없을 것 같아서다.

우리가 학교 다닐 때 연습장을 펴놓고 열심히 적어가면서 외웠던 것처럼, 눈으로 보고 입으로 읽고 손으로 쓰면서 익혀야 기억에 오래 남지 않을까. 그런데 인터넷에 나오는 걸 슥 복사해서 출력하면 입으로 되뇌고 손으로 쓰는 과정이 생략돼버리니 아무래도 오래 기억할 수 없다. 그것도 모자라 아예 엄마 아빠가 내용 출력까지 해주면 아이들은 풀칠만 하다가 끝나고 만다. 그래서 당장 보기엔 덜 멋있더라도, 아이들이 직접 꾸미고 내용을 채우도록 해야 한다고 생각한다.

공룡엑스포에 갔을 때의 정한이와 현욱이.

정한이에게는 앞으로 탐험할 곳이 무궁무진하다. 지금도 정한이에게 "어디 가고 싶니?" 하고 물어보면 1초도 고민 없이 줄줄이 '코스'를 나열한다. 클림트 전시회, 파라오와 미라 전시회, 단양 고수동굴…. 책이나 TV에 소개된 데는 다 가고 싶어 하고, 간 곳도 또 가보고 싶어 하니, 정한이의 바람을 모두 들어주려면 1년 365일로도 모자랄 것이다. 얼마 전에는 중간고사를 코앞에 두고도 아이의 고집을 이기지 못해 서울로, 파주로, 천안으로 나들이를 다니기도 했다.

고백하건대 대부분 아이의 성화에 못 이겨 주말에 쉬지도 못하고 다니는지라 몸도 피곤하고 썩 흥겹지 않을 때도 있다. "거긴 저번에 갔는데 뭐 하러 또 가자고 하는데?" 이런 말이 입안에서 맴돌 때가 한두 번이 아니다.

하지만 부모는 자식 입에 밥 들어가는 것 볼 때가 가장 행복하다고, 여행을 통해 아이들의 머릿속이 새로운 배움으로 가득 찬다는데 '피곤하다'는 이유로 외면할 수만은 없다. 비록 땅덩이 작은 대한민국에서도 외진 지방에 살지만, 아이들이 원하는 한도 내에서는 많은 것을 보여주고 싶다.

그런 면에서 아이들이 어릴 때부터 박물관이나 문화유적을 자주 접하게 해준 것은 잘한 일 같다. 정한이는 유물이나 전시회를 보면서 어떤 생각을 할까? 집에 돌아오는 길에 문득 궁금해져서 물어본

호기심이 이끄는 '책갈피 독서공부법'

적이 있다.

"음… 우선은요, 세계는 넓고 유구한 역사를 간직한 지구라는 걸 느끼고요. 그런데 사람은 생각하는 범위가 너무 좁고, 수명은 너무 짧다는 걸 절실히 느꼈어요."

"그래, 그렇지. 세계에는 이렇게 보고 배울 게 많은데, 사람들은 너무 좁은 곳에서 갇혀 있는 것 같지."

"예, 아무리 책을 읽어도 세상에는 내가 모르는 게 너무 많아요. 엄마 아빠 동생이랑 여행을 다니면서 조금씩 알아간다는 게 행복해요. 앞으로도 더 열심히 알아가야겠어요."

여행은 책 안에 갇혀 있는 지식을 생생하게 '살아 있는 지식'으로 탈바꿈시키는 힘이 있는 것 같다. 옛 고구려 영토였던 중국의 광개토대왕비·장군총·안시성… '동북공정(東北工程)' 논란이 한창일 때 정한이가 책을 읽고 나중에 가보자고 점찍어놓은 곳이다. 그곳에 가면 중국에 의해 왜곡되고 있는 우리 역사에 대해 좀 더 깊이 느끼게 될 것 같다. 또 유럽에 가서 대영박물관도 둘러보고 싶다고 한다. 어디 그뿐이랴. 퐁피두센터도 가고 싶고, 세계 최대의 장난감 백화점인 런던의 햄리스도 가보자고 한다(여기는 아이들이 좀 더 크면 관심에서 멀어질지도 모르겠다).

정한이의 욕심을 채우려면 앞으로도 부지런히 아이들과 여행을 떠나야 할 것 같다. 우선은 정한이가 중학교를 졸업하기 전에 중국과 유럽은 꼭 가보기로 약속했다. 정한이는 책을 통해 새로운 세상을 만나는 한편, 여행을 통해 새로운 삶을 확인하고 더 새로운 호기심을 얻게 되겠지. 아직은 형 따라다니느라 바쁜 현욱이도 조만간 세상과 역사를 만나는 즐거움을 만끽할 수 있으리라 믿는다.

정한이에게 여행은 '책에서 본 것을 확인하는 과정'이다. 여행을 통해 정한이는 책을 보며 상상하던 것을 확인하고, 새로운 호기심을 얻는다.

호기심이 이끄는 '책갈피 독서공부법'

전시회에 가면 반드시 '도록'을 사라

　앞서 정한이가 여행을 전후로 관련 책들을 꼭 읽는다고 했는데, 이런 패턴이 발전한 형태가 '도록 수집'이다. 정한이는 전시회를 갈 때마다 도록을 사달라고 매달리곤 한다.

　몇 년 전에 서울 나들이를 간 적이 있다. 중앙박물관에 갔다가 마침 특별전시 중인 북한 유물전을 관람하게 되었다. 그 여행은 애초 예정했던 바가 아니었기 때문에 계획이랄 게 딱히 없었다. 결혼기념일을 맞아 우리 부부는 이참에 아이들 비행기 한번 태워주자는 생각에 제주도 여행을 계획했다. 그런데 하필 태풍이 오는 바람에 기상이 악화되어 비행기가 뜨지 않는다는 것이다. 한껏 들떠 있는 아이들을 실망시킬 수는 없어서 서울 나들이로 계획을 급선회했다.
　가는 길에 동선(動線)이 되는 곳마다 볼 곳을 찾자고 해서 처음 들른 곳이 충남 천안에 있는 독립기념관이었다. 비는 억수같이 쏟아졌지만 아이들은 주제관마다 특색이 있는 전시관을 재미있게 관람했다. 그런 다음 부천 아인스월드를 들렀다. 그곳에는 세계의 유명 건축물들이 미니어처로 제작돼 있다. 건축을 좋아하는 정한이는 그야말로 흥분 그 자체였다.

"'피사의 사탑'은요, 이탈리아 토스카나 주에 있는 대성당인데요, 사탑 아래 지반이 물러서 이렇게 기울어졌대요. 심지어 지금도 해마다 조금씩 기울어지고 있대요. 그런데요, 과학자 갈릴레이가 피사의 사탑에서 쇠공하고 새털로 낙하실험을 했다고 하는데, 그건 사실이 아니래요."

이렇게 아는 건축물이 나오면 정한이는 재잘재잘 수다를 떨었다.

그곳에서 저녁을 먹고 근처 찜질방에서 1박을 한 다음날, 드디어 서울로 출발했다. 오전에는 경복궁을 둘러보고 점심식사 후 박물관 관람을 했다. 그 넓은 곳을 반나절 안에 다 봐야 하니 정한이에게는 관람시간이 너무 짧았다. 하긴 정한이는 박물관에 가면 항상 시간이 모자란다고 하기 때문에 나나 남편도 지칠 때가 있다. 게다가 현욱이는 형이 가니까 따라가는 정도지, 아직은 박물관에 크게 흥미가 없다. 그래서 우리 부부는 현욱이가 지쳐서 나가고 싶어 하면 한 명이 밖으로 데리고 나가서 거리를 구경하거나 책을 읽거나 대화를 하면서 정한이가 나오기를 기다리곤 한다.

그날 북한 유물전을 보고 나온 정한이가 뭔가를 가리켰다.

"엄마, 북한 유물전 도록 사고 싶어요."

정한이가 가리킨 곳은 안내부스. 부스 한켠에 도록과 간단한 기념품을 판매하고 있었다.

"도록? 보고 나왔는데 도록은 뭐하려고?"

안 그래도 평소에 전시회에서 도록 판매하는 걸 보면서, '한번 봤으면 됐지 저걸 따로 살 필요가 있을까' 하는 생각을 하던 터다. 게다가 비싸기는 왜 그렇게 비싼지.

"자세히 못 봤어요."

"자세히 좀 보지 그랬어."

"도록 사주세요~"

아무래도 관람시간이 부족했는지 정한이는 도통 판매대 앞에서 떠날 생각을 않는다. 쓸데없는 장난감 사겠다는 것도 아니고… 잠깐 생각한 다음 타협안을 내놓았다.

"그래, 그럼 너 용돈으로 사라. 저건 너무 비싼 것 같고, 이거 5,000원짜리는 살 수 있겠다."

"예, 제 용돈으로 살게요."

이렇게 별 탈 없이 아들과의 협상을 끝내고 5,000원을 주고 작은 도록을 샀다. 나중에 어떤 일이 생길지도 모르고….

작은 도록을 샀다가 다시 사준 '북한 유물전' 정식 도록과, 선물로 받은 대영박물관 원본 도록.

그렇게 여행을 마치고 온 어느 날, 책을 읽던 정한이가 잔뜩 흥분해서 따지듯 물었다.

"엄마, 왜 그때 도록 큰 것 못 사게 하셨어요?"

"뜬금없이 무슨 소리 하니? 알아듣게 이야기를 해라."

"북한 유물 찾아보려고 하는데 여기는 없잖아요!"

정한이는 벌써 눈물을 보이고 야단이다. 대도록이 너무 비싸기에 아이에게 사주는 시늉만 한다고 작은 걸 샀더니, 거기에는 정한이가 찾는 자료가 없었나 보다. '눈 가리고 아웅' 하다가 딱 걸린 셈이었다. 아이가 왜 도록을 찾는지는 깊이 헤아리지 않고 가격대만 보고 대충 사줬던 내 무성의함이 미안하고, 한편으로는 어떻게 달래야 할지 당황스럽기도 해서 한동안 아무 말도 못했다. 그저 정한이의 흥분이 좀 가라앉고 나서 "정한아, 미안하다. 도록 구입할 방법이 있는지 알아보자."라고밖에 해줄 말이 없었다.

하지만 상설전시회도 아닌 특별전 도록을 어디서 구한담? 인터넷을 들어가봐도 유명한 루브르 같은 전시회 도록이 아니면 구할 방도가 없었다. 이것 하나 사려고 서울까지 다시 올라갈 수도 없고…. 며칠이나 정한이 눈치를 살피며 이리저리 머리를 굴려봐도 뾰족한 수가 나오지 않았다. 으그슬쩍 넘어갔으면 좋겠는데, 책 욕심 많은 정한이가 까먹고 넘어갈 것 같지는 않고….

그런데 '구하면 얻는다'던가? 한바탕 소동이 있고 나서 며칠 후, TV를 보는데 대구 국립박물관에서 북한 유물전이 열린다는 광고를 하는 것 아닌가! 그 광고를 보더니 정한이가 "엄마, 이번에는 구입해주실 거죠?" 하고 다짐을 둔다. 그래, 알았다, 또 무슨 원망을 들으려고….

그 일이 있은 다음에는 전시회에 가면 반드시 도록을 구입한다. 그렇게 구한 도록은 나중에 관련된 책을 읽을 때 요긴하게 쓰인다. 또 전시회를 다녀와서 체험보고서를 쓸 때 참고자료가 되기도 한다. 물론 어수선한 박물관 분위기 때문에 제대로 못 본 유물들을 다시 한 번 감상하고 여운을 더욱 오래 느끼기에도 그만이다. 정한이는 도록에 소개된 유물들의 실제 크기를 자로 재보는 등 매우 다양한 방법으로 도록을 즐긴다.

도록에 대한 정한이의 애착이 너무 큰 나머지 한번은 우리에게 혼난 적도 있다. 정한이가 2학년 때, 대구에서 대영박물관 전시회를 한다기에 가족 모두 관람을 하러 갔다. 지방에서는 그런 큰 전시회를 보는 게 흔한 기회가 아니다. 그래서인지 전시회장인 계명대학교는 어른 아이 할 것 없이 인산인해(人山人海)였다. 정한이는 대영박물관에 관한 책도 읽고 나름대로 만반의 준비를 해서 갔지만, 하도 줄이 길어서 자세히 보려야 볼 수 없었고 설명을 듣기에도 역부족이었다. 그래서 아쉬운 대로 대영박물관 한국전 도록을 구입해 돌아왔다. 정한이는 그날 집에 와서 도록을 보고 또 보고 했다.

그런데 정한이가 4학년 때 친구 인철이가 유럽으로 가족여행을

가게 되었다. 친한 친구라 인철이가 정한이에게 갖고 싶은 선물이 있으면 말하라고 했는데, 정

한이가 덜컥 영국 대영박물관 도록을 사달라고 부탁했다는 것이다. 그게 1~2만 원짜리도 아니고…. 그때 나는 친구에게 부담을 주었다며 정한이를 꽤 나무랐다. 기대감에 부풀어 있던 정한이도 꾸중을 듣고는 자기가 지나친 부탁을 했다는 걸 알고 마음속으로 선물에 대한 기대를 접고 있었다.

그런데 고맙게도 인철이는 여행경비로 사용하려고 몇 년간 모은 용돈으로 도록을 선물했고, 인철이 부모님 또한 아이들의 '우정 약속'이라고 기꺼이 이해해주셨다고 한다. 덕분에 도록을 선물 받은 정한이는 그야말로 방방 뛰며 좋아했다.

그런데 당연한 말이지만, 그 도록은 영어로 되어 있다. 평소 영어 공부를 좋아하지 않는 정한이로서는 예상치 못한 장애물. 그러나 정한이는 이 책을 가장 소중히 여긴다. 보다가 궁금한 것이 있을 때는 사전을 펼쳐놓고 단어를 찾아가며 보기도 한다. 그걸 보는 내 마음은 흐뭇하기 이를 데 없다.

'아싸! 정한이가 이번 기회에 영어 공부의 중요성을 알겠네.'

정한이는 도록들을 책꽂이에 고이 모셔두고 생각날 때마다 뒤적인다. 물론 수다도 끝이 없다.

호기심이 이끄는 '책갈피 독서공부법'

남자끼리 '1박 2일'

　우리 집 남자들은 가끔 1박 2일 여행을 간다. 자주는 아니고 1년에 두세 번 정도 엄마를 '따돌리고' 우리끼리 훌쩍 떠난다. 여행의 목적은 여러 가지이지만, 가장 큰 것은 아이들 돌보느라 고생하는 아내를 좀 쉬게 하기 위해서다. 더불어 남자아이들이다 보니 아빠에게만 따로 할 수 있는 얘기가 없지 않아 아이들도 좋아한다.

　TV 프로그램만큼은 아닐지 몰라도, 아이들과 함께 만드는 '1박 2일'은 나름의 즐거움도 있고, 웃음도 있다. 물론 고생도 할 만큼은 하는 것 같다.

　정한이는 2008년 어린이날 선물로 일찌감치 '서울 여행'을 점찍어두었다. 몇 달 전부터 노래를 부르기에 "그래, 정한아. 어디를 가려고 하는데?" 물었더니, 벌써 가보고 싶은 곳을 다 정해둔 듯 정한이 입에서 여행 코스가 청산 유수로 흘러나왔다.

　"먼저요, 서울 전쟁기념관에서 전시되고 있는 '사해사본과 그리스도교'를 관람하고요. 중앙박물관에서 특별 전시되고 있는 '페르시아 특별유물전’, 그리고 신도림 테크노마트에서 전시되는 ‘세계 미스터리 유물전시관’, 서울 국립과학관에서 하는 ‘러시아 자연사 박물관’도 보고 싶어요. 그리고 청계천하고 63빌딩….”

박물관 마니아답게 일정의 절반 이상이 전시회다.

“그래, 알았다. 그런데 그렇게 가려면 1박 2일은 해야 하는데, 서울이라서 우리 차도 못 가져가는데, 갈 수 있겠니?”

하루 정도는 자주 함께 다녔지만, 아내 없이 1박 2일 여행은 처음이었다.

“괜찮아요, 아빠.”

“좋아요, 갈 수 있어요.”

“그래, 그럼 가자.”

이렇게 해서 우리 남자들끼리 첫 1박 2일 여행이 시작되었다.

5월 3일, 아침 8시에 고령을 출발해 김천역에서 기차를 타고 약 두 시간 만에 서울역에 도착했다. 정한이가 정해둔 대로 ‘사해사본과 그리스도교의 기원’ 전시회가 열리는 전쟁기념관으로 택시를 타고 갔다. 점심을 컵라면으로 때우고는 정한이가 고대하던 특별전 관람을 시작했다. 하지만 난 별로 관심도 없었고 입장료도 만만치 않아서 아이들만 들여보내고, 나는 바깥을 둘러보며 아내와 전화통화를 하면서 시간을 보냈다.

전시회를 다 보고 나더니 정한이가 도록을 사달라고 한다. 물경

2만 5,000원이다. 이걸 사줘야 하나 어쩌나 고민하고 있는데, 아이는 자기 용돈을 털어서라도 꼭 사야 한다고 고집을 부린다. 원체 도록 욕심이 많은 걸 아는지라 결국 사주고 만다.

다음 목적지는 국립중앙박물관. 그곳에는 '황금의 제국, 페르시아 유물전'이 열리고 있었다. 전에도 가본 적이 있기에 정한이만 관람을 하고, 현욱이와 나는 상설전시관으로 갔다. 여행을 떠나기 전에 정한이는 페르시아에 관해 자료조사를 철저히 했다. 그런데 유물전을 보더니 새로운 궁금증이 생기더란다. '페르시아에는 황금 유물이 많던데, 그 많은 금이 어디서 났을까?' 이 궁금증을 해결하기 위해 정한이는 나중에 집으로 돌아와 또 한 번 책을 펼쳤다. 물론 전시장을 나서면서 페르시아 유물전 도록을 사는 것도 잊지 않았다. 이번에는 다행히 3,000원 정도였다.

정한이 마음대로 국립중앙박물관을 다 보려면 일주일도 더 걸릴 것이다. 하지만 현욱이는 이미 지쳐가고 있었다. 다음 전시회는 다행히 아이들의 호기심을 더없이 자극할 만한 주제였다. 바로 '세계 미스터리 유물전.' 정한이와 현욱이는 유물전을 보는 내내 뭐라고 조잘조잘대며 흥미로워했다. 전시장 지하에서 저녁밥을 먹고, 용인에 있는 큰아빠 댁에 도착해서야 길고긴 하루 일정이 끝났다. 아이들은 오랜만에 만난 사촌들과 어울려 노느라고 정신없었지만.

다음날 일정도 화려했다. 일찌감치 나서서 버스와 지하철을 갈아타고 국립서울과학관으로 갔다. '러시아 자연사 박물관 전'을 보기 위해서다. 이곳도 1년 전에 와본 적이 있지만 정한이가 요청해서 또 오게 되었다. 관람을 마치고는 과학관 내에 있는 식당에서 스파게티로 점심을 먹었다. 맛은 왜 그렇게 없던지….

이것으로 전시회 일정은 끝이다. 다음에는 TV에 종종 나오는 청계천을 보러 갔다. 비록 고령이라는 지방에 살고 있지만, 뉴스로만 접하던 것을 직접 보여주며 가르쳐주고 싶었다. 그날도 많은 시민들이 나와 청계천 일대를 거닐고 있어서, 분위기에 동화된 아이들도 덩달아 신이 났다.

"우리도 청계천 끝에서 끝까지 가봐요."

그런데 사진도 찍어가면서 청계천을 걸으니 재미는 있는데, 아이들에게는 힘에 부쳤다. 어느새 가방은 다 내 몫이 됐고, 정한이는 엄마와 계속 통화를 하며 힘들다고 하소연했다. 엄마와 떨어져 있으면서 점점 엄마 생각이 많이 나는 모양이었다.

마지막 일정은 현욱이가 가장 고대하던 63빌딩 수족관 관람이었다. 지하철 여의도역에서 내렸는데, 초행길이어서 출구를 잘못 찾는 바람에 몇 킬로미터나 걸어가야 했다. 지친 아이들에게는 매우 힘든 길이었지만, 고맙게도 아이들은 불만이 없었다. 서로 격려도 해주고 정 안 되겠는 때는 거리에 앉아 쉬기도 하며 목적지에 도착했다. 하지만 사람들이 너무 많아서 떠밀리다시피 힘겹게 둘러보고 나와야 했다.

집으로 돌아가기 위해 서울역에 도착해 칼국수를 먹고 아이들은 엄마에게 선물할 머리끈을 샀다. 녹초가 된 아이들은 대합실에서 거의 누워 있다시피 했다. 정한이가 한바탕 코피를 쏟을 정도로 아이들에게 고된 일정이었지만, 기분만큼은 좋아 보였다. 마침 대합실 TV에서 〈1박 2일〉이 방송돼 아이들은 낄낄거리며 재미있게 보았다.

집에 돌아오니 밤 11시. TV 버라이어티 프로그램 못지않게 힘들고 즐거웠던 우리의 1박 2일이 끝났다. 맛있는 것도 먹지 못하고 내내 걸어 다녀야 했지만, 아이들은 끝없는 호기심으로 잘 이겨내 주었다. 잘 따라준 아이들이 고마울 따름이다.

PART 4

함께하는 것이 최고의 교육

처음 만난 그 설렘을 잊지 말자 | 언제나 신나게 놀 수 있는 집으로 | 함께하는 시간만 큼 영그는 아이들 | 때로는 '엄마' 역할이 힘들더라도

아빠 이야기 4 | 아이들과 속 깊게 소통하는 머리맡 대화

처음 만난 그 설렘을 잊지 말자

'다른 부모들은 잘만 하던데, 나만 왜 이렇게 아이 키우기가 어려운 걸까?'

모든 부모들이 아이를 키우면서 한번쯤 하는 하소연이다. 남들은 쉽게 아이를 키우는 것 같은데 왜 나는 매번 이렇게 힘드냐는 한탄. 남들이 보면 한낱 '엄살'에 불과할지 모르지만, 당사자에게는 세상 어떤 일보다 어려운 것이 바로 아이 키우는 일 아니던가.

우리 부부도 마찬가지다. 비교적 말 잘 듣고 순하다는 우리 아이들도 부모를 힘들게 할 때가 많다. 아니, 모든 걸 차치하고 우리는 아예 첫 단추 꿰기조차 쉽지 않았다.

큰아이 정한이나 작은아이 현욱이는 정말 어렵사리 우리 부부에게 왔다. 임신이 어려워서 우리 부부는 정한이를 결혼 3년 만에야 겨우 가질 수 있었다. "축하합니다. 임신입니다."라는 의사선생님의

함께하는 것이 최고의 교육

말씀을 듣는 순간, 머리가 멍해지고 진짜 그 기분을 뭐라 형용할 수 없을 정도였다. '드디어 나도 엄마가 된다!'

하지만 설렘도 잠시, 곧이어 찾아온 입덧은 어찌나 심한지, 임신 4개월까지는 오히려 몸무게가 줄 정도로 괴로움이 극에 달했다. 설상가상으로 병원에서는 유산 가능성을 염려하고 있었다. 그래서 한동안 정기검진 받으러 병원 갈 때 외에는 꼼짝없이 집에서만 보내야 했다. 청소나 빨래 등 집안일은 남편에게 맡겨둔 채, 어려운 시기가 어서 넘어가기만을 바랐다. 그때는 정말 아무 욕심이 없었다. 늘 배를 어루만지며 "건강하게만 태어나렴."을 되뇌곤 했다.

임신 초기를 이처럼 정신없이 보낸 터라, 특별히 태교를 하겠다는 구체적인 계획은 세울 겨를이 없었다. 그저 다른 임신부들처럼 싱싱한 과일을 골라 예쁜 접시에 담아서 먹고, 늘 마음이 편안할 수 있도록 노력하는 정도였다.

임신 4개월이 지나고 조금씩 배가 불러오면서 몸은 비로소 안정을 되찾아갔다. 그렇게 몸과 마음이 편안해지고 나니 뒤늦게 아기에게 뭐라도 해줘야겠다는 생각이 들었다.

일단 쉬운 대로 십자수를 시작했다. 본디 나는 뜨개질이나 재봉하는 것, 수놓는 것을 좋아한다. 처음에는 열두 달 꽃과 여러 가지 소품을 수놓았는데, 친구들이나 이웃이 와서 예쁘다고 하면 선물로 나누어줘서 지금은 거의 없다.

그러다 내가 보던 육아잡지에서 짱구베개 만드는 방법을 접하게 되었다. 수건으로 동그랗게 만드는 것이었는데, 간단하면서도 엄마의 정성이 들어가는 점이 마음에 들어서 만들기 시작했다. 가운데 부분에는 예쁜 도안으로 십자수도 놓고, 가장자리는 면으로 프릴을 달았다. 또 오리가 노니는 수를 놓아 메밀베개도 만들고, 배냇저고리에도 예쁜 고양이를 수놓았다. 이게 다 태어날 아기에게 쓰일 물건이라 생각하니, 바늘 한 땀도 허투루 넘길 수 없어서 온갖 정성을 들이곤 했다.

임신 5개월 즈음에는 퍼즐을 사서 퍼즐 맞추기를 했다. 사람들이 퍼즐처럼 머리를 많이 쓰는 작업을 하면 스트레스가 뱃속의 아기에게 간다고 했는데, 나는 오히려 차분하게 머리를 식히고 집중할 수 있어서 좋았다. 그리고 뱃속에서부터 익숙해서인지, 이때 구입했던 퍼즐들은 나중에 정한이도 정말 재미있게 갖고 놀았다. 동화책을 사서 읽은 것도 이때부터였다. 여러 가지 다양한 책을 읽은 것이 아니라, 같은 책을 여러 번 읽는 방식이었다.

이처럼 아기를 위해 무언가 하고 있으면 나도 모르게 뱃속의 아기에게 말을 걸게 된다. 말하자면 '태담(胎談)'이다. 요즘에는 태담을 도와주는 기계까지 판매될 정도로 태담의 중요성이 강조되고 있지만, 내가 임신했을 때는 그렇게까지 열심히 태담을 했던 것 같지는 않다. 나도 태아와의 대화를 따로 정해서 하지는 않았다. 일하면서, 무언가를 보면서 계속 아기에게 중얼거리는 것이 곧 나의 '태담'이었다. 이를테면 이런 식이다.

"엄마가 지금부터 청소를 할 텐데 청소기 소리가 클 거야. 그러니 놀라지 말거라."

화초에 물을 주면서는 이렇게 말한다. "어, 수국이 꽃봉오리를 맺더니 이제 꽃잎이 피기 시작했네. 수국은 꽃이 펴서 질 때까지 여러 가지 색깔로 변한단다. 참 신기한 꽃이지."

임신 7개월부터는 대구 서문시장에서 원단을 끊어와 아기 이불이며 싸개를 만들었는데, 이때는 자연스럽게 이런 태담을 나누었다.

"오늘은 엄마가 우리 아기 싸개를 만들 거야. 엄마가 오랫동안 의자에 앉아 있느라 너가 좀 힘들 거야. 그럼 신호를 보내라."

"너가 딸인지 아들인지 몰라서 초록색으로 했어. 마음에 들어?"

재단을 하고 재봉틀을 밟고, 때로는 손바느질을 하면서 그렇게 열 달을 보내고, 마침내 정한이가 태어났다.

정한이를 낳고 나서 두 살 터울로 현욱이가 들어섰다. 이미 한 번 수태 경험이 있는지라, 이

현욱이를 가졌을 때 박스로 만든 '정한이네 집.'

번에는 큰 고생 안 하겠지 하는 약간의 여유가 있었던 것 같다. 그래서인지 뱃속의 둘째보다는 오히려 큰애 정한이에게 더 신경이 쓰였다. 둘째나 셋째를 본 엄마들은 아마 내 마음을 이해할 것이다.

'동생이 태어나면 첫째 노릇하느라 여러 가지로 힘들 텐데, 안쓰러워서 어쩌나….'

어린 나이에 동생에게 어른들의 관심을 모두 빼앗길 것을 생각하니 정한이가 괜히 불쌍해지고, 둘째가 태어나기 전에 큰아이에게 뭐라도 해줘야 할 것 같았다.

마음은 급한데 몸은 왜 이리 점점 무거워만 지는지…. 병원 정기 검진도 힘에 부쳐서 조카들의 도움을 받는 날이 많을 정도였다. 그런 형편에도 큰아이가 눈에 밟혀서 병원 갈 때나 조카들이 시간 날 때마다 정한이를 데리고 대구에 있는 서점이나 어린이회관, 경산에 있는 동생 집으로 부지런히 나들이를 다니곤 했다.

한번은 정한이에게 선물을 주자는 의미에서 박스를 이용해 '정한이네 집'을 만들었다. 아이들은 다락방이나 상자 같은 작은 곳에 숨는 걸 좋아하니까, 정한이만의 작은 종이집을 만들면 기뻐할 것 같았다. 집을 만들 만한 가전제품 포장박스를 구하고, 크기에 맞게 자르고, 박스를 붙이고, 종이를 덧바르고…. 아이와 함께 만들 때도 있었지만, 세 살짜리가 큰 도움이 될 리 없었다. 게다가 낮에는 정한이와 놀아야 하니 결국 정한이가 자는 밤에 틈틈이 만들 수밖에 없었다.

함께하는 것이 최고의 교육

그게 사단이 난 걸까? 어느 날, 심상치 않은 진통이 느껴졌다. 아직 임신 8개월이었는데, 뱃속에서 둘째가 서두르고 있었다. 그때의 일을 생각하면 지금도 황망하여 도무지 잊히지가 않는다. 결국 조산으로 태어난 둘째의 몸무게는 겨우 1,790g. 다른 신생아 무게에 비해 절반밖에 안 되는 아기는 태어나자마자 곧장 인큐베이터로 직행했다. 이 모든 게 몸을 돌보지 않은 내 잘못인 것만 같아 정말 하루하루가 바늘방석에 앉은 듯 괴롭고 좌불안석이었다.

다행히 인큐베이터에서나마 아기가 열심히 자라주어서 한 달 보름 만에 퇴원할 수 있었는데, 그때도 병원에서는 "감기가 가장 위험합니다. 감기 조심하세요!"라는 신신당부를 하고 또 했다. 우리 역시 그저 현욱이가 건강하게 우리 곁에 있기만을 바라고 또 바랄 뿐이었다. 아기에게 어떤 해라도 미칠지 몰라 베란다를 빼곡하게 채워 기르던 화초도 이웃에게 모두 나누어주었다. 다른 욕심이 있을 수 없었다. 정한이가 열 달을 채우고 태어나준 것이 새삼 감사하게 느껴질 만큼 절박한 시간이었다. 고맙게도 현욱이 역시 아주 씩씩하고 밝게 잘 자라서 우리 집의 활력소가 되어주고 있지만.

이처럼 혹독한 임신과 출산을 치르느라, 요즘 부모들처럼 육아준비를 열심히 할 여유가 없었다. 임신을 그토록 고대했으면서 정작 아이를 어떻게 키우겠다는 특별한 계획을 세우거나 '이런 부모가 되자'고 야무지게 결심하지 못하는 바람에 아이 키우는 매일매일이 새로운 도전의 연속이었다. 그저 아이들과 씨름하면서 '아, 이럴 때는 이렇게 해야겠구나' 하고 주먹구구식으로 배우고 익혔던 것 같다. 물론 지금도 마찬가지고.

그리고 한편으로 생각해보면, 내 결심대로 아이를 키운다는 건 애당초 말이 안 되는 것 같다. 엄마라고 '엄마 준비'를 마치고 아이를 기다리는 것도 아니고 어차피 아마추어이긴 마찬가지인데, 부모라는 이유로 아이에게 '이렇게 해라, 저렇게 해라'고 강요할 수는 없다고 생각한다.

아이를 키우면서 부모로서 욕심도 부리고, 때로는 실망도 하게 되지만, 아이가 태어났을 때는 그저 손가락 발가락 열 개씩인 것만으로도 감사한 것이 부모의 마음이다. 특히 우리처럼 아기를 병원에 두고 퇴원해야 했던 부모들은 더욱 공감하리라 생각한다. 아이에게거는 숱한 기대들이 어쩌면 아주 큰 사치일 수 있음을.

그런데 일단 아이 낳는 고비만 넘기고 나면, 처음에 느꼈던 감사함은 쉽게 잊히고 자꾸만 새로운 욕심이 생겨나려 한다. 우리도 평범한 부모들인지라 그런 욕심이 아예 없을 수는 없지만, 그때마다 건강하게 잘 자라주기만을 바랐던 첫 마음을 잊지 않고자 계속 되뇌고 또 노력한다.

함께하는 것이 최고의 교육

언제나 신나게 놀 수 있는 집으로

우리 집에는 여기 저기 아이들이 만들어놓은 '근사한' 물건들이 많다. 웬만큼 망가진 것이 아니면 아이들이 유치원 시절부터 한 활동물을 버리지 않고 모두 모아놓았기 때문에 집 안이 아이들 작품으로 빈틈이 없다. 가끔 한번씩 꺼내서 보면 참 재미있다. 아이들이 훌쩍 커버리니 아쉬운 점이 많은데, 그나마 이런 것들을 모아놓으면 가족들이 둘러앉아 이야기도 할 수 있어서 좋다.

한번은 남편이 서울 출장을 갔다가 현욱이 선물로 《공룡백과》를 사왔다. 신나서 그 책을 보던 아이들이 갑자기 공룡을 만들어보자고 한다.

'난데없이 웬 공룡?' 귀찮다는 생각이 1초쯤 스치고 지나갔다. 하지만 우리 아이들은 원래 뜬금없는 제안을 하는 데 일등이고, 난 무엇이든 손으로 만드는 걸 좋아한다. 그래서 금방 세 모자(母子)가 의기투합해 방법을 고민하기 시작했다. 한참 궁리를 한 끝에 골판지, 글루건, 인형에 붙이는 눈 등을 구입해서 만들기 시작했다. 아이들은 종이를 돌돌 말고, 글루건은 다칠 위험이 있으니 붙이는 작업은 내가 해주었다. 그렇게 공룡을 서너 마리 만들더니, 두 아이들은 공룡 인형이랑 책을 꺼내놓고 쥐라기 시대로, 백악기 시대로 신나는 모험을 한다.

이처럼 아이들이 만든 물건들은 훌륭한 장난감이 된다. 책의 주인공을 인형으로 만들어서 놀면 책으로만 읽고 상상하는 것보다 훨씬 박진감 있고, 당연히 재미도 있다.

지점토로도 꽤 여러 가지를 만들었다. 언젠가 외출했다가 돌아와 보니 지점토로 언뜻 보기에 애벌레 같은, 하지만 도통 무엇인지 모르겠는 것을 만들어놓았다.

"야~ 이게 뭐야? 다 똑같아 보이는데 왜 이렇게 많이 만들어놨는데?"

"아, 이거요. 언제 대구 형아 집에 놀러 갔을 때요, 형이 게임을 하고 있었거든요. 그 게임에 나오는 애벌레, 탱크, 지하 벙커, 베틀 크루즈 등등을 만든 거죠. 멋있쥬?"

"그래, 잘 만들었네. 야~ 아이디어 좋네. 여기 빨대 꽂을 생각은 어떻게 했어?"

"저번에 우리 가족들이 앉아서 탑 만들기 했잖아요. 어떻게 할까 생각하다가 공구통을 보니 그때 사용하고 남은 빨대가 있더라고요. 그것을 보니 딱 생각이 나더라고요."

"그래, 철사로 애벌레 주름도 표시하고. 어, 이건 왜 구멍이 세 개야?"

"아, 그거요. 그건 좀 더 큰 애벌레거든요."

녀석들은 엄마의 물음에 열심히 설명을 해준다. 자신이 만든 아주 작은 것에도 엄마가 관심을 가져주니 절로 기분이 좋아지는 모양이다.

《아빠와 함께 보는 전투기 이야기》를 읽고 나서는 지점토로 군인과 전투기를 만들었다. 이번에는 물감으로 색칠도 하고 마감재도 썼더니 제법 그럴듯했다. 내가 이것저것 물으면 재잘재잘 대답을 한다. 자기들도 모를 때는 "잠깐만요." 하고 방으로 들어가서는 책을 가지고 나와 뒤져가며 대답을 해준다. 이런 식의 활동을 하면서 책 읽는 것이 재미있다는 것을 덤으로 알게 되고, 점점 어려운 책도 척척 읽어내게 되는 것 같다.

뭐든 만들어보는 것은 아이들이 유치원 다니기 전부터 나와 함께 해왔던 놀이 가운데 하나다. 예쁘고 알록달록한 장난감을 사줄 때도 있지만, 아이들이 원하는 것은 어설프더라도 '스스로

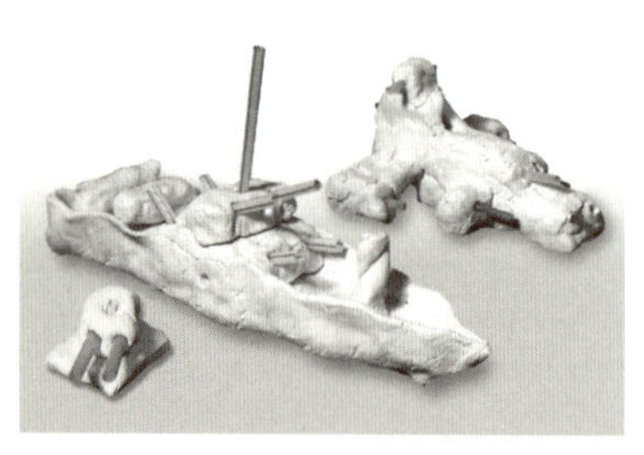

아이들 방 진열장에 '모셔놓은' 지점토 작품.
아이디어가 기발해서 보고 있으면 기분이 좋다.

만들어서' 갖고 놀게끔 했다. 사용하면서 깨지거나 부서지면 접착제로 붙이기도 하고, 그것도 여의치 않을 때는 버리고 또 만들고…. 이런 과정을 반복하다 보니 가뜩이나 좁은 집 구석구석에 이런 '작품'들이 즐비해 정신없을 정도다. 게다가 우리 아이들이 상상력은 대견해도 손재주는 그다지 좋은 편이 아니어서, 어른들 눈에 마뜩찮아 보이는 물건들도 한두 가지가 아니다.

하지만 나는 될 수 있으면 아이들이 실컷 갖고 놀고 스스로 처분할 마음이 생길 때까지 기다려준다. 어른들 눈에는 깔끔하게 잘 정돈된 집이 보기에도 좋고, 그런 곳에 있는 아이들도 번듯해 보이지만, 난 아이 키우면서 이미 '정돈'에 대한 미련은 상당 부분 버린 상태다.

그리고 어차피 장난감이나 책을 '진열하려고' 산 것도 아닌데, 놀때는 어지럽히더라도 마음껏 신나게 놀아야 하지 않을까? 뭐 하나 만들 때마다 엄마의 눈치를 보고 제재를 받아야 한다면, 노는 기분도 안 나고 재미도 없을 것 같다. 그래서 책 읽을 때나 놀 때나, 위험한 상황만 아니면 가급적 아이의 상상력을 제한하지 않고 아이의 생각과 행동을 따라가는 편이다. 심지어 칼 같은 위험한 물건이 아니면 집에 있는 살림이나 집기도 마음껏 가지고 놀게 한다. 이것저것 황당해 보이는 것들이 많이 모일수록 아이들은 기발한 생각을 많이 하고, 뭔가 만들어볼 욕심도 더 내는 것 같다.

정한이의 작품 가운데 가장 정신없던 것은 '종이 다리'였다. 정한이가 여섯 살 즈음이었나, 갑자기 다리를 만들고 싶다고 했다. 나무로 만드는 것은 엄두가 안 나고, 궁리 끝에 마분지로 만들기로 했다. 마분지로 대단한 걸 만들겠나 싶어서 별 생각 없이 시작했는데, 의외로 재미있었다. 처음에는 간단한 다리 하나만 만들어보려고 했는데, 나중에는 정한이와 내가 욕심이 나서 육교도 만들고 고가도로도 만들었다. 그렇고 해놓고 보니 제법 튼튼해서 한동안 작은 장난감 자동차를 굴려가며 재미있게 놀았다.

하지만 시간이 지날수록 때가 끼고 기둥이 찌그러져 볼품이 없었다. 찌그러진 기둥을 수리하느라 셀로판테이프를 붙였더니 테이프 틈새로 먼지가 새까맣게 들러붙고…. 이런 악순환이 반복된 끝에 하는 수 없이 다음에 또 만들자고 약속하고 쓰레기통으로 보냈다.

반면 가장 근사한 작품은 '종이집'이었다. 둘째를 가져 배부른 몸으로 낑낑대며 만든 기억이 난다. '정한이네 집'이라는 문패가 달린 그 집에서 정한이는 2년 정도 잘 지냈다.

아이들이 신나게 놀이할 수 있도록 돕는 것은 비단 나뿐이 아니다. 남편도 아빠로서 물심양면 지원을 아끼지 않는다. 그런데 그 방식이 조금 색다르다.

정한이가 다섯 살 때였을까, 크기가 아주 작은 레고블록을 사달라고 졸랐다. 레고블록은 소근육 발달에도 좋고 집중력 향상에도 좋다니, 우리 부부는 두말없이 사주었다.

그런데 작은 조각은 아이 손톱만 한 것이, 정한이가 혼자 조립하기에 꽤나 어려워 보였다. 아이가 한참 고전하고 있기에 남편이 "정한아, 아빠가 도와줄게. 어떻게 도와줄까?" 하고 물으니, 정한이가 기뻐하며 "아빠, 그럼 부품 좀 찾아주세요. 아빠, 고마워요." 했다. 그러더니 둘이서 한 시간쯤 시끌벅적 야단이 났다.

하지만 남편은 고역이었는지 결국 기권선언을 했다.

"나는 못하겠다. 당신이 좀 도와줘라."

"안 되는데. 나 지금 설거지하고 저녁 준비해야 되는데."

"그러면 내가 설거지하고 저녁 할게."

"진짜? 알았어. 정한아, 엄마랑 하자!"

설거지보다야 블록 조립이 훨씬 재미있지! 이처럼 남편은 주로 아이들을 돕는 '나'를 도와준다. 나는 남편이 이럴 때가 참 좋다. 다른 집에서는 아이들 좀 돌보라고 하면 잠깐 시늉만 하다가 괜히 아이들 혼만 내거나, 슬그머니 안방으로 내빼버리는 아빠들도 많다고 하는데, 그에 비하면 정말 좋은 남편이다(밥을 한다니!). 그 후부터 나는 3년 정도 정한이의 블록 조립 조수가 되었다.

아이들과 우리 부부가 함께하는 만들기 놀이는 아이들이 큰 지금까지 꾸준히 이어져왔다. 요즘은 같이 만들기보다는 블록을 종류별

우리 집 곳곳에는 아이들과 함께 만든 '작품'들이 있다. 어설프기 그지없지만, 보고 있으면 만들던 생각이 나서 마음이 따뜻해진다.

함께하는 것이 최고의 교육

로 구분하는 작업을 도와주는 정도이지만, 그렇게라도 가급적 함께 하려고 노력한다. 우리가 도와줄 수 있는 일은 거들어서 아이들의 작업을 '즐거운 일'이 되도록 해주고 싶어서다. '이왕이면 다홍치마' 라는 말도 있지 않은가. 어차피 할 일이면, 어차피 도와줄 거면 처음부터 웃는 얼굴로 먼저 도와주겠다고 나서는 게 모두에게 이익이다. 아이들은 엄마 아빠와 함께하면서 일이 좀 더 재미있어지니 좋고, 부모들도 아이들과 행복한 시간을 보낼 수 있어서 좋고 말이다.

함께하는 시간만큼 영그는 아이들

나는 지금 아동복지센터에서 교사로 일하고 있다. 예전에 봉사활동을 하면서 인연을 맺은 곳인데, 현욱이가 초등학교 1학년을 마칠 때 아이들의 동의를 얻어서 정식으로 일하게 되었다. 결혼과 함께 전업주부로 지내온 나로서는 새로운 도전인 셈이다.

아동복지센터는 오후에 근무하고, 주로 맞벌이부부 자녀들의 방과후활동을 돌보는 것이어서 우리 아이들 키우는 데도 많은 도움을 얻을 수 있다. 게다가 봉사활동할 때는 정한이 현욱이도 수시로 드나들던 곳이어서 아예 낯선 직장을 구하는 것보다 한결 마음이 편했다. 처음에 취직을 반대하던 가족들도 이런 장점을 보고는 괜찮겠다 싶어서 동의를 해줬다.

그런데 취직하고 보니 같은 일이라도 봉사활동으로 할 때와는 마음가짐부터가 판이하게 달랐다. 내가 할 수 있는 일만 할 때와 피고

함께하는 것이 최고의 교육

용인으로서 할 때는 전혀 다르다는 걸 미처 예상하지 못해서 한동안 몸과 마음의 피로가 심했다.

당황하기는 아이들도 마찬가지였다. 봉사할 때와 똑같을 거라고 가볍게 생각하고 동의했는데, 막상 엄마의 '직장'이 되고 나니 예전처럼 수시로 드나들기 어려워진 것이다. 지금은 많이 안정되었지만, 한동안 가족 모두가 나의 취업이라는 변화된 상황에 적응하는 데 적잖이 애를 먹었다.

봉사활동을 하면서도 정작 취업을 미뤘던 이유는, 어린 시절만이라도 아이와 오랜 시간을 함께하고 싶었기 때문이다. 아이를 키우면서 우리 부부가 가장 중요하게 생각한 것은 최대한 아이들과 함께하는 것이다. 특히 남편은 가족의 애착은 '얼마나 오랜 시간을 함께 보냈느냐'에 따라 결정된다고 생각한다. 그래서 가능한 한 아이들 곁에 늘 있어주고, 아이들이 찾을 때 늘 가까이에서 대답해줄 수 있도록 노력해왔다. 이유식 재료도 직접 준비하고, 어설픈 대로 옷도 만들어 입히면서 내가 할 수 있는 것은 최대한 하려고 애쓴 것 같다. 아이가 어릴수록 누군가의 보살핌이 더욱 많이 필요한 건 당연하니, 아이가 엄마를 필요로 하는 동안에는 최선을 다해야 한다고 생각했다.

가만히 보면 영아일 때 많이 보았던 엄마의 표정이 그대로 아이의 표정이 되는 것 같다. 주위에서나 우리 집을 보면서 느낀 거지만, 부모들이 표정이 밝고 환하면 그 집 아이들도 표정이 밝고 웃음이 많다. 그러니 아이들과 함께하는 것을 조금이라도 소홀히 할 수 없다. 다행히 정한이 현욱이는 그 나이에 어울리는 장난기와 즐거움으로 언제나 싱글벙글이다.

물론 나도 사회생활이나 개인생활에 대한 욕구가 없을 수 없다. 아이들에게 20년 동안 헌신하고 나면 내 한창 시절은 다 가버리지 않는가 하는 마음에 아까운 생각도 든다. 하지만 그때마다 내 삶의 우선순위를 따져보곤 한다. 사람마다 추구하는 바가 다르겠지만, 지금 내게 기쁨과 보람을 주는 존재는 다름 아닌 남편과 아이들이다. 그렇다면 가족에게 더욱 신경 쓰고 그 안에서 행복을 느끼는 게 당연하지 않을까.

더욱이 아이들과 보내는 시간은 흔히 생각하는 만큼 길지 않다. 부모와 자식이 한 집에서 함께 생활하는 기간은 길어야 20~25년 정도밖에 안 된다. 그것도 대여섯 살만 되어도 어린이집이나 유치원에 가고 학원에 다니느라 바쁘니, 아이와 정말 함께 보내는 시간은 별로 길지 않다. 맞벌이부부라면 하루 서너 시간 정도일 것이고, 아이가 초등학교에 입학하면 두세 시간 같이 있는 것도 빠듯하다고 한다. 당장 우리 가족도 정한이가 중학교에 진학하면 함께 보내는 시간이 눈에 띄게 줄어들 것이다. 그래서 우리 부부는 지금 아이와 많은 시간을 같이 보내는 것을 가장 소중하게 생각한다.

함께하는 것이 최고의 교육

어릴 때부터 가족이 함께하면 일단 아이의 감정이 안정되고 성격이 부드러워진다. 여기까지는 인성교육에서 많이 강조하는 내용이니 대부분 공감할 것이다. 여기에 더해 우리 부부는 한 가지 이점이 더 있다고 생각한다. 바로 아이의 학습력이 향상된다는 사실이다.

부모 형제와 함께하면서 마음이 안정된 아이가 공부도 잘하는 건 당연하다. 당장 정한이가 그 증거(?) 아닐까? 정보력이나 경쟁력이 한참 떨어지는 시골마을에서 학원도 제대로 안 다닌 아이가 당당하게 퀴즈왕이 되었으니 말이다. 하지만 특별한 비결이 있다고 생각하는 사람들은 종종 내게 이렇게 묻는다.

"이 집 애들은 학원도 보내지 않고 학습지도 하지 않는데, 어떻게 이렇게 공부를 잘해요? 공부 어떻게 시켜요?"

어떤 사람은 아예 우리 집에 와서 정한이 현욱이가 무슨 책으로 공부하는지를 살피기도 한다.

남편이나 나나 아이들 교육에 관해서는 아마추어인데, 다른 부모들과 남다른 비결이 있을 리 만무하다. 그저 우리는 정한이 현욱이의 부모이기 때문에 우리 아이들에게만큼은 가장 든든한 지원군 역할을 할 수 있을 뿐이다.

아이를 가장 잘 아는 사람은 엄마 아빠다. 부모는 아이가 무엇이 부족한지, 무엇을 필요로 하는지 조금만 신경 써서 살피면 금방 안다.

그 이유는 단순히 '부모'라서이기보다는, 아이와 오래 함께했기 때문이다. 아이를 알아가는 데 아이들과 함께 부대끼는 것만큼 확실한 방법은 없다. 세 살 아이가 어눌한 발음으로 웅얼거리면 다른 사람들은 몰라도 엄마는 제꺽 알아듣고 "응, 아까 낮에 본 파란 색 버스가 TV에 나왔어? 부릉부릉 버스 타니까 기분 좋았지, 그치?" 하고 반응한다. 그걸 보고 사람들은 '엄마는 역시 위대하다'고 감탄하지만, 엄마는 안다. 아이와 함께 있을 때 아이가 버스를 보고 어떻게 표현했는지, 버스를 탔을 때 아이가 얼마나 신났는지를. 그렇게 함께한 '시간'이라는 밑천이 있기 때문에 아이가 대충 말해도 정확히 알아듣는 것이다.

그렇게 자기 말을 알아듣고 호응하고 부족한 부분을 채워주는 지원군이 있을 때, 사람들은 자신감을 얻고 자신의 숨은 재능을 마음껏 발산할 수 있다. 공부라고 다를 게 있을까? 그래서 나는 공부 잘하는 법을 묻는 사람들에게 '아이와 늘 함께하는 것'이 가장 중요하다고 이야기해준다.

실제로 우리 집 네 식구는 무슨 일을 하든 거의 함께 움직인다. 운동하는 것에서부터 가족행사를 치르는 것까지 예외가 없다. 그렇다고 매주 여행을 다니거나 거창한 계획을 세우는 게 아니라, 그저 한데 어울려 놀기도 하고 아니면 거실에서 수다를 떨면서라도 시간을 함께 나누는 것이다. 가령 청소할 때도 아이들이 어지럽힌 것은 되도록 아이들이 치우도록 하고, 남편은 청소기를 돌리고, 그동안 나

197

는 설거지를 하는 식으로 별것 아닌 일이라도 가급적 같이 움직인다.

김장을 담글 때도 마찬가지다. 내가 양념을 하는 동안 아이들은 마늘을 까고 찧고, 남편은 배추를 자르고 나면 아이들 일을 거든다. 물론 그때도 정한이와 현욱이의 호기심과 수다는 끊이지 않는다. 이렇게 왁자하게 떠들며 함께 일하는 동안 새삼 '우리가 한 가족이구나' 하고 실감하게 된다.

제사를 지내러 할아버지 댁에 갈 때는 아무리 바빠도 꼭 아이들을 데리고 간다. 남편은 아이들을 제사에 참석시키면서 조상님에 대한 이야기를 차분히 들려주곤 한다.

가족이 많은 시간을 함께해야 한다는 생각은 남편도 다르지 않다. 아니, 오히려 엄마인 나보다 더 철저한 것 같다. '아이들과 같이 지내는 시간이 많은 게 가장 좋은 교육'이라는 게 남편의 지론이다. 그래서 다른 아빠들에 비해 아이들과 꽤 잘 어울리는 편이다.

다정한 아빠로서 남편이 빠뜨리지 않는 '의식'이 한 가지 있다. 바로 '아이들 재우기'다. 특이하게 우리 집 아이들은 아빠더러 재워달라고 한다. 그것도 꼭 책을 읽어주면서 재워야 한다. 아기 때부터 책 읽는 소리를 들으며 잠들어 버릇한 것이 습관이 되었나 보다. 아이들 방에 이단침대가 있는데, 아이들이 2층에 나란히 누우면 남편은 침대에 비스듬히 기대서서 책을 읽어주곤 한다.

남편이 가장 많이 읽어준 책은 팻 허친스가 쓰고 그린 《로지의 산

책》이라는 그림책으로, 대략 50번은 읽어주었다고 한다. 이유는… '글이 가장 없어서'다. 책 읽어주기 귀찮은데 아이들이 읽

어달라고 조를 때 애용했다니, 피곤한 몸으로 아이들의 잠자리를 돌보는 게 얼마나 힘들까 싶어 안쓰럽기도 하고 고맙기도 하다. 이 책은 내용은 짧지만 유머와 반전이 있어서 적당히 각색해 읽어주면 아이들이 무척 좋아한다. 이 밖에도 남편은 어렵지 않은 짧은 이야기 책을 머리맡에서 조금씩 읽어주곤 한다. 아이들이 읽기에는 좀 '어린' 듯한 책이지만, 잠자리용 책으로는 안성맞춤이다. 동시집도 단골메뉴다.

그래도 아이들이 안 자면 아예 좁은 침대에 함께 누워 그날 있었던 학교생활이나 아이들의 고민거리를 들어준다. 남자끼리 통하는 것이 있는지, 요즘은 엄마보다 아빠와 더 터놓고 얘기하는 것 같기도 하다. 이러한 '잠자리 의식'은 남편이 출장으로 집을 비우지 않는 한 절대 거르지 않는다.

남편은 이렇게 잠시나마 아이들과 함께할 수 있는 것을 대도시에서는 누릴 수 없는 '시골생활이 준 혜택' 가운데 하나라고 생각한다. 아무래도 상대적으로 도시보다는 시간적 여유가 있는 생활이니, 남편의 말에도 일리가 있다. 하지만 단순히 도시가 아니라서 가능한 일은 아닐 것이다. 같은 동네에 살면서도 남편처럼 아이들과의

함께하는 것이 최고의 교육

대화에 공을 들이는 아빠는 많지 않으니 말이다. 퇴근이 늦으면 전화로라도 꼭 얘기를 나눌 정도로 남편은 아이들과의 대화에 열심이다. 아들과 친구가 되기 위한 남편만의 비법이랄까.

어디든 부모와 함께하는 것이 익숙한 아이들이기에, 정한이나 현욱이나 가끔 혼자 있게 되면 그 외로움을 다른 아이들보다 더 크게 느끼는 것 같다. 얼마 전 토요일 오후에 현욱이 혼자 집을 지킨 적이 있는데, 그날 현욱이는 일기에 이렇게 적었다.

2009년 4월 18일 토요일

제목 : 나 혼자

집에 내가 혼자 있게 되었다. 왜냐하면 어머니는 대구로 이사 간 재용이네 집들이를 가셨고 형은 과학전람회 아버지는 근무 때문에 내가 혼자 있게 되었다. 정말 심심했다. 그 와중에 2시 40분에쯤 아버지가 오셨다. 정말로 좋았다. 그리고 3시 9분에 형이 와서 정말 다행이다. 집에 있는 간식도 형과 사이좋게 나눠먹었다. 하지만 배도 무척 고프고 다시는 나 혼자 있기가 싫어졌다.

어떤 아이들은 집에 혼자 있어도 컴퓨터 게임을 하느라 전혀 심심하지 않다고 한다. 오히려 부모 눈치 안 보고 하고 싶은 대로 마음껏 할 수 있어서 좋아하는 아이들도 있다고 한다. 하지만 그 아이들의 마음도 사실은 현욱이와 같지 않을까 생각한다. 아무와도 애기할 수 없는 텅 빈 집을 좋아할 아이가 있을까?

　다행히 현욱이가 혼자 있을 때 남편이 10분 정도 들러서 아이를 살펴주었다. 어떻게든 아이와 함께 있으려는 남편의 노력이 고맙다. 그리고 생각건대 아마 남편도 수고한 보람을 느꼈을 것이다. 현욱이가 아빠가 와서 '정말로 좋았다'고 하지 않는가.

때로는 '엄마' 역할이 힘들더라도

내가 아이들의 교육을 돌봐주는 모습을 보고 '대단한 엄마'라고 하는 사람들이 있다. 지방에서 학원도 다니지 않고 아이를 키우는 게 요즘 세상에서 특이해 보이니까 그런 것 같다. 정한이 현욱이가 바르게 크고 책도 많이 읽은 덕에 이런 말을 들으니 엄마로서 아이들에게 그저 고마울 뿐이다. 한편으로는 세상의 모든 엄마들이 아이들에게 쏟는 정성을 나도 똑같이 들였을 뿐인데, 아이들 덕분에 나까지 칭찬을 들으니 쑥스럽기도 하다. 도시 부모들처럼 아이들에게 안락한 교육여건을 만들어준 것도 아니고, 아이들 교육에 내 인생을 걸듯 헌신하는 것도 아닌데 말이다.

지방에서 소박하게 사는 우리 가족은 물질적인 면에서는 오히려 다른 집보다 부족한 점이 많을 것이다. 대신 아무래도 도시생활보다 삶의 흐름에 여유가 있는 편이다. '우물 안 개구리'라 할지도 모르겠지만, 일단 학교에서 경쟁이 치열하지 않아서 교육환경이 삭막하지 않다. 우리 집처럼 아예 학원을 다니지 않는 경우는 드물지만, 그래도 도시 아이들처럼 밤늦게까지 학원순례를 하다가 돌아오는 정도까지는 아닌 것 같다. 물질적 풍요랄까, 혜택은 부족한 부분이 많지만, 생활에서 숨 돌릴 여유가 많은 것은 커다란 장점이다.

이런 환경 때문일까, 우리 가족의 생활패턴도 그리 '첨단'을 달리지는 않는다. 오히려 뭐든 만드는 걸 좋아하는 내 성격 때문에 집에서 자급자족하는 옛날 방식이 많이 남아 있다. 가족들 옷을 해 입히고, 인형을 함께 만들고, 공부를 집에서 챙겨주고…. 그런데 요즘에는 이렇게 집에서 직접 모든 걸 하는 사람이 별로 없다 보니 내 방식이 더 도드라져 보이는 것 같다. 때로는 '극성'이라고 하는 사람들도 있을 정도로 말이다.

나 스스로를 가만히 돌이켜보면, 이렇게 아이들에게 뭐든 손수 해주게 된 것은 힘든 임신과 출산을 겪었기 때문이 아닌가 한다. 결혼생활에서 처음으로 맞닥뜨린 고비가 바로 임신과 출산이었다. 결혼을 앞두고 주부로서 살림을 하는 것이나 시댁과 잘 지낼 수 있을지 등 결혼생활에 관해 막연히 걱정한 적은 있었지만, 아이 키우는 것에까지 고민이 미치지는 않았던 것 같다. 그런데 정작 걱정했던 결혼생활은 별 탈 없이 원만했던 반면, 아이를 낳는 게 너무 힘들었다. 앞서 이야기했듯이 처음엔 아이가 잘 안 들어서서 3년 동안 애

함께하는 것이 최고의 교육

를 먹었고, 아이를 갖고 나서는 몸이 약해 고생했다.

그렇게 힘들게 얻은 아이들이다 보니 자연스럽게 아이들에 대한 애착이 무척이나 컸다. 그래서 아이들의 이유식도 재료를 시장에서 구입해서 집에서 찌고 말리고 볶은 다음 방앗간에 가져가 직접 갈아서 해 먹였다. 이웃에서 보면서 "별나다, 별나."라고 말을 했지만 나는 그것이 가족에 대한 사랑의 표현이라고 생각했다.

물론 요즘처럼 '살림' 말고도 엄마의 역할이 큰 세상에서 이런 생활이 쉬운 것은 아니다. 엄마로서 할 일을 한다는 마음으로 시작했지만, 처음부터 끝까지 모두 '내 손이 아니면 안 된다'는 식으로 살림하면 힘들기가 이루 말할 수 없다.

집안일이란 게 그 속성상 하려고 들면 끝도 없이 쏟아져 나온다. 거기에 먹고 입는 것까지 모두 내 손으로 하니, 아무리 집안일에 모든 시간을 쏟을 수 있는 전업주부라 해도 지칠 때가 많았다. 옛날에는 다 집에서 했던 일이라고 하면 할 말이 없지만, 그때는 지금처럼 엄마가 아이들 교육에 골몰하느라 정신적 스트레스에 시달리지는 않았지 않은가. 교육코치의 역할에다 전통적인 엄마로서의 역할까지 하느라 정신없이 하루를 보내고 나면 '내가 왜 '나'도 없이 이러고 있나' 하는 생각이 절로 들었다.

아이들의 입장에서 아이들을 이해하고 존중하며 키운다는 게 기본 원칙이지만, 힘든 나날이 계속되다 보면 마음이 지쳐서 이해고 존중이고 없이 짜증만 나기도 한다. 특히 아이들이 커가면서 요즘에는 학습관리를 해주는 게 점점 더 스트레스로 다가와서 걱정이다. 방과후에는 학원도 안 가고 집에서 공부하는 아이들인지라, 각자 학습진도가 다른 정한이와 현욱이를 한꺼번에 봐줘야 한다는 중압감이 예상 외로 심하다.

이럴 때 아이들이 공부가 힘들다며 게으름을 피우면 엄마로서 받는 스트레스는 극에 달한다. 책을 좋아하는 게 반갑긴 한데, 가끔 너무 집중해서 책을 읽느라 학교 공부도 뒷전일 때가 있다. 남들은 배부른 고민한다고 할지 모르지만, 당장 오늘 마쳐야 할 진도가 있는데 책에만 빠져 있는 걸 볼 때면 슬슬 부아가 치민다. 그렇다고 무조건 책을 읽지 말라고 할 수도 없고…. 이러지도 저러지도 못할 때면 나도 모르게 언성이 높아져서 아이들을 다그치게 된다.

"애들아, 너희도 엄마랑 공부하는 것 힘들고 엄마도 이제 지쳐. 그래서 엄마 생각에 현욱이는 아직 저학년이니까 두고, 정한이는 학원을 좀 다니면 어떨까?"

"아, 안 돼요. 열심히 할게요. 앞으로 문제집도 제가 다 매기고 알아서 잘할게요. 학원은 절대 안 갈래요."

학원을 싫어하는 정한이는 학원 말만 꺼내두 기겁을 한다.

"그래? 너희가 열심히 하면 문제집 점수 매기고 공부계획 세우고 하는 것은 엄마가 충분히 도와줄 수 있어. 그런데 지금처럼 엄마만 지치도록 하고 너희는 아무 생각 없이 건성으로 하면 말짱 꽝이 되잖아."

"건성으로 하지 않을게요."

아이들이 바짝 긴장해서 반성하는 모습을 보이면 비로소 내 마음도 조금 누그러진다.

"그래, 알았다. 엄마가 힘이 들어서 조용하게 말하지 못하고 본의 아니게 큰소리가 났네. 미안하다. 엄마도 힘낼게. 아자아자, 힘내자!"

아이들이 심각한 잘못을 한 것이 아니라 그저 내가 지쳐 혼낼 때는 대부분 이 정도로 마무리가 되는 편이지만, 아이들을 혼내고 나면 어쨌든 기분은 별로 좋지 않다. 특히 소리를 지르거나 체벌이라도 하고 난 다음에는 아이들에게 대한 '미안함'과, 감정을 제어하지 못한 스스로에 대한 '실망'이 교차돼 이루 말할 수 없이 심경이 복잡해진다.

그래서 가급적 아이들을 대할 때 평정심을 잃지 않으려 노력하지만, 그렇다고 마음이 힘든 것까지 애써 감추려고 하지는 않는다. 조용히 얘기한다면 더 좋겠지만, 어쨌든 엄마가 힘든 것을 혼자 꽁꽁 숨기고 있는 것보다는 정제되지 않은 상태로라도 가족들에게 알리는 편이 낫다고 생각한다.

그리고 내가 아무리 감춰두려고 해도, 내 행동에는 이미 정돈되지 않은 마음상태가 드러나서 숨겨지지 않는다. 아이들은 '엄마 기분이 안 좋다'는 걸 정말 기가 막히게 간파한다. 그런데도 내가 아무렇지도 않은 척 연기를 하고 있으면 아이들은 왜 기분이 나쁜지 알지 못해 오히려 더 불안해하는 것 같다.

내가 화가 났을 때 아이들이 얼마나 불안해하는지는 아이들의 행동에 그대로 드러난다. 아직 어린 정한이 현욱이는 엄마의 기분에 쉽게 휘둘린다. 그래서 내가 감정의 기복을 보이면 아이들도 내 상태를 고스란히 흡수해버린다. 가끔 아이들의 흐트러진 모습을 보고 속상해하다가, 곰곰이 생각한 끝에 그 전에 내가 먼저 감정의 기복을 보였다는 걸 깨달을 때가 있다. 그럴 때 닥쳐오는 미안함이란…. 차라리 힘들고 속상한 것을 솔직히 얘기하면 속이나 시원할 것을, 괜히 어른인 척 내색하지 않다가 생채기만 커진 꼴이다.

힘들 때 솔직히 힘들다고 하면 남편은 물론 아이들도 다른 때보다 더 열심히 하려고 노력한다. 과제도 알아서 하고 형제끼리 사이좋게 지내면서 내 마음을 배려해준다. 그런 가족을 보면 나 스스로를 다잡을 힘이 난다.

그나마 요즘은 단련이 되어서인지 남편이나 아이들에게 서운한 것을 솔직하고도 차분히 말하는 편이다. 예전에는 감정에 이끌려 가뜩이나 큰 내 목소리가 집에 쩌렁쩌렁 울릴 때가 많았다. 그렇게 큰 소리로 화를 내고 나면 집 분위기가 썰렁한 것이 이루 말할 수 없다. 그렇게 만든 내 마음도 괴롭고.

그래서 요즘에는 화가 날 때는 베란다로 가서 화초를 살피든가 마을 뒷산에서 산책을 하며 마음을 다스리곤 한다. 그렇게 마음을 가라앉히고 다시 생각해보면 남편이나 아이들의 행동을 이해 못할 것도 아닌데, 전에는 왜 그렇게 내 속상함만 생각하고 화를 냈는지….

함께하는 것이 최고의 교육

이처럼 엄마로서 아내로서 가족에 헌신하는 건 무척 힘든 일이지만, 그런 내 맘을 헤아려주고 달래주는 것 또한 가족이다. 내가 해준 음식을 먹으면서 즐거워하는 아이들을 보면 없었던 힘도 다시 생긴다. '호~ 호~' 입김을 불어가며 열심히 간식을 먹는 아이들을 보고 있으면 저절로 미소가 지어지고, 머리라도 한번 쓰다듬어주고 싶어진다. 그런 엄마의 마음을 아는지, 아이들도 엄마에게 건네는 한마디를 잊지 않는다.

"역시 엄마가 해주는 호박전이 제일 맛있어요. 엄마, 고맙습니다!"

이 맛에 오늘도 또 음식을 하는가 보다.

남편은 말과 행동으로 나를 위로해준다. 내가 힘들어하거나 지쳐 있으면 남편은 자신이 할 수 있는 한 집안일을 거들면서 나를 도우려고 한다. 설거지나 청소, 빨래 개기 등을 알아서 해주면서 내가 다시 힘이 나서 집안일을 할 수 있을 때까지 도와준다. 가끔은 "힘들지? 그래도 당신이 열심히 돌봐주니까 애들이 바르고 밝게 크잖아. 고맙다." 하는 말도 한다. 무뚝뚝하기로 세계 제일인 경상도 남자의 이 한마디는 나에게 엄청난 에너지를 불어넣어준다.

이처럼 내가 지쳐 있을 때 가장 힘이 되는 것은 바로 남편의 말 한마디다. 남편은 내가 전업주부로 있을 때나 직장을 가지고 있는 지금이나 여전히 나를 '최고'로 인정해준다. 최고로 인정해준다고 해서 나를 진짜 최고라고 생각한다는 것이 아니라, 내가 하고 있는 일을 하찮게 여기지 않고 늘 감탄해준다는 뜻이다. 누군가 나를 '최고'로 인정해준다는 건 얼마나 가슴 벅차고 뿌듯한 일인지!

전문적으로 배운 것도 아닌데 남편의 옷이나 아이들의 옷을 만들어 입히니 얼마나 서툴겠는가. 하지만 남편은 "와, 이거 시원하다. 편하고 좋네." 하며 기꺼이 입어준다. 아이들에게도 "야~ 엄마가 편한 옷도 만들어주고 너거는 복 받았다." 하고 말한다. 그런 말을 들으면 아이들은 "맞아요. 엄마, 세상에 하나밖에 없는 옷을 만들어줘서 고맙습니다." 하고 맞장구를 친다.

내가 아이들과 독서교육이라며 이것저것 하고 있는 모습을 볼 때도 남편은 "당신, 뭐 알고 시키나?" 하고 기죽이지 않는다. 옆에서 웃으며 가만히 보고 있다가 아이들이 모두 완성하고 나면 "야~ 고생했다. 오늘 아빠가 저녁 할게. 너거 뭐 먹고 싶노?" 하며 내 일을 덜어준다. 가끔 남편이 미워지는 날에는 남편의 이런 모습들을 생각하며 내 마음을 다독인다.

이렇게 보면 나는 가족에게 정성을 들이는 만큼, 아니 어쩌면 그 이상으로 남편과 아이들에게 많은 보람과 힘을 얻고 있는 셈이다. 그리고 이처럼 서로 힘이 되어주면서 함께 가는 것이 가족의 참모습이 아닌가 싶다. 씨놓고 나면 당연한 말 같지만, 이처럼 당연한 게 지켜지지 않는 가족이 얼마나 많은가. 하루가 멀다 하고 부부끼리 싸우고, 부모는 아이들에게 공부하라고 야단만 치고, 아이들은 그런 부모를 경원시하는 가족의 모습은 얼마나 괴로운가. 그런 가

함께하는 것이 최고의 교육

정의 아이들이 천진한 웃음을 짓고, 마음 편히 책을 읽을 수 있을까? 결코 그럴 것 같지 않다.

부모가 자녀를 이끌고 가거나, 자녀를 위해 부모가 일방적으로 희생하는 것은 결코 바람직하지 않다. 그런 가족은 구성원 누군가에게 부담을 지워 지치게 만들 뿐이다. 내 경험에서 볼 때 지친 마음에서는 진심 어린 돌봄과 정성이 생겨날 수 없다. 학원비를 마련한다고 아이들과 보낼 시간을 줄여가며 밤낮으로 일에 매달리는 것보다는, 어쩌면 그 시간만큼 아이들과 신나게 놀고 함께하는 것이 아이들에게나 부모에게나 훨씬 좋지 않을까 생각해본다.

각자에게 있는 장점으로 다른 사람에게 부족한 점을 채워가며 함께 발전해나가는 것이 진정한 '가족의 힘' 아닐까. 평범하기 그지없는 우리 부부가 책 잘 읽고 똑똑한 아이들을 두게 된 것도, 요즘 말로 '경쟁력'이 많이 떨어지는 지방 소읍에서 '퀴즈영웅'이 될 수 있었던 것도, 결국 서로를 소중히 여기고 함께하는 가족의 힘이 있었기 때문이라고 생각한다. 손으로 만들고 직접 해보는 것을 좋아하는 나는 아이들과 함께 책을 읽고 워크북을 만들고, 아이들에 대한 사랑을 표현하는 데 인색하지 않은 남편은 아이들과 대화를 나누고 주말이면 가까운 박물관에라도 아이들을 데리고 간다. 아이들은 고맙게도 엄마 아빠를 어려워하지도, 그렇다고 '잔소리쟁이'로 여기지도 않아서 어떤 고민이든 우리의 의견을 묻고 잘 따라준다.

이처럼 끝없는 믿음과 사랑으로 서로의 버팀목이 되어주는 것이

가족이다. 외롭고 힘들고 지칠 때, 기쁘고 설레고 즐거울 때 가슴에 머리에 자연스럽게 떠오르는 얼굴들은 다름 아닌 가족이다. 이것이야말로 우리 가족의 힘이자 최고의 '교육비법'이다. 나는 그렇게 생각한다.

아이들과 속 깊게 소통하는 머리맡 대화

아이들이 잠들기 전, 나는 20분 정도 함께 누워서 그날 있었던 일을 물어본다. 친구들과 어떻게 지냈는지, 선생님과 무슨 일이 있었는지, 무엇을 배웠는지…. 들어보면 대부분 학교에서 있었던 소소하고 싱거운 일들이다. 하지만 그런 작은 대화들이 쌓여 아이의 하루를 이해하고 성장을 지켜볼 수 있으니 결코 생략할 수 없다.

요즘 현욱이가 일기 쓰는 재미에 빠져 있어서, 밤에 하는 얘깃거리도 주로 일기 내용에 관한 것이다. 얼마 전에 현욱이 일기장에 운동장을 돌아다니다가 큰 딱지를 주워서 기분이 좋았다는 내용이 있었다.

"그런데 현욱아, 운동장을 왜 돌아다녔니?"

"학교 수업을 마치고 청소를 하다가 힘이 들어서 운동장에 바람 쐬러 나왔어요."

"다른 친구들은 다 청소하는데 너만 운동장 나와서 놀면 되니?"

그랬더니 현욱이가 얼른 해명한다.

"오늘 청소구역이 신발장이었는데, 다 하고 나니까 너무 힘들어서 나왔어요."

"아니, 왜 너 혼자 해? 다른 아이들하고 같이 하지 않고?"

"그게 아니고, 아이들마다 청소하는 구역이 나뉘어져 있어요. 교실, 복도, 신발장, 바깥 청소…. 신발장 청소 혼자 하는 게 얼마나 힘든데요. 오늘 정말 힘들었어요."

그러더니 딱지를 주워서 힘든 기분이 다 날아갔다고 한다.

때로는 내가 아이들에게 이야기를 들려주기도 한다. 직장 이야기는 아이들이 들어봤자 재미가 없어서 거의 하지 않고, 대신 아빠 어릴 적 이야기나 아이들이 아기였을 때 이야기를 해준다. 예를 들면 이렇다.

"정한아, 현욱아, 아빠가 3학년이고 큰아빠가 5학년이었을 때 이야기다. 우리 집은 동네에서 아주 많이 떨어져 있었는데, 여름에 더울 때 할아버지께서 막걸리를 사오라고 하셨어. 그래서 큰아빠와 아빠가 막걸리를 사러 4km 떨어져 있는 가게에 가서 막걸리를 사오는데, 큰아빠와 아빠가 막걸리를 사서 들고 오면서 너무 더워서 조금씩 먹으면서 왔는데, 도착해서 보니 거의 다 마셔버린 거야. 그래서 어떻게 됐겠어? 큰아빠랑 아빠가 술에 취해서 들에 도착하자마자 그대로 잠들어버렸지."

아이들에게는 아빠의 어린 시절 얘기가 여느 이야기책 못지않게 재미있는 모양이다. 나의 부모님과 형제들이 생활한 것을 말해주면

함께하는 것이 최고의 교육

아이들은 아주 즐겁게 듣고, 그때 상황에 대해 물어보기도 한다.

"아빠가 어릴 적에, 할아버지 할머니가 생활이 어려워서 고생을 정말 많이 하셨어. 그때는 할머니가 직접 밀가루 반죽을 밀어서 칼국수를 정말 많이 먹었어. 지금이야 칼국수가 별미지, 아빠가 너희들만 할 때는 저녁때마다 칼국수를 먹었다니까. 한번은 너무 배가 고파서 할머니가 밀어놓은 생 밀가루 국수가닥을 먹은 적도 있어. 그때 그 칼국수가 아빠가 먹어본 최고의 칼국수야."

이런 이야기를 들려주면서, 그렇게 할아버지 할머니가 고생하시면서 노력하셔서 지금 정한이와 현욱이가 있는 거라고 말해준다. 그러면 아이들은 할아버지 말씀을 더욱 잘 따르고 할아버지께서 농사지어 보내주신 쌀이며 수박이며 채소 등을 감사하게 생각하면서 먹는다. 할아버지께 감사인사 드리는 것도 잊지 않는다.

PART 5

부모만이 줄 수 있는 삶의 선물

존중하며 키워라 | 배려할 줄 아는 따뜻한 아이로 | 예의와 약속, 살면서 지켜야 할 것
들 | 언제나 어려운 '사랑의 매'

아빠 이야기 5 | 사춘기를 앞둔 정한이

존중하며 키워라

우리 가족은 말이 많다. 정한이 현욱이도 수다스럽고, 나도 아이들에게 물어보고 설득하는 과정을 많이 거치는 편이라 자연스럽게 대화가 많아진다. 식구들이 모이면 서로의 이야기를 들어주고 자기 생각을 이야기하면서 다른 집보다는 떠들썩하게 지내는 것 같다. 과장을 조금 보태면, 우리 집은 '언제나 토론중'이다.

TV 하나를 두고서도 말들이 많다. 아빠는 스포츠, 엄마는 연속극, 정한이 현욱이는 내셔널지오그래픽을 보자고 시끌시끌하다. 계속 의견이 갈릴 경우 손을 들어 TV 채널을 결정하는데, 언제나 결과는 같다. 뜻을 같이한 정한이 현욱이가 보고 싶은 걸 봐야 하다.

보고 싶은 연속극이 눈앞에 아른거리지만, 투표로 결정한 것이니 꼼짝 없이 따라야 한다. 그냥 "이제 방에 가서 공부해!"라고 윽박지를 수도 있겠지만, 그러고 싶지는 않다. 아이들의 의견도 존중해

부모만이 줄 수 있는 삶의 선물

주어야 자기 일에 책임질 줄 알고, 거꾸로 다른 사람의 의견을 존중할 수도 있다고 생각하기 때문이다.

그래서 어른 혼자서 쉽게 결정하고 넘어갈 수 있는 것도 우리 집에서는 종종 토론거리가 된다. 여행 가는 장소부터 잠자는 방 배정까지, 투표로 결정할 일은 무궁무진하다. 가끔 2대2 동점일 경우에는 연장자 뜻에 따르는 등 의사결정 방법도 정해져 있어서, 결과에 대해 불만을 제기하는 경우는 거의 없다.

물론 모든 일을 손 들고 투표하는 것은 아니다. 어른이 정해야 할 일은 명확히 경계를 긋는다. 또 아이가 예의 없을 때나 집에서 학교공부 일일 계획을 세워주었는데 계획대로 못했을 때는 혼도 내고 벌도 준다. 하지만 그때도 하루에 얼마나 공부할지에 대해서는 아이들과 상의하고 서로 양보도 하면서 현실적으로 감당할 수 있는 만큼 정해준다.

기왕에 토론에 투표까지 거친 것, 아예 토론결과를

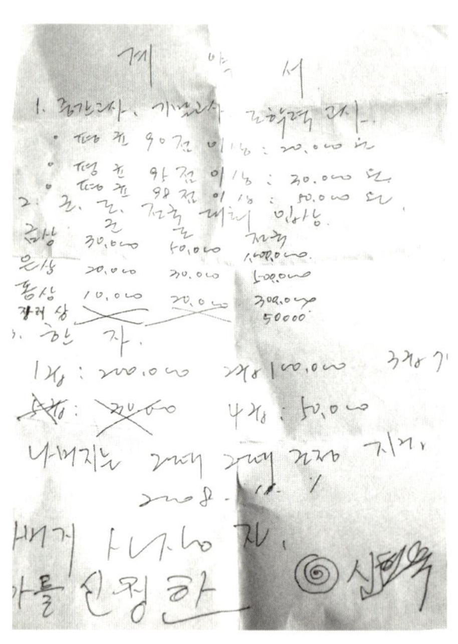

시험 및 각종 경시대회 성적에 따라 얼마를 '상금'으로 줄지 아이들과 약정한 '계약서.' 학교 시험, 경시대회, 한자 자격증에 대한 항목이 있고, 나머지는 '그때그때 조정 지급'한다는 기타 조항이 있다.

‘계약서’로 작성할 때도 있다. 가령 시험을 몇 점 이상 받으면 용돈은 얼마이고, 자격증을 따면 얼마를 주기로 하는 등의 약속을 계약서로 작성하는 것이다. 그렇게 만든 계약서는 지금도 보관하고 있다.

이렇게 정식으로 절차를 거치면 아이들도 약속을 지키려고 노력하고, 집안일에 더 적극적으로 참여한다. 설령 자기 뜻대로 되지 않았다 해도 토론 과정에 참여해서 설득된 것이기 때문에 고집을 부리지 않고 비교적 수월하게 받아들이는 것 같다.

그리고 나중에 아이들이 약속대로 지키지 않았을 때 바로잡기도 상대적으로 쉽다. “이러지 않기로 약속했잖아.”라고 지적하면 “싫어요!”라고 ‘반항’하지 않고 바로 행동을 고치거나, 그래도 정 하고 싶으면 ‘부탁’을 한다.

다른 집 엄마들이 정한이 현욱이가 말 잘 듣는 걸 보면 어떻게 아이들이 이렇게 순하냐고 놀라곤 하는데, 나는 그 이유를 평소에 아이들이 충분히 자기 의견을 말할 수 있기 때문이라고 생각한다. 자신이 어떤 행동을 하면 부모에게 제재를 받는다는 걸 알고 있기 때문에 미리 조심할 수 있고, 설령 그런 행동을 했더라도 빨리 고쳐나갈 수 있는 것 아닐까.

아이들을 윽박질러서 내 뜻대로 활동하게 하지 않으려고 노력해왔기에, 아이들도 우리 집은 ‘민주적’이라고 생각하는 편이다. 하

부모만이 줄 수 있는 삶의 선물

지만 우리 부부가 처음부터 아이들의 의견을 존중하며 들어주었던 것은 아니다. 우리 세대는 부모님의 일방적인 지시를 받아 움직이는 데 익숙했으니, 처음에는 어릴 때 보고 배운 대로 아이들에게도 우리 생각을 먼저 내세우곤 했다. 특히 하루의 대부분을 아이들과 함께하는 내 말에 따라 움직이는 일이 많았다.

그런데 이렇게 내 생각만으로 계획하고 진행한 일에는 잡음이 많았고, 아이들의 호응을 얻기도 힘들었다. 실제로 내 욕심 때문에 한참 동안 아이를 힘들게 한 적이 없지 않았다. 대표적인 예가 정한이에게 태권도를 가르친 일이다.

예전에 정한이는 몸 장난도 힘들어할 만큼 약했다. 지금은 키는 작아도 몸에 살이 올라 약해 보이지 않지만, 2학년 때만 해도 많이 말라서 왜소했다. 또 친구들의 사소한 말이나 행동에도 민감한 편이어서, 거친 말을 듣거나 놀림을 받으면 집에 와서 늘 울곤 했다. 안 그래도 작고 마른 애가 책을 많이 읽어서 친구들은 처음 듣는 '이상한' 말을 자꾸 하니, 아이들이 놀려먹기에 얼마나 만만한 상대였겠는가. 그러다 보니 가끔 때리는 아이들도 있고, 장난을 빙자해 괴롭히는 아이들도 있었다. 아이가 울고 들어올 때마다 어찌나 속상하던지…. 어떻게 해야 하나 고민한 끝에 태권도를 배우자고 정한이를 설득하기 시작했다.

"같이 때리지는 못해도 방어는 해야지. 정한아, 태권도 학원 다니자, 응? 몸이 단단해지면 친구들과 지내기가 훨씬 쉬울 거야.”

하지만 정한이는 그때나 지금이나 운동을 그리 좋아하지 않는다.

“가기 싫어요. 이제 안 울게요.”

“왜 가기 싫어?”

“그냥요. 저는 집에 있는 게 더 좋아요.”

“운동하면 몸이 건강해져서 지금처럼 자주 아픈 일도 없어져. 또 밥도 잘 먹게 되고, 몸이 단단해져서 친구들과 부딪혀도 아프지 않아.”

그래도 정한이가 망설였다.

“정한아, 일단 이번 달부터 시작해보자. 해보고 그래도 계속하고 싶은 마음이 생기지 않으면 그만하면 되잖아?”

“알았어요. 다녀볼게요.”

그렇게 시작한 태권도였지만, 정한이는 한 달에 서너 번은 학원을 빠졌다. 나는 학교는 가급적 꼭 보내지만, 학원은 아이들이 힘들어하면 쉬게 한다. 그래도 대부분은 아이들이 원해서 등록한 경우여서 내가 챙겨주지 않아도 열심히 다니곤 했다. 그런데 정한이는 유독 태권도 학원만은 다니기 힘들어했다. 물론 중간에 재미를 느낀 적도 있었지만, 띠의 색깔이 달라질수록 익혀야 할 동작이 많아지니 버거워했다. 점점 찌증도 많아지고, 표정도 자주 어두워졌다.

그러던 어느 날, 태권도 사범님에게 이런 말을 들었다.

“정한이가 도장에서도 구석에 앉아 책만 읽고 있어요.”

얘기를 들어보니 그렇게 도장에서 겉돈 지 벌써 한참 되었다는 것

부모만이 줄 수 있는 삶의 선물

이다. 정한이에게 진짜 미안했다. 나중에 왜 그랬냐고 물어보니 "책이 읽고 싶어서 태권도 하는 시간이 아까워요." 이런다. 그동안 태권도 학원에 다닌 것도 순전히 엄마가 원하니까 억지로 버틴 것이었다. 그것도 모르고 엄마 생각만 내세워 몇 달이나 아이를 힘들게 한 것이다.

태권도 학원은 그날로 그만두었다. 그리고 그 뒤로는 아무리 욕심이 생겨도 아이들이 원하지 않는 것을 억지로 시키는 일은 가급적 삼가고 있다.

그런데 살다 보면 부모로서 꼭 해보고 싶은 일이 생긴다. 정작 아이들은 별 흥미가 없고…. 속으로 애가 타지만 억지로 밀어붙이지 않겠다고 다짐했으니, 남은 방법은 말로 설득하는 것밖에 없다.

이때도 아이들의 의견을 경청하고 존중해주면 설득이 한결 쉬워진다. 사정이 여의치 않은데도 막무가내로 해달라고 떼를 쓰는 아이를 보고 있노라면 속에서 열불이 난다. 다행히 우리 부부는 아이들이 고집을 부려 곤란하거나 힘들다고 느낀 적이 별로 없다.

물론 우리 아이들도 고집이 있다면 있는 편이고, 특별히 속이 깊어서 다른 아이들보다 부모를 잘 이해해주는 건 아니다. 그런데도 아이들이 부모의 사정을 잘 헤아려주는 것은, 정성껏 자신의 말을 들어주는 엄마 아빠에 대한 '믿음'이 있기 때문이라고 생각한다. 정한이 현욱이는 엄마 아빠가 의견을 들어주고, 약속한 것은 지키려고 노력한다는 사실을 아는 것 같다. 정 안 되겠으면 다른 것으로라도 약속을 대신해준다는 것을. 그래서 원하는 것을 엄마 아빠가 당장 들어주지는 못해도 사정이 될 때 잊지 않고 해줄 거라고 믿고 기다려준다. 다른 사람 눈에

정한이 현욱이가 '고분고분하고' 순해 보이는 것은 아마도 이런 '믿음' 때문이 아닐까 싶다.

최근에 현욱이는 엄마 아빠에 대한 믿음으로 큰 양보를 한 적이 있다. 한동안 꺼리던 방송 인터뷰를 허락한 것이다.

정한이가 '퀴즈영웅'이 된 그날부터 인터뷰 요청이나 방송 출연 요청이 수없이 들어왔다. 하지만 우리는 가급적 TV나 기타 언론에 노출되는 것을 자제했다. 6학년이 되는 중요한 시점에서 정한이의 생활을 너무 혼란스럽게 할 것 같아서였다. 정한이도 연이은 인터뷰에 힘들어했고.

한편 더 염려되는 건 현욱이였다. 처음에는 형이 잘되고 TV에도 나오니까 신기해했는데, 이내 불편한 기색을 보이기 시작했다.

처음에 뉴스 인터뷰를 할 때는 흥분되기도 하고, 여러 가지 사정으로 거절할 수가 없어서 집에서 두어 번 촬영을 했다.

그런데 촬영이란 것이 그랬다. TV에는 몇 분 방송되지 않지만 인터뷰는 꽤 오랜 시간 진행되었다. 낯선 사람들로 집이 꽉 차고 과제

부모만이 줄 수 있는 삶의 선물

를 제대로 하기 어려울 만큼 방해를 받았지만, 다행히 현욱이는 의
젓하게 잘 참아주었다. 우리 부부도 현욱이에게 소홀하지 않도록 평
소보다 더 많이 신경을 썼다.

그 뒤로도 방송에서 자꾸 제의가 들어왔다. 그런데 이번에는 현
욱이가 "엄마, 저는요, 방송하는 것 싫어요. 여기는 내 집도 되는데
나는 피곤해서 싫어요." 하고 말하는 것이다. 신경 쓴다고 했는데
도, 아이는 소외감과 혼란으로 힘들어하고 있었다.

"그래, 맞다. 여기는 우리 현욱이가 편안하게 지내야 하는 곳인데,
이번에 힘들었구나."

"네. 사람들이 자꾸 오고 전화가 자꾸 오고 하니까요. 공부도 안
되고 책도 읽을 수가 없고 형이랑 놀 수도 없어요."

"그래, 그랬구나. 우리 현욱이가 많이 불편했구나. 그래도 잘 참
아주어서 고맙네."

"형한테 좋은 일이니까 참았는데요, 이젠 안 했으면 좋겠어요."

"그래, 이제 안 할게. 현욱이 힘들어하는데 엄마가 무심해서 미안
해. 약속할게, 앞으로 방송하지 않기로."

그래서 그 뒤로는 모든 방송제의를 거절하고 조용한 일상으로 돌
아왔다. 그런데….

SBS 〈그것이 알고 싶다〉에서 인터뷰 요청이 들어왔기에 당연히
거절했는데, 나중에 제작진과 직접 통화한 정한이가 인터뷰를 하고
싶다는 것이다.

"엄마, 저 오늘 〈그것이 알고 싶다〉 PD 아저씨랑 이야기했는데요. 그 주제가 기억력에 관한 거라던데요. 인터뷰하고 싶은데요."

그래서 가족이 모두 모여 의논을 했다. 기획의도가 좋으니 우리 부부는 정한이가 원하면 해도 괜찮겠다고 생각했다. 그러나 여전히 현욱이의 반대가 만만치 않았다. 결국 담당 PD가 나서서 현욱이에게 최대한 불편하게 하지 않겠다고, 원하지 않으면 현욱이는 촬영하지 않겠다고 약속하고, 이 일로 현욱이 마음을 불편하게 해서 미안하다고도 하셨다. 그분의 노력으로 현욱이의 마음이 비로소 돌아설 수 있었다.

이런 얘기를 사람들이 들으면 "뭐, 그 어린애한테까지 그런 허락을 받아야 하나." 할지도 모른다. 하지만 거의 이틀을 촬영하는 동안 현욱이는 짜증도 내지 않았고, 자기 할 일도 알아서 다 했다. 정한이 생각만 존중해서 현욱이의 불만을 못 본 척하거나 윽박질러서 억지로 촬영했으면 현욱이는 인터뷰 내내 툴툴거리는 것은 물론이요, 잘못하면 형을 원망하거나 형제간에 싸움이 날 수도 있었다. 그런 일을 진심 어린 부탁만으로 조용하고 부드럽게 해결할 수 있다면, 당연히 이 방법을 써야 하지 않을까. 그런데도 순간적으로 화나고 조급한 마음에 휩쓸려 아이를 다그치고 나서 후회하는 경우가 적지 않은 것 같다. 서로 이야기만 잘 들어줘도 큰소리 날 일은 반 이상 줄어드는데 말이다.

배려할 줄 아는 따뜻한 아이로

　최근 독서교육이 열풍이라고 들었다. 의도치 않게 나도 그 대열에 동참한 셈인데, 어찌됐든 좋은 현상이라고 생각한다.

　무엇보다 독서교육은 '공부하는 힘' 못지않게 '바르게 사는 힘'도 함께 길러주는 방법이라는 점에서 그렇다. 독서교육이 인기를 끈 것은 책을 읽어서 사고력만 키우는 것이 아니라 책의 교훈을 익혀서 바르게 생각하는 마음도 길러주고자 하는 부모들의 바람이 반영된 것 아닌가 생각한다.

　우리 부부의 생각도 크게 다르지 않다. 막연하게나마 우리가 아이를 키우면서 가졌던 바람은 '바르게 크는 것'이었다. 도덕 교과서에 나올 법한 판에 박힌 말인지 모르지만, 지금도 우리의 생각에는 변함이 없다. 나만 생각하는 '얄미운 1등'이 되는 것보다는 이웃을 돌아보며 베풀 줄 아는 사람, 자신에게 주어진 몫을 성실히 해

226

나가는 사람이 되면 좋겠다. 우리 아이들이 그런 어른으로 자란다면 정말 자랑스러울 것 같다.

하지만 바른 아이로 교육시킨다는 것은 참으로 어려운 일이다. 자기 욕심을 삭이고, 이렇게 경쟁이 심한 사회에서 때로는 불이익도 감수해야 하니 말이다. 그래서 아이들에게 '손해 보더라도 네가 먼저 배려하라'고 말해주는 게 마음처럼 쉽지는 않다. 심지어 어떤 경우에는 세상에 찌든 엄마 아빠의 이기심이 아이의 마음에 때를 묻히기도 한다. 말로는 착하게 살라고 하면서 아이가 손해 보는 상황이 닥치면 내가 더 흥분하는 것이다.

정한이가 유치원에 다닐 적 일이다. 우리 아파트는 두 동으로 되어 있어서, 아침마다 유치원 버스가 우리가 사는 102동의 아이들을 태운 다음 101동으로 이동했다. 아이들은 버스가 올 때까지 1층 입구에서 줄을 서서 기다린다. 당시 우리 동에서는 정한이만 유치원에 다닌 반면, 101동에는 아이들이 예닐곱 정도 되었다. 자연히 그쪽에서는 서로 가장 앞에 서려고 다툼이 일어나곤 했다.

그러던 중 어지아이 하나가 꾀를 내어 102동으로 줄을 서러 왔다. 그것까지는 괜찮았는데, 아침마다 정한이를 괴롭히는 것이다. 베란다에서 내려다보고 있자니 속상해 죽을 지경이었지만, 이웃끼리 서로 알고 지내는 처지에 뭐라고 말할 수도 없고 해서 그냥 넘기곤 했다.

부모만이 줄 수 있는 삶의 선물

그러던 어느 날, 유치원 버스를 기다리던 정한이의 울음소리가 들렸다. 반사적으로 베란다로 달려 나갔다.

"정한아, 왜 울어?"

"동생이 자꾸 때려요."

자꾸 해코지를 하더니, 기어이 일을 낸 모양이다. 속이 상한 내가 마음에 담은 말을 참지 못하고 "너도 한 대 쥐어박아줘!" 하고 쏟아냈다. 그러자 정한이가 이렇게 말하는 것이다.

"그럼 동생이 아프잖아요."

아… 내가 이 아이에게 무슨 말을 한 건가. 또 무슨 말을 어떻게 할까…. 뭐라고 말해줘야 할지 몰라 그냥 내려가서 얼굴만 닦이고 가만히 안아준 다음 유치원 버스에 태워 보냈다. 그동안 책을 읽으며 내 입으로 들려줬던 아름다운 삶의 가치들을 내 스스로 부정해 버린 것 같아 마음이 한없이 복잡했다.

오후에 유치원에서 돌아온 정한이를 데리고 아침에 있었던 일에 대해 이야기를 나누었다.

"정한아, 오늘 아침에 기분이 어땠어?"

"진짜 기분이 안 좋았어요."

"그래, 그랬구나. 엄마도 정한이가 동생한테 맞아서 속상했어. 그래도 자신을 괴롭히는 사람이 아플 것까지 생각하는 우리 정한이가 정말 착하고 사랑스럽네."

그러고는 정한이를 꼭 안고 등을 두드리며 달래주었다.

내가 정한이었다면 ‘동생이 아프잖아요’ 같은 기특한 대답을 할 수 있었을까. 항상 ‘이렇게 해라, 저렇게 하지 마라’며 아이를 인도해야 한다고 생각했는데, 어느새 어린 아이에게서 난 자꾸 무언가를 배우고 있었다. 아마 앞으로 더 그렇겠지. 엄마 아빠의 가르침을 너무나 속 깊게 받아들여준 아이가 고마울 뿐이다.

많은 어른들이 요즘 아이들은 예절도 잘 모르고, 버릇도 없고, 남을 생각하는 마음이 부족하다고 한탄한다. 실제로 예전에 비해 이기적인 아이들이 종종 눈에 띄는 걸 나도 느낀다. 그 이유는 도대체 무엇일까? 나는 아이들을 탓하기 전에 어른들, 특히 부모들이 스스로를 돌아봐야 한다고 생각한다. 많은 부모들이 오직 자기 자식의 입장에서만 생각하고 이해하려고 들지, 다른 아이들은 전혀 배려하지 않는 것 같다.

우리의 교육방식이 모두 옳다고 할 수는 없지만, 적어도 아이들에게 다른 사람의 입장에서 배려하면서 생활하라고 가르치는 것은 잘하는 것 같다. 우리는 아이에게 품성이 바르지 않더라도 어느 정도 성공할 수는 있지만, 진짜 훌륭한 사람은 인격적으로도 존경받을 수 있어야 한다고 말해준다. 예를 들어 일본에 진출해 있는 이승엽 선수는 훌륭한 기량으로도 인정받지만, 정상에 오른 후에는 성실하고 예의바른 인간성으로 더욱 칭송받는다고 들려주곤 한다. 훌륭한 어른이 되고 싶다면 능력 못지않게 마음도 아름다워야 한다고.

부모만이 줄 수 있는 삶의 선물

물론 이렇게 가르치다 보니, 본의 아니게 아이들의 '희생'을 바라야 할 일도 가끔 생긴다. 아무래도 남자아이들인지라 학교에서 친구와 투닥거리는 일이 많다. 그때마다 정한이나 현욱이는 대체로 '맞는' 편이다. 때로는 괴롭힘을 당하기도 하는 모양이다. 그런데 두 아이 모두 친구가 괴롭히더라도 맞서 싸우거나 해코지를 하지 않는다. 물론 힘이 없어서 그럴 수도 있지만, 남에게 폭력을 쓰면 안 된다는 생각이 몸에 배어 있어서 그냥 당하고 만다.

맞고 들어와서 우는 아이들을 보고 있자면 내 속도 상하지만, 같이 싸우라고 부추길 수도 없는 일. 그냥 아이들 사이에서 얼마든지 일어나는 일이라 이해하고 대수롭지 않게 넘어가려고 노력한다.

하지만 오해는 마시길. 우리 부부가 '부처님 가운데 토막'도 아닌데, 매번 우아하게(?) 아이를 다독여주는 건 아니다. 실제로 나는 아이가 학교에서 친구들에게 억울한 일을 당하고 오면, 그동안 해왔던 좋은 말은 깡그리 잊고 아이들보다 더 흥분하기도 한다.

"그래, 친구가 어쩜 그럴 수가 있니? 그런 아이는 친구도 아니야!"

"어머머, 초등학생들이 어떻게 그런 상스러운 욕들을 하니? 그것도 친구에게… 진짜 나쁜 아이네. 다음부터 그 애랑은 마주 쳐다보지도 마."

"그렇게 친구가 나쁜 말을 하면 너도 한번 욕해줘!"

그렇게 맞장구를 치다 보면 아이는 어느새 기분이 풀려 되레 나를 달래기 시작한다.

"사실은요, 제가 먼저 실수를 했거든요. 그래서 그 친구가 굉장히 화가 났나 봐요. 알고 보면 그렇게 나쁜 친구는 아니에요."

"아, 그래? 그럼 네가 실수한 것에 대해서는 사과를 했니?"

"네. 그런데 사과를 안 받고 욕을 하더라고요."

"그래, 화가 많이 나면 상대가 사과를 해도 당장 받아들이기가 어렵지. 누구나 마찬가지야. 그럼 친구가 화가 좀 풀리면 다시 사과해야겠네. 다음부터 너도 실수하지 않도록 조심해."

"네. 엄마랑 이야기하고 나니 속이 시원해지고 기분도 나아졌어요."

다행히 정한이나 현욱이는 내가 '오버'해서 하는 말을 곧이곧대로 받아들이지 않고, 자신의 잘못을 짚어낼 줄 안다. 이런 아이들을 볼 때마다 '조금 손해 보는 듯 배려하고 살라'는 우리의 생각이 아이들에게 잘 스며 있음을 확인하게 된다.

이처럼 부모란 아이와 함께 아파하고 고민해주고 속상해하면서 언제나 함께하는 든든한 응원군이 아닌가 싶다. 또한 아이가 바른 길로 갈 수 있도록 늘 지켜봐주고 안내해주는 길잡이인 것 같다.

부모만이 줄 수 있는 삶의 선물

예의와 약속, 살면서 지켜야 할 것들

요즘에는 아이도 적게 낳고 물질도 풍족해서 그런지 부모가 아이에게 일방적으로 베풀어주는 관계가 맺어진 것 같다. 자식 귀한 마음에 무엇이든 해주고 싶기 때문일 것이다.

하지만 한쪽에서는 무조건 주기만 하고 다른 쪽에서는 받기만 하는 관계가 과연 제대로 된 관계라고 할 수 있을까? 더군다나 한 지붕 아래 평생 함께 지내야 할 가족끼리 말이다. 아이들을 존중하고 이해하는 만큼, 아이들도 부모를 존경할 줄 알아야 하지 않을까? 먼저 부모와 가족을 존중해야 밖에 나가서 다른 사람들에게도 예의 바르게 행동할 수 있을 것이다.

나와 남편은 평소에 아이들과 친구처럼 편하게 지내지만, 아이들이 부모를 함부로 대하게 두지는 않는다. 남편도 아이들과 낄낄거리며 어울려 놀곤 하지만, 사실은 원칙과 예의를 중시하는 엄격한

면이 강하다. '예(禮)를 알고 도덕도 조상도 알아야 진짜 훌륭한 사람'이라는 생각이 뼛속까지 스며 있는 사람이다. 똑똑하기는 한데 버릇이 없고 남을 배려할 줄 모른다면 사람들의 존경을 받을 수 있을까? 나중에 사회에서 성공하더라도 예의를 모르면 욕을 먹는 권력자가 될 것이고, 예의를 안다면 존경받는 리더가 될 것이다.

그래서 우리 부부는 까다로운 예의범절을 다 알지는 못하더라도, 일상생활에서 지켜야 하는 예절은 대화를 통해 항상 가르치려고 노력한다. 아주 사소한 것으로 밥 먹은 다음 밥그릇과 수저는 본인이 다 치워야 한다. 그리고 잘 먹었다는 인사도 꼭 해야 한다. 어릴 적부터 몸에 밴 습관이어서 지금은 자연스럽게 잘한다.

정한이와 현욱이의 할아버지는 손수 농사를 지으시면서 철따라 곡식과 채소를 보내주신다. 말씀이 적으신 대신 손자들에 대한 사랑을 그렇게 표현하시는 거다. 그때마다 할아버지께 늘 감사인사를 잊지 않도록 한다.

그런데 할아버지께서 살가운 표현을 하지 않으시는 데다 함께 살지 않아서인지, 아이들이 할아버지를 좋아하면서도 정작 표현은 잘 못한다. 그럴 때는 어른이 아이들을 일깨워주고 유도해야 한다.

"얘들아, 이 인절미 맛있지?"

떡을 쪄주고 나서 아이들에게 물었다.

"진짜 맛있어요, 엄마. 오늘 했어요?"

233

"응, 냉장고에 보니 떡이 없더라. 그래서 오늘 했지. 정말 고소하고 맛있지?"

"네, 엄마. 떡 해주셔서 고맙습니다."

"그런데 이건 말이야. 저번에 할아버지 댁에 갔을 때 할아버지께서 너희들 떡 좋아하니까 해주라고 하시면서 빻아주시더라."

"그러면 할아버지께서 농사지으신 찹쌀로 한 거네요."

"그럼~ 콩도 할아버지께서 농사지으신 거란다."

"우와, 우리는 할아버지가 계셔서 참 좋아요."

"그래, 좋으면 좋은 표시를 해야지."

"네, 이것 먹고 할아버지께 전화할게요." 하고는 전화를 한다.

"할아버지, 오늘 엄마가 떡을 해줬어요. 할아버지께서 주신 찹쌀과 콩으로 인절미를 했어요. 진짜 맛있어요. 할아버지, 고맙습니다."

그 앞뒤로 식사는 하셨는지, 어디 편찮으신 데는 없는지, 농사로 힘드시지는 않은지 평소 아빠에게 교육받은 대로 할아버지께 여쭈어본다. 아이들의 감사인사 한마디에 아마 할아버지께서는 뙤약볕 아래서 고되게 일하신 피로를 씻은 듯 잊어버리셨을 것이다.

고맙다는 인사만큼이나 어른들에 대한 일상적인 인사도 소홀히 할 수 없다. 정한이 현욱이는 아파트 경비 보는 어르신, 청소하시는 아주머니와 할머니들께 항상 인사를 한다. 기대하지 못한 인사를 받으면 당장 그분들의 표정부터 달라진다. "인사도 잘하지!" 하는 칭찬과 "인사해줘서 고마워!" 하는 대답을 듣기도 하고, 대번에 내 조카, 내 손자를 보듯이 정한이 현욱이를 예뻐해주신다.

가끔 이웃에게서 "이 집 아이들은 인사를 얼마나 잘하는지, 아이들이 참 착해."라는 말을 듣는다. 그런 날에는 집에 돌아가서 아이들을 한껏 칭찬해준다.

"얘들아, 엄마가 오늘 기분이 참 좋다. 아래층 아주머니께서 너희가 인사 잘한다고 칭찬하시더라. 너희같이 착한 아이들이 엄마의 자식이어서 정말 좋다. 고맙다."

그러면 아이들도 기분이 좋아져서 "나도 엄마의 아들이라서 좋아요." 하며 서로 안아준다. 아이들 입에서 어려운 말이 척척 나올 때보다 이렇게 사소한 예의를 지킬 때 부모로서 더 자랑스러운 것 같다.

예의와 함께 우리 부부가 중요하게 생각하고 아이들에게 강조하는 건 '약속 지키는 습관'이다. 약속을 우습게 알기 시작하면 공부는 물론 사회생활 전체가 망가져버리기 때문이다. 그래서 다른 사람과 약속한 건 꼭 지키도록 가르친다.

물론 그 전에는 일방적으로 시키지 않고 정한이 현욱이의 뜻을 물어보는 과정을 거쳐야 한다. 한쪽 마음대로 정한 것은 '약속'이 될 수 없다. 반대로 서로 사전에 충분히 상의하고 결정하면 아이들이 약속을 지킬 확률이 월등히 높다. 남자아이 둘을 키우면서도 비교적 큰소리 내지 않고 지낼 수 있는 것도 아이들의 의견을 충분히 들

부모만이 줄 수 있는 삶의 선물

고, 약속은 매우 중요하다는 것을 가르치기 때문일 것이다.

물론 우리 아이들도 약속 지키는 걸 힘들어할 때가 있다. 주로 많이 어기는 것은 엄마 아빠와 함께 짠 계획표대로 공부하는 것인데, 일단 하루 정도는 그냥 넘긴다. 그러나 이틀 연속으로 공부를 안 하고 있으면 넌지시 일깨워준다.

"정한아, 현욱아, 너희 약속한 것 하지 않은 지 이틀 됐다."

"예~"

입으로만 대답할 뿐, 아이들은 여전히 제자리를 찾지 못하고 있다. 3일째 되는 날은 아이들을 거실탁자 앞으로 불러 앉힌다.

"너희 왜 약속한 것 지키지 않니?"

"책 읽다 보니 자꾸 잊게 돼요."

"책만 읽었니?"

"아니요. 건프라도 갖고 놀았어요."

"또 뭐 했니?"

아이들이 이리저리 머리를 굴리지만 아무렇게나 지낸 이틀이 생각이 날 리 없다.

"이면지랑 연필 가지고 와라."

아이들이 바짝 긴장해서 이면지와 연필을 가지고 탁자 앞으로 온다.

"오늘 아침에 일어나서부터 지금까지 뭐 했는지 적어봐라. 시간대 별로 나누어서 적어라."

아이들은 열심히 생각해서 적는다. 그런데 막상 적어온 것을 보면 기가 막힌다. 무엇을 했는지 몰라서 대부분의 시간이 비어 있다. 당연히 화가 난다.

"이것 봐라. 시간을 왜 이렇게 낭비하니? 시간이 매일매일 주어지니까 똑같은 시간인 줄 알지? 똑같은 시간은 없어. 오늘 이 시간은 지나고 나면 다시는 오지 않아. 차라리 밖에 나가서 땀을 뻘뻘 흘리면서 놀아라."

"엄마, 죄송해요."

"말만 그렇게 하면 뭐 하니? 엄마가 조금만 느슨해져 있으면 너희들 또 오늘처럼 할 건데."

"앞으로는 그렇게 하지 않을게요."

"약속할 거야?"

"네. 약속할게요."

보통은 이 정도로 다짐을 받고 그치는 엄마들도 많지만, 나는 '약속은 약속'이라는 생각이 몸에 밴 편이라 아무리 아이들이 반성하고 있어도 애초에 정해둔 벌은 준다. 그래서 이번에도 벌칙수첩을 꺼내온다.

"그래, 그럼 엄마가 믿어볼게. 하지만 벌은 받아야지. 앞으로 3일간 책 읽으면 안 되고 건프라 일주일 동안 만지면 안 된다."

"아~악! 그래도 어쩔 수 없죠. 우리가 정한 규칙이니까 지켜야죠."

벌칙수첩에는 이것 말고도 다양한 벌칙이 명시돼 있다. 해야 할 공부를 하지 않으면 게임 일주일 하지 않기, 서로 싸우면 자석블록

일주일 만지지 않기, 학교 숙제 하지 않고 책만 읽으면 책 3일 읽지 않기 등, 그때그때 상황에 따라 벌칙을 상의해서 정한 다음 아이와 나란히 사인도 해놓는다. 약속을 어겼을 때는 예외 없이 수첩을 꺼내 합당한 벌을 아이들에게 준다. 같이 정한 규칙이므로 아이들은 군말 없이 벌을 받는다.

그런데 당연한 말이지만, 약속은 아이들만 지키라고 있는 것이 아니다. 부모로서 우리가 아이들에게 해야 할 약속도 있다. 그걸 지키지 못할 때는 아무리 부모라도 아이들에게 사과해야 한다. 괜히 '어른 자존심' 내세우며 모른 척하고 있어봐야 아이들이 속아 넘어가지도 않고, 자칫 부모에 대한 신뢰만 깎아먹을 수 있다.

내가 주로 아이들과 하는 약속은 저녁 메뉴에 관한 것이다.

"엄마, 오늘 저녁에 돼지고기 수육 해주세요."

"그래, 알았다."

조금만 생각을 하고 대답했더라면 실수하지 않

앉을 것을, 그날은 약속이 있어
서 출근하기 전에 수육을 준비할
시간이 없는데 그걸 잊고 덜컥
약속부터 해버린 것이다. 아무리

생각해도 뾰족한 수가 없다. 이럴 땐 '이실직고'만이 살 길이다. 저녁에 퇴근하자마자 아이들에게 사과부터 했다.

"얘들아, 미안해. 엄마가 오늘 약속이 있는 걸 깜빡하고 수육 해준다고 했는데, 시간이 없어서 못했어. 미안해. 어쩌지?"

잔뜩 기대하고 있던 아이들 얼굴에 실망한 표정이 스친다. 음식을 못 해준 것 자체도 미안하지만, 약속을 지키라고 그렇게 노래를 불러놓고 나 스스로 어긴 꼴이라 아이들이 화를 내도 뭐라 할 말이 없다.

그런데 아이들은 상대방이 먼저 사과하면 의외로 관대해진다.

"엄마, 알았어요. 그럼 내일은 해주실 수 있죠?"

"음… 내일은 엄마가 오전에 시간이 있으니까 출근하기 전에 해놓을게."

"네, 내일은 꼭 해주세요."

다행히 그날 일은 무사히 무마되었다. 그리고 너그리운 이이들에 대한 고마움으로, 다음날 나는 저녁상에 맛있는 돼지고기 수육을 올렸다.

부모만이 줄 수 있는 삶의 선물

언제나 어려운 '사랑의 매'

남자 형제들을 키우는 엄마들은 매일 고래고래 소리치고 혼내느라 성격이 거칠어진다고들 한다. 어찌나 돌아가면서 사고를 치는지, '아들은 안 설치면 어디가 아픈 것'이라는 어른들 말씀에 100% 공감한 적이 한두 번이 아니다. 다른 남자아이들에 비하면 정한이나 현욱이가 특별히 거칠게 노는 편이 아닌데도 가끔 우당탕 하거나 서로 다투는 소리가 난다.

나는 가뜩이나 성격이 급한 데다 목소리도 큰 편이어서, 예전에는 아이들 혼내는 소리로 집안이 시끄러울 때가 많았다. 그런데 그렇게 실컷 혼내고 나면 아이들이나 나나 감정만 상하고 별로 효과도 없는 것 같다. 그래서 요즘에는 가급적 큰소리 내지 않고 아이들 스스로 반성하게 하려고 노력한다.

일단 말로 다툴 때는 웬만하면 자기들끼리 해결하도록 그냥 둔다. 하지만 한 명이 비명을 지를 때가 가끔 있다. 비명을 지르는 아이는 거의 정한이다. 이렇게 주먹이나 거친 말이 오가는 상황까지 이르면 아이들을 부른다. 그러고는 일단 정황부터 듣는다. 잔뜩 화가 난 아이들은 엄마가 들어주니까 자기 입장을 열심히 주장한다.

이때 누가 먼저 때리거나 거친 말을 해도 "네가 그랬지!" 하는 식으로 몰아붙이지 않는다. 일단 하는 얘기를 끝까지 들어준 다음 "그래, 그래서 화가 났구나." 하고 한 번씩 거들어주는데, 그러면 신기하게도 아이의 태도가 싹 달라진다. 다혈질인 현욱이는 형과 다투다가 가끔 형을 때리거나 반말을 할 때가 있는데, 한번 인정하는 말을 해주고 나면 눈물부터 흘리며 이내 잘못했다고 한다.

얼마 전에도 비슷한 일이 있었다. 자석블록을 놓고 실랑이가 벌어졌다.

"야! 이거 내가 먼저 맡아놓은 거야."

"어째서? 내가 사용하려고 저쪽에서 찾아났는데."

"아니거든? 내가 비행기 옆에 끼우려고 찾아왔거든?"

"아니라니까. 내가 찾아왔다니까!"

둘이서 언성이 높아지더니 현욱이가 폭발한다.

"이씨! 언제 니가 가지고 왔노? 내가 찾았는데. 니 맞을래?"

급기야 현욱이가 형을 한 대 친다. 그 소리를 듣고 내가 아이들을

부모만이 줄 수 있는 삶의 선물

불렀다.

"너희가 왜 싸웠는지는 안다. 하지만 그 블록을 누가 먼저 맡았는지 못 봐서 누구 것인지는 엄마가 몰라. 그런데 너희가 싸울 때 뭘 잘못했는지 알아?"

"예." 현욱이는 벌써 눈물이 뚝뚝 떨어진다.

"그래, 뭘 잘못했어?"

"동생이랑 이야기해서 누가 먼저 사용할지 정했으면 좋았을 걸 그랬어요."

"그래, 그랬으면 좋았겠네. 현욱이는?"

"형이 자꾸 자기 것이라고 우기길래 화가 나서 형한테 '니'라고 하고 욕했어요."

"형한테 '니'라고 하고 욕한 게 다야?"

"아니요. 주먹으로 형 때렸어요."

"그래, 물론 화가 나면 욕도 하고 싶고 주먹으로 때리고도 싶지. 그렇다고 화가 날 때마다 그러면 나중에는 다른 사람이 네가 화나서 그런다고 생각하지 않아. '저 사람은 원래 말이 거칠고 폭력적이야' 하고 생각하게 돼. 그러면 아무도 네 진심은 몰라주게 돼. 그러니까 너가 정말 화나서 '욕'으로밖에 마음이 표현 안 될 때만 그렇게 해야 하는 거야. 그리고 아무리 그래도 형한테 그러면 안 되지."

"화나는데도 형한테 그러면 안 돼요?"

"그럼, 화가 나도 형한테 그러면 안 돼. 너 얼마 전에 열 많이 났었지? 그때 엄마 아빠 모두 직장에 있어서 누가 너 돌봐줬니?"

"형이오."

"그래, 형이라고 너 머리에 물수건도 해주고 편하게 누워 TV 보면서 쉴 수 있도록 해줬잖아?"

"그랬어요."

"그것만 그러니? 너 배고프다고 하면 형이 냉장고에서 음식 꺼내서 밥 먹도록 챙겨주잖아. 형이 형 노릇하느라 너 보살펴주는데, 너는 왜 형 대접을 안 하니?"

현욱이는 이것저것 생각이 나는지 이내 정한이에게 작은 목소리로 말한다.

"형, 미안해. 형 때리고 욕한 거."

"아니다, 동생아. 형이 양보했어야 되는데 미안하다."

이로써 둘은 별다른 큰소리 없이 화해했다. 하지만 일이 끝난 건 아니다. 나는 규칙대로 벌을 준다.

"자석블록 앞으로 한 달 간 갖고 놀지 못한다. 수첩 가지고 와서 언제부터 갖고 놀 수 있는지 적어라."

아이들은 아쉽지만 어쩔 수 없다는 표정이다. 엄마 아빠랑 정해 놓은 약속이니 곧 죽어두 지킨다.

이렇게 아이가 자기 잘못을 알면 바로 주의를 주고 해결하면 되는데, 가끔 그게 여의치 않을 때가 있다. 아예 자기는 잘못한 게 없

부모만이 줄 수 있는 삶의 선물

다고 생각하는 것이다. 특히 어쩌다 실수한 것은 잘못이라고 생각하지 않는 것 같다. 그럴 때는 무턱대고 혼내기도 애매하다. 일부러 그런 게 아닌데 괜히 혼났다고 억울해하면 곤란하니 말이다. 이럴 때는 아이가 자기 잘못을 깨달을 수 있도록 차근차근 알려주는 방법을 쓴다.

한번은 정한이가 지나가다가 동생의 발을 밟았다.

"아야! 왜 내 발을 밟고 가는데?"

"내가 알고 그랬나?"

정한이는 동생에게 잘못했다는 마음이 들지 않는 모양이었다. 현욱이도 형이 사과하지 않으니까 화가 났다.

"어쨌든 내 발을 밟아서 내 발이 아프잖아!"

"그래서 어쩌란 말이고?"

가만히 보고 있다가 내가 나섰다.

"정한아, 실수라고 해서 네가 한 일이 덮어지니? 범죄를 저지르고 실수라고 하면 그 일이 무마가 되니?"

"아니요."

"그래, 실수였든 고의였든 어쨌든 너 때문에 동생이 발을 밟혀 아프잖아."

"예~" 그러고는 동생에게 말한다. "동생아, 미안하다. 형이 실수로 발을 밟았어."

이렇게 잘만 일러주면 아이들은 순순히 화를 풀고 잘못을 인정한다. 아마 어른이라면 자존심을 지키느라 말도 안 되는 억지를 부릴 텐데, 금방 잘못했다고 하고 다시 어울리는 아이들을 보면 '어른보다 낫다'는 생각이 들기도 한다.

하지만 우리 집의 다툼이 매번 이렇게 평화롭게 해결될 수만은 없다. 아무리 침착하고자 노력한다지만, 아이들이 잘못을 수긍하지 않을 때도 있고 내 마음이 지칠 때도 있다. 아이들이 계속 내 속을 태울 때는 최후의 수단으로 매를 든다. 사이좋게 의논해서 놀라고 좋게 말해도 계속 다투다가 한쪽이 울음을 터트리면 정한이 현욱이를 모두 세우고는 엉덩이를 몇 차례 때린다.

매 드는 걸 좋아하는 부모가 어디 있을까. 누구든 부모가 되는 그 순간에는 '나는 절대로 우리 아이를 매로 다스리지 말아야지' 하고 결심할 것이다. 하지만 실제로 키우다 보면 손바닥 한 번 안 때리고 키우는 부모가 백 명에 한둘이나 될까, 아무튼 주위 부모들로부터 '대단하다'는 감탄을 들을 정도로 쉽지 않다.

나도 아주 가끔이긴 하지만 매를 든다. 대신 '싸우고 잘못할 때는 다섯 대 맞기' 하는 식으로 아이들과 아예 약속을 해둔다. 그래야 부모도 아무 때나 매를 들지 않고, 아이들도 자신이 왜 엉덩이를 맞는지 알 수 있으니까. 미리 약속을 해놓으면 적어도 '엄마가 나를 미워해서 때린다' 같은 오해는 하지 않게 되는 것 같다.

부모만이 줄 수 있는 삶의 선물

하지만 아무리 맞는 이유를 알아도 아이들이 '그런가 보다' 하고 순순히 받아들이지는 않는다. 때릴 것 같은 상황이 되면 아이들도 예민해져서 오히려 눈을 치켜뜨고 반항하는 표정이 되기도 한다. 무엇보다 정한이나 현욱이 모두 맞는 것을 무척 싫어한다. 거의 기겁 수준이다. 한 대 맞고 나면 잘못했다고 울면서 다시는 안 그러겠다고 싹싹 빈다.

그래도 나는 "싸우고 잘못할 때는 다섯 대 맞기로 했잖아." 하며 아이들을 일으켜 세운다. 한번 봐주기 시작하면 끝이 없을 것 같아서, 매를 들 때는 나도 마음을 단단히 먹는다.

이럴 때 분위기를 바꿔주는 사람은 남편이다. 한두 대 때릴 때까지 상황을 지켜보던 남편은 내가 계속 아이를 일으켜 세우려고 하면 아이를 안고 말린다. 그리고 일단 아이들을 두둔한다. 잘 싸우지도 않는 애들인데 별것도 아닌 걸 갖고 혼낸다고. 그리고 아이들을 데리고 다른 방으로 간다. 그 사이 나는 흥분을 가라앉히고….

방으로 간 남편은 아이들을 달래면서 얘기를 들어준다.

"우리 정한이 현욱이가 얼마나 잘하는데, 오늘은 왜 싸웠어?"

가만히 들어보면 서로 조금만 양보하면 되는 일들이다. 그래서 서로 잘못했다고 사과하도록 하면 둘 다 언제 싸웠냐는 듯이 "형, 미안." "동생아, 미안." 하고 마음을 푼다.

이제 나와 화해할 차례다. 내가 아이들을 안으며 이렇게 말한다.

"정한아, 현욱아, 엄마가 부드럽게 타이를 때 말을 듣지. 매를 들고 나면 우리 모두 마음이 편치 않잖아. 다음부터는 매를 대는 일까지 가지 않도록 하자."

그러면 아이들은 내게 안겨 "엄마, 죄송해요. 앞으로 조심할게요."라고 말한다.

이런 일이 있은 날에는 밤에 잠들기 전에 남편이 아이들을 안고 다시 한 번 낮에 있었던 일을 이야기한다.

"엄마가 너희를 얼마나 사랑하는데. 앞으로 잘하자, 응?"

어떤 남편들은 아내가 아이들을 혼내면 덩달아 흥분해서 아이들을 잡는다고 한다. 또 어떤 남편은 집안 시끄럽게 왜 애들을 혼내냐고 오히려 아내에게 타박을 주기도 한다고 들었다.

엄마가 혼내는 데 아빠까지 가세한다면 아이들은 기댈 곳을 찾지 못해 두려움과 억울함에 떨 것이다. 반대로 남편이 아내만 나무란다면 '애들 키우는 데 도와주지도 않으면서 저런다'고 원망하는 마음이 더욱 커질 것 같다. 어느 쪽이든 집안 분위기는 엉망이 된다.

다행히 정헌이 현욱이 아빠는 본인이 어떻게 행동해야 모두의 마음이 풀릴지 잘 아는 것 같다. 가족 간의 엉킨 실타래를 부드럽게 풀어주는 속 깊은 남편 덕에, 아이들과 나와의 힘든 하루가 무사히(?) 마무리된다.

부모만이 줄 수 있는 삶의 선물

사춘기를 앞둔 정한이

아이들과 내가 나누는 대화는 학교생활이나 내가 퇴근하기 전에 집에서 일어났던 일들이 대부분이다. 좁은 침대에 함께 누워 그런 얘기를 두런두런 나누면서 키득거리기도 하고, 때로는 잘못한 점을 지적하기도 한다.

그런데 가끔은 친구들과 있었던 갈등이나 엄마에게 물어보기 어려운 문제에 대해 진지하게 '상담'을 청해오기도 한다. 그러면 질문을 받은 나도 평상시보다 심사숙고해서 대답한다. 나의 대답이 아이의 고민을 한순간에 풀어줄 수도 있고, 앞으로 지내면서 비슷한 상황에 처했을 때 지침이 될 수도 있기 때문이다.

사춘기를 눈앞에 둔 정한이가 요즘 가끔 성(性)에 관한 질문을 한다. 인터넷이 있으니, 요즘 아이들은 아마 성에 대해 어른들이 생각지도 못할 정도로 많이 알고 있을 것이다. 그래서 '어린애니까' 하고 대충 대답하거나 어물쩡 넘어가는 건 통하지 않는다. 정한이나 현욱이가 성에 대해 얼마나 알고 있는지는 정확히 모르겠지만, 물어볼 때 가급적 피하지 않고 얘기해주려고 노력한다.

한번은 정한이가 ‘몽정(夢精)’에 대해 물어본 적이 있다.

“아빠, ‘몽정’이 뭐예요?”

“음… 그게 뭐냐면, 아마 정한이가 중학교 1~2학년쯤 되면 하게 될지도 모르는데, 남자는 아기를 낳으려면 아기씨, 그러니까 ‘정자’가 있어야 해. 그런데 정자가 너무 많이 만들어지면 자는 도중에 자연스럽게 음경이 커지면서 바깥으로 나오거든. 그게 몽정이야.”

“아, 그래요?”

“응. 그런데 앞으로 정한이가 하게 되면 그걸 가지고 부끄러워하거나 숨기거나 하지는 마. 남자는 누구나 다 하게 되는 과정이니까. 그리고 혹시 팬티나 이불이 젖어도 창피해하지 말고. 엄마한테 말하기 어려우면 아빠한테 얘기해도 돼. 알았지?”

“네, 아빠.”

그 전에는 정한이가 ‘섹스’가 뭐냐고 물어봐서 대답해준 적도 있다. 몇 살 때인지는 정확히 기억나지 않지만, 정한이는 어른 책도 읽으니 아마 어느 책에선가 본 모양이었다. 아니면 학교 친구들에게 들었든지.

“정한아, 남자랑 여자가 좋아하게 되면 서로에게 표현을 하게 된단다. 사랑에는 육체적인 사랑과 정신적인 사랑이 있어. 무슨 말인지 이해하겠니? 그래, 그런데 육체적인 사랑을 ‘섹스’라고 해. 아빠

부모만이 줄 수 있는 삶의 선물

엄마도 사랑하니까 그런 사랑을 표현한단다. 그래서 정자가 엄마의 몸에 있는 자궁이라는 곳으로 가서 난자를 만나면 아기가 생기고, 열 달 동안 엄마 뱃속에 있다가 아기가 태어나는 거야. 아기가 어떻게 만들어지는지는 학교에서도 배웠지?”

“네, 저번에 선생님이 설명해주셨어요.”

“응, 그래. 그런데 꼭 아기를 가질 때만 섹스를 하는 건 아니야. 서로 좋아하면 그런 표현을 할 수 있거든. 그런데 그러다가 아기가 생길 수도 있겠지. 그런데 정한아, 만약 아기가 생겼는데 엄마 아빠가 직업도 없고 아이를 돌봐줄 능력도 없으면 어떻게 되겠니?”

“분유도 못 사고… 아플 때 병원에도 못 가요.”

“그래, 그러니까 아기를 양육할 수 있는 능력이 되었을 때 육체적인 사랑을 표현해야 해. 사랑한다고 무조건 그런 표현을 하면 안 되는 거야. 여자에게는 그런 일이 상처가 될 수도 있거든. 그러니까 정말 사랑하는 마음이 있다면, 그런 소중한 부분을 지켜줄 수도 있어야 해.”

내가 잘 설명한 건지, 아이가 잘 이해했는지 모르겠다. 그래도 정한이가 이처럼 미묘한 문제를 인터넷을 통해 저 혼자 알아보려고 하지 않고 아빠에게 물어봐준 것은 매우 고맙고 다행이라고 생각한다.

자기는 정말 궁금해서 용기를 내어 물어봤는데, 아빠가 귀찮다는 듯이 생각나는 대로 건성으로 대답했다면, 아이는 자신의 진지한 고민이 무시당했다고 생각해서 아빠에게 거리를 두게 될지도 모른다. 그러다가 나중에는 아이와 수박 겉핥기 수준의 인사치레만 주고받게 될 수도 있다. 그때가 되어 뒤늦게 후회해봐야 소용없는 일. 그래서 아이들이 진지하게 물어볼 때는 대답에 더욱 공을 들인다.

지금 정한이는 사춘기를 목전에 두고 있다. 앞으로 정한이는 단편적인 성지식을 뛰어넘는 훨씬 복잡한 인생의 물음표들을 만나게 될 것이다. 그리고 '남자 대 남자'로서 내게 물어보는 질문도 더 늘어날 것이다. 그때마다 성실하게 아이 생각을 존중하면서 함께 고민해준다면, 스무 살이 넘어 청년이 된 다음에도 부담 없이 자신의 고민을 내게 털어놓을 수 있을 것이라 생각한다. 그렇게 된다면 '친구 같은 아빠'에서 진짜 든든한 '인생 친구'가 될 것이라 기대한다.

PART 6

남들과 다르게, '정한이답게' 키운다

학원 보내, 말어? | 시골에서 공부한다는 것 | 너무 튀면 피곤하다고? | 정한이는 정한이,
현욱이는 현욱이로

아빠 이야기 6 | '아빠가 미안해!'

학원 보내, 말어?

　지금 정한이는 매주 한 번 논술 학원에 다닐 뿐, 다른 사교육은 없이 집에서 나와 함께 공부하고 있다. 정한이가 매스컴의 주목을 받은 데는 지방에서 학원도 그다지 안 다닌다는 이유도 큰 것 같다.

　남편이나 나나 아이 키우는 관점은 크게 다르지 않다. 어릴 때는 하고 싶은 걸 마음껏 하고 작은 것에서 성취감을 느끼는 게 많은 것을 배우는 것보다 더 중요하다는 것이다. 그런 자양분이 있어야 계속 배울 힘을 내게 되고, 공부에도 속도가 붙는다고 믿는다. 그래서 많은 걸 가르치기보다는 많이 칭찬하고 자극하려고 노력한다. 또 초등학교 공부란 것이 단계별로 차근히 따라가기만 하면 어느 정도는 되는 것이니, 아직은 사교육이 필요 없다고 생각하는 편이다. 그래서 정한이나 현욱이나 자기가 원하는 선에서만 학원을 보내줄 뿐, 별다른 학원이나 학습지 없이 공부하고 있다.

남들과 다르게, '정한이답게' 키운다

정한이가 유치원에 다닐 적 이야기다. 유치원 버스에서 내린 정한이가 집으로 들어오지 않고 쭈뼛거리며 그대로 서 있었다. 베란다에서 그 모습을 보고 1층으로 내려가서 아이에게 물었다.

"정한아, 왜 안 올라오고 여기 서 있어?"

"엄마, 나도 다른 아이들처럼 학원에 가고 싶어요."

아이가 어려서 학원 생각도 해보지 않던 때라 조금 의외였다.

"그래, 학원에 가고 싶어? 일단 집에 들어가서 이야기하자." 하고 정한이 손을 잡고 집으로 들어왔다.

"정한이는 무슨 학원 다니고 싶은데?"

"미술 학원요."

"왜 미술 학원이 다니고 싶은데?"

"친구들과 놀기도 하고, 그림도 그리고, 만들기도 하고요."

"그래, 그런데 학원 다니면 부지런히 해야 된다. 학원은 놀러 다니는 곳이 아니거든. 돈 내고 배우는 곳이거든."

"알았어요. 부지런히 할게요."

요맘때 정한이는 손가락에 힘이 없어서 글씨 쓰는 활동을 힘들어했다. 그림은 손을 사용하니까 학원에 가면 적어도 손가락 힘은 좋아질 것 같다는 생각이 들었다. 그래서 처음으로 정한이를 학원에 보내기 시작했다.

그런데 내 눈에는 정한이 그림솜씨가 그다지 뛰어난 것 같지 않았다. 집에서도 그림을 그리면서 노는데, 가만히 들여다보면 엉성하기 이를 데 없다. 그나마 나타내고자 하는 특징들은 눈에 띄게 그려놓아서 무슨 그림인지 알고 얘기해줄 수 있다는 게 다행이라면 다행일까. "아, 이것 눈썰매 타는 거구나. 신이 났네."라고 얘기해주면 아이들은 "맞아요. 눈썰매장 간 것 그린 거예요."라며 좋아서 재잘재잘 수다를 떤다. '그래, 아이들이 즐겁게 여기면 됐지.' 이런 생각에 다른 원생들이 나가는 사생대회 같은 데는 한 번도 내보내지 않았다. 가끔 옆집 아이들이 대회에서 상을 받아 오면 부럽긴 했지만, 아이에게 없는 재능을 요구할 수는 없으니 눈 딱 감았다.

그림을 잘 그리든 못 그리든, 정한이는 학원 다니는 게 재미있었던 모양이다. 어느 날 정한이가 피아노도 배우고 싶다고 보내달라고 했다. 어릴 때 정한이는 덩치도 작고 몸이 약해서 나는 힘들어서 안 된다고 했다. 그런데도 아이가 막무가내로 버텨서 한동안 실랑이를 벌였더니, 보다 못한 남편이 '판결'을 내렸다.

"정한이가 스스로 하고 싶다는데 보내줘라. 나쁜 것도 아닌데 애가 하고 싶다고 하는데 못하게 하냐. 하다가 힘들면 관두겠지."

결국 두 남자의 협공에 밀려 내가 물러나고 말았고, 그때부터 아침 9시 30분에 집을 나서면 중간에 집에 잠깐 들러 간단한 간식만 먹고 다시 나가서 오후 5시가 되어야 돌아오는 강행군이 이어졌다. 그나마 배우는 게 재미있어서인지 초등학교 1학년까지는 아무 소리 않고 잘 다녔다.

학원이 본격적으로 문제가 된 것은 그 다음이었다. 어느 날 정한이가 "엄마, 저요, 바둑 학원 다니면 안 될까요?" 하는 것이다. 정말 할 말이 없었다. 해도 너무하네….

"야, 너 욕심 좀 그만 내라."

"엄마, 바둑 학원 진짜 다니고 싶은데…."

"왜 바둑이 배우고 싶은데?"

"재미있을 것 같아서요. 가만히 앉아서 생각도 하게 하고요."

"지금도 힘든데 그걸 다 어떻게 배우니?"

"할 수 있어요. 열심히 할게요. 바둑 배우게 해주세요."

"정한아, 며칠만 생각 좀 해보자."

그런데 날이 갈수록 정한이의 고집은 오히려 더 완강해졌다. 하지만 돌봐줄 어른이 집에 없다면 모를까, 안 그래도 어린 아이가 저녁까지 '학원 뺑뺑이'를 하는 게 안쓰러웠는데, 더 늦게까지 학원 순례를 시킬 수는 없었다.

"그래, 바둑 학원 보내줄게. 그 대신에 피아노나 미술 중에 하나는 그만두자."

"싫어요. 다 할래요."

"정한아, 너 지금 두 곳에만 학원 다녀와도 오후 5시가 되는데, 한 곳을 더 다니면 집에는 저녁이 되어야 오잖아."

"그래도 괜찮아요."

"너 책은 언제 읽고 숙제는 어떻게 할 거야?"

"다 할 수 있어요. 책도 열심히 읽을게요."

"그럼 동생은 누구랑 놀아?"

"저녁 먹고 동생이랑 놀아줄게요."

우리 부부는 어쩔 수 없이 일단은 세 곳 모두 다니게 하고 두고 보기로 했다. 그날부터 정한이는 학교와 학원 세 곳을 뛰어다니고 약속한 대로 책도 열심히 읽고 동생이랑 놀아주는 고된 생활을 이어갔다.

그렇게 보름 정도 지났을까, 그렇지 않아도 코피를 자주 흘리던 정한이가 거의 매일 코피를 쏟는 것이다. 안 되겠다 싶어 정한이에게 물었다.

"정한아, 힘들지?"

"아, 아니에요. 나 학원 안 끊을래요."

눈치 빠른 정한이가 먼저 선수를 쳤다.

"왜 학원을 그렇게 다니려고 하는데?"

"한번 시작했는데 포기하면 안 되잖아요."

아무래도 정한이는 몸은 힘든데 자기가 한 말을 지키려고 억지로 버티고 있는 것 같았다.

"정한아, 포기하는 것이 아니고 다른 방법으로 공부한다고 생각해봐라. 그림은 집에서도 그릴 수 있잖아. 종이 접기도 할 수 있고 만들기도 할 수 있다. 책에 보면 방법이 다 나오잖아."

"그림 그리는 방법도 나오나요?"

남들과 다르게, '정한이답게' 키운다

"그래, 스케치하는 방법이 소개된 책들이 있지. 그런데 정한아, 그림을 꼭 배워서 그대로 그려야 하는 것은 아니야. 그림이라는 것은 자신의 마음을 표현하는 것이기도 하고, 사물을 보고 따라 그리기도 하고, 경치를 보며 그리기도 해. 자꾸 그리다 보면 잘 그리게 되는 것이지. 물론 배워야 하는 부분도 있지. 하지만 세상의 모든 것을 다 배워야 한다면 얼마나 바쁘고 정신없겠니? 배운 것으로 즐길 시간도 없을 거야."

"머리가 아플 것 같아요."

"그렇겠지? 그리고 엄마는 사람이 모든 분야의 것을 다 알고 있어야 하는 건 아니라고 생각해. 내가 모르는 것은 다른 사람이 채우고, 다른 사람이 모르는 것은 내가 채우면 되지."

"예~"

"엄마나 아빠가 정한이에게 궁금한 것 물어보면 너가 가르쳐주잖아. 또 아빠는 우리 가족 중에서 아무도 못하는 운전을 하시잖아. 우리 동생은 생글생글 웃으면서 우리 가족을 웃게 하지?"

"네, 맞아요. 할 수 있는 일도 있고, 할 수 없는 일도 있어요."

"그래, 정한아. 미술 학원은 가지 말고 집에서 시간 나는 대로 그림을 그리거나, 만들기를 하거나, 종이 접기를 하면서 놀자. 어때?"

"네, 미술 학원은 그만 다닐게요."

그런 방식으로 피아노 학원도 그만두었다. 이런 일이 있은 뒤로 정한이는 학원 욕심을 내지 않게 되었다. 바둑은 집에서 아빠랑 가끔씩 두거나 혼자 책을 보며 둔다. 몇 달 동안 온라인으로 배우기도 했다. 그렇게 해서 '학원' 말고도 좀 더 자유롭고 몸이 덜 지치는 방식으로 배울 수 있다는 것을 알아가는 것 같다.

아이와 부모의 생각에 따라, 그리고 집안 형편에 따라 학원을 많이 보낼 수도 있고, 방과후에 마음껏 뛰어놀게 할 수도 있을 것이다. 아이와 충분히 상의해 결정한 것이라면 어떤 것이든 괜찮다고 생각한다. 다만 부모의 강요로 억지춘향식의 학원순례는 의미가 없는 것 같다. 아이가 학원에 갔는지 전화해서 알아보고, 학원에서는 아직 안 왔다고 하고…. 부모 자식이 이런 식의 신경전을 벌이면서까지 학원에 보낼 필요가 있을까.

그동안 우리 부부는 정한이가 학원 가겠다는 걸 뜯어 말리는, 남들이 들으면 '복에 겨운 고민'에 빠져 있었다. 그런 우리에게 요즘 전혀 다른 고민이 생겼다. '정한이가 곧 중학생이 되는데, 이제는 강제로라도 학원에 보내야 하는 것 아닌가?'

'응? 지금까지의 소신은 어디로 가고, 갑자기 학원을 보내겠다고?' 하고 의아해하는 분들도 계실지 모르겠다. 하지만 초등학교와 중학교는 공부하는 게 많이 다르다던데, 다른 아이들은 다 공부에 매진하는데 정한이만 자유롭게 풀어줘도 괜찮을까 하는 걱정이 드는 것이 솔직한 심정이다. 물론 그렇다고 싫다는 아이를 윽박질러서 학원에 등록시키겠다는 건 아니다. 아이들의 의사를 존중하는 것

남들과 다르게, '정한이답게' 키운다

이야말로 우리 부부가 가장 중요하게 생각하는 것이니 함부로 훼손할 수 없다. 정한이가 중학교 공부가 초등학교와는 다르다는 것을 이해하고 교과 공부에 좀 더 치중했으면 하고 바라는 것뿐이다.

그중에서도 특히 영어가 걱정이다. 영어는 나나 남편이나 돌봐줄 자신이 없는데, 정한이는 학원에 안 가겠다고 계속 고집이다. 남들은 영어 조기교육을 시킨다며 독해, 회화로 나눠서 영어 학원만 두 개씩 보낸다고 하는데, 정한이는 고작 3학년 때 8개월 정도 다닌 게 전부다.

다른 공부를 할 때는 이런 적이 없었는데, 정한이는 영어에 대한 공포심이 있는 것 같다. 영어 공부하는 것을 유난히 싫어한다. 억지로 시키는 것도 마음이 내키지 않고, 그렇다고 마냥 놔둘 수도 없고…. 전에 없이 계속 조바심이 나는 게 아무래도 안 될 것 같았다. 학원에 가자고 말해보기 위해 한번은 가족들이 모여 앉아 의논을 했다.

"한국 사람이 한국말만 잘하면 되지, 왜 영어를 해야 해요?"

현욱이가 자신에게도 닥칠 일이라서 그런지 먼저 말을 꺼냈다.

"요즘은 영어를 모르면 불편한 점이 굉장히 많아. TV에서도 영어가 얼마나 많니?"

"그러니까요. 우리말이 있는데 왜 영어를 해요."

"영어는 세계에서 공통으로 사용하는 말이니까 그렇지."

"너희는 왜 그렇게 학원을 가지 않으려고 하니?"

“그냥 싫어요.”

현욱이가 도리질을 한다.

“정한이 너는 과학자가 된다면서 영어를 모르면 어려움이 많을 텐데.”

“그러게요. 저도 영어 공부는 해야 한다고 생각하는데요, 학원은 진짜 가기 싫어요.”

“그래, 그러면 집에서 공부할 수 있는 방법을 찾아서 하면 되겠니?”

“네, 그러면 열심히 할게요. 진짜 약속할게요.”

그래서 궁리 끝에 정한이랑 서점에 가서 명작 동화를 영어로 엮어놓은 스토리북을 몇 권 구입했다. 지금 정한이는 집에서 테이프를 듣고 문장을 익히는 한편, 초등학교 영어단어를 외우고 있다. 신문 읽기를 좋아하는 정한이에게 맞을까 싶어서 영어신문을 구독해 시사 읽기를 병행하기도 했다. 그 영어신문은 인터넷으로 원어민이 기사를 읽어주기도 하고 해석도 들을 수 있어서 유용하게 활용하고 있다. 오늘도 어떻게든 약속을 지키려고(그리고 학원에 안 가려고) 정한이는 열심히 노력하는 중이다.

나는 아이들을 위해서라면 내가 잘 알지 못하는 것도 용감하게 배워서 ‘흉내’라도 내는 편이다. NIE나 워크북이나 내내 그렇게 해왔다. 하지만 영어는 나도 선뜻 어떻게 못하겠다. 지금처럼 집에서 하

남들과 다르게, ‘정한이답게’ 키운다

는 방식이 언제까지 효력이 있을지도 모르겠고. 부디 부모가 먼저 아이들을 학원으로 잡아끄는 일이 생기기 전에, 정한이 현욱이가 빨리 영어 공부에 재미를 느끼기를 바랄 뿐이다. 나도 예전에 학교 다닐 때 수학보다 영어를 더 싫어했는데, 아이 키우면서 영어가 또 내 발목을 잡을 줄이야. 정한이도 영어를 싫어하는 걸 보면, 내 아들이 맞긴 한가 보다.

시골에서 공부한다는 것

남들과 다르게, '정한이답게' 키운다

이 글을 쓰는 지금, 정한이는 6학년이다. 생일이 빠르다는 이유로 덩치도 작은 아이를 1년 먼저 학교에 보내면서 온갖 걱정이 끊일 날이 없었는데, 우리 부부에게 과분할 만큼 잘 자라주어서 어느새 중학교를 준비할 때가 됐다. 매일 아이들 거두느라 하루도 편할 날이 없었는데, 지금 생각해보면 눈 깜짝할 사이에 지나가버린 것 같다. 아이들 키우면서 '하루는 정말 길고, 1년은 정말 짧다'는 것을 몸으로 실감하고 있다.

요즘은 중학교 보낼 생각에 걱정만 느는 것이, 마치 6년 전 초등학교 입학 준비를 하던 때로 돌아간 것 같다. '몇 달만 있으면 정한이가 중학생이 되는데, 이걸 어쩌지…'

가만히 스스로를 들여다보면 구체적인 고민지점도 없이 그냥 막

남들과 다르게, '정한이답게' 키운다

연한 두려움에 휩싸여 있는 것 같다. 당장 닥친 일도 아니고, 고민만 한다고 뭐가 달라질 것도 아닌데.

이렇게 걱정하는 건 어쩌면 '별다른 진학 준비를 하지 못했다'는 자책감에서 나온 건지도 모르겠다. 초등학교는 성적이 학교생활에서 차지하는 비중이 크지 않고, 또 지금까지는 내 능력껏 아이들을 건사해도 되는 수준이어서 그럭저럭 무리 없이 꾸려왔다. 아이들의 의견을 존중해서 싫다는 건 굳이 시키지 않았다.

하지만 중학교는 공부하고 시험 보는 것 자체가 지금과는 판이하게 다를 것이다. 생각이 여기에까지 미치면 머릿속이 온통 복잡해진다. 우리 집의 공부방식이 혹시 초등학교 때만 통하는 건 아닐까? 만약 학습방법이 잘못된 것이어서 다른 아이들을 못 따라가면 어떡하지? 이 동네 아이들도 학원을 네 군데씩 다닌다는데, 우리만 이렇게 가만히 나둬도 되나? 우리가 너무 아이들 생각에 끌려 다니는 건 아닐까? 그동안 나름대로 믿음을 갖고 아이들을 교육했는데, 요즘에는 왠지 자신도 없어지고, 우리가 잘하고 있는 건지 불안해지기도 한다.

하지만 이런 고민이 있다고 해서 당장 달라진 건 없다. 여전히 정한이가 싫어하는 건 억지로 시키지 않고, 저 스스로 세운 계획에 맞춰가고 있다. 영어는 6학년 2학기가 되면 EBS 강의를 들을까 생각중이고, 국어는 책을 많이 읽으니 토론식 논술 학원에 다니는 걸로 보충하는 정도다. '사탐'이나 '과탐' 과목도 아직은 정한이가 책 읽는 걸로 갈음이 될 것 같다. 수학은 과학을 좋아하는 만큼 관심도 있고 흥미도 있어서 한 학기 정도 앞서서 집에서 공부하고, 학교 진도에 맞춰서는 심화문제를 풀게 한다. 그 밖에 다른 선행학습은 하지 않고 있다.

적어놓고 보니 다른 부모들에 비해 준비한 게 너무 없다는 생각이 든다. 물론 정한이가 공부를 하면서 부족하다고 느끼거나 성적이 떨어지면 그때 아이와 상의해서 방법을 찾아야 할 것이다. 정한이가 과외를 받고 싶다면 과외도 시켜야 하고, 다른 방법을 원하면 그대로 할 생각이다. 지금으로서는 고령군청에서 운영하는 대가야교육원에 지원해 공부를 시킬까 생각하는 정도다.

우리 부부가 아직 '정신을 덜 차린' 건지도 모르지만, 성적이 조금 떨어지더라도 정한이가 아주 싫어한다면 억지로 사설학원에 보낼 생각은 하지 않고 있다. 지금까지 잘해왔던 대로, 앞으로도 정한이만의 자유로운 방식으로 어려운 공부를 잘해나갈 수 있으리라고 기대와 응원을 보낼 뿐이다.

학원 문제와 함께 가장 고민했던 것은 '이사' 문제다. 남들은 아이들 가르치려고 서울로 가고, 서울에서도 좋은 학군에 들어가려고 기를 쓰는데, 우리는 여전히 한적한 고령을 고집하고 있다. 오랫동안 터를 이루고 살던 곳이라 주위 이웃들과도 내남없이 지내고, 공

남들과 다르게, '정한이답게' 키운다

기 좋고 인심 좋은 환경에서 아이들이 건강하게 자라기에도 서울보다는 이곳 고령이 백배 낫다고 생각한다.

하지만 '공부'를 생각하면 이 모든 장점이 묻혀버리고 만다. 실제로 정한이나 현욱이 반에도 새 학기가 시작되면 전학 간 아이가 꼭 있다. 공부 때문에 전학하는 아이도 있고, 음악이나 미술을 제대로 배우기 위해 도시로 나갈 때도 있다. 특히 예체능을 전공하는 아이들은 도시가 아니면 체계적인 수련을 쌓을 수 없으니 어쩔 수 없이 이곳을 떠난다. 안타깝지만 엄연한 현실이다.

아이들이 커가면서 이따금 남편과 나도 대구로 이사하는 것을 생각해보곤 한다. 주변에서도 대구로 이사해야 하나 말아야 하나 고민하는 사람들이 종종 있다. 그들과 얘기해보면 가장 많이 나오는 말이 '대구와 고령의 학력 차이'다. 사람들은 이렇게 말한다.

"여기서 1등 해봐야 소용없다. 1등 하던 애들 대구에 데려다놓으면 잘하면 반에서 중간쯤 할 거다."

"똑똑한 애들은 다 대구로 나간다. 여기서 무슨 공부를 시키노?"

이런 말을 들을 때마다 정말 고민된다. 경쟁은 이곳에서만 하는 게 아니라 결국 '전국 등수'로 나타날 텐데, 정원도 많지 않은 이곳 학교에 익숙한 우리 아이들이 나중에 경쟁의 압박을 감당할 수 있을까? TV에는 연일 서울의 강남 대치동 아이들이 어떻게 공부하는지 보여주고, 전국 학력평가에서 강남은 몇 점인데 농촌은 이것밖에 안 된다는 식으로 안 그래도 불안한 마음을 흔들어놓는다. 괜히 우리 생각 때문에 아이들을 여기 묶어두는 건 아닐까?

그런데 엄마 아빠가 그런 고민을 하든 말든, 아이들은 이곳의 삶을 좋아한다. 심지어 이사 얘기만 나와도 절대 싫다며 둘 다 완강히 반대를 한다.

정한이가 초등학교 1학년인가 2학년 때, 고령군청에서 각 가정마다 서한문을 보냈다. 대가야 체험축제를 홍보하는 것과, 농촌인구가 줄어드니 대구로 이사하는 것을 자제해달라는 내용이었다. 정한이가 그 서한문을 보더니 심각한 얼굴로 이렇게 말하는 것이다.

"아빠, 대구로 이사를 가면 제가 살고 있고 엄마 아빠 동생이 사는 고령 인구가 줄어드니, 우리라도 이사를 가지 말아요."

어린 나이에 정한이가 그런 말을 하는 것을 보고 우리는 적잖이 놀랐는데, 그 뒤로도 정한이는 도시와 비교해 농촌이 가진 장점을 우리에게 이야기해주곤 했다. 교통이 복잡하지 않고, 공기가 맑고, 자연환경이 있고… 아이의 눈에 비친 고령의 좋은 점은 끝이 없었다. 마치 도시생활을 동경하는 아들을 간곡히 만류하는 부모라도 된 양 열심히 우리를 설득했다.

물론 그런다고 우리 부부가 완전히 마음을 접은 건 아니다. 정한이가 고학년이 될수록 우리의 고민도 결론 없이 깊어져만 갔다. 결

남들과 다르게, '정한이답게' 키운다

국 우리는 대구로 이사할 수도 있다는 전제로 아이들과 얘기를 해 보기로 했다.

"정한아, 현욱아, 우리도 대구 나가서 사는 것 어떨까?" ·

"대구요? 싫어요."

"지금은 너희가 학교 공부를 잘하지만, 대구에는 고령보다 공부 잘하는 아이들도 훨씬 많고, 또 여기보다 선생님도 많아서 공부하기가 더 좋을 거야. 시험을 봐도 대구 애들이 더 잘 보고, 고령 아이들은 많이 처진다."

하지만 아이들 생각은 변함이 없었다.

"그래도 싫어요. 대구 가지 않아도 공부는 얼마든지 할 수 있어요. 대구는 복잡하고 공기도 나쁘고, 싫어요. 엄마, 여기에서 공부 열심히 할게요, 네?"

아이들은 우리가 생각했던 것보다 자기가 태어난 곳을 훨씬 많이 사랑하고 자랑스러워하고 있었다. 아무리 아이 교육을 위해서라지만, 당사자인 아이들이 싫다고 하는데 어떻게 갈까. 억지로 데리고 나가서라도 우리 바람대로 아이들의 성적이 더 올라간다면 좋겠지만, 만약 원하는 대로 되지 않으면 어찌할까. 남편은 매일 대구와 고령을 출퇴근하느라 전쟁을 치를 것이고, 아이들은 새로운 환경에 적응하느라 애를 먹겠지. 늘어난 생활비와 교육비를 충당하느라 동분서주하게 될 것이 두렵기도 했다.

결국 대구로의 이사는 접기로 했다. 모르겠다. 다른 사람들이 나를 보고 발전 없이 안이하게만 산다고 할지도. 그러나 결심을 하고 나니 오히려 홀가분하다.

또 마음을 가다듬고 가만히 따져보니, 말하기 좋아하는 사람들의 이야기에 내가 괜한 신경을 쓰고 있다는 생각이 들었다. 여기서 잘하던 아이는 대구 가서도 잘하고 있었다. 여기서 못하는 아이는 대구 가서도 여전히 못한다. 적어도 내가 보기에는 대체로 그랬다.

강남 아이들이 몇 백만 원씩 주고 과외를 시킨다지만, 그중에는 시골에서 평범하게 학원 한두 개 다니면서 공부하는 아이들보다 성적이 나쁜 경우도 있을 것이다. 어디에서 공부를 하든, 결국 자신이 노력한 만큼의 결과가 나오는 것 아닐까? 그렇다면 정서적으로 안정을 주는 이곳이 아이들에게는 오히려 좋을 수도 있다는 생각이 들었다. 다정한 이웃들과 어울리면서, 가까이 있는 자연을 만끽하면서.

물론 영화 한 편 보려고 해도 도시까지 나가야 하는 열악함은 여전히 아쉽다. 그렇지만 이곳이 주는 편안함과 안정감의 대가라고 생각하면 감당 못할 정도는 아니다. 다행히 아이들은 지금껏 바르고 밝게 잘 자라주고 있으니 그걸로 되었다. 부모로서 무얼 더 바랄까.

남들과 다르게, '정한이답게' 키운다

너무 튀면 피곤하다고?

정한이는 수다쟁이다. 무엇보다 자신이 알고 있는 것에 대해 이야기하기를 좋아한다. 만나서 직접 얘기해보지 않은 사람은 상상도 할 수 없을 정도로 정말 말이 많다. 이것저것 아는 것을 열심히 얘기하는 정한이를 보고 사람들은 하나같이 혀를 내두른다. 애가 어떻게 이걸 다 아느냐고.

그런데 더 많이 아는 것이 반드시 좋은 건 아니다. 퀴즈 대회에서 주목받는 건 즐거운 일이지만, 가끔씩은 별로 잘못하지도 않았는데 '잘난 체하는 아이', '피곤한 아이'가 되기도 하기 때문이다.

"엄마, 애들이 나보고 자꾸 이상한 말 한다고 놀려."

유치원에서 돌아온 정한이가 이런 말을 했다. 한두 번도 아니고 그런 일이 반복되니 신경이 쓰여 가만히 있을 수가 없었다. 그래서 유치원 선생님께 상담을 요청했다.

"선생님, 정한이가 집에 와서 친구들이 정한이가 이상한 말을 한다고 놀린다고 하는데, 그게 무슨 말이지 궁금해서요."

그러자 선생님이 웃으며 설명해주셨다.

"정한이가 아는 것이 많아서 그래요. 오늘은 이런 일이 있었어요. 정한이가 백록담이랑 백두산 천지는 화산 폭발 때문에 생겼다고 했어요. 그랬더니 애들이 어떻게 산이 폭발하느냐고, 정한이 또 이상한 소리 하기 시작했다고 했어요."

"아~ 그런 얘기였군요. 저는 무슨 소리인가 해서 걱정했어요."

유치원 친구들은 정한이에게 모르는 것에 대해 물어보면서도 한편으로는 잘난 척한다고 정한이를 놀리기도 했다. 하지만 유치원에서는 선생님들이 인성교육에 힘쓰는 만큼 그러한 아이들도 잘 다독여주었다.

그러나 학교는 유치원과 달랐다. '인성'보다 '학습'에 무게중심이 쏠리면서 세심하게 아이들을 돌봐주기를 기대하는 것이 힘들다. 게다가 선생님 한 분이 그 많은 아이들을 보살피다 보면 정한이처럼 아는 깃도 많고 말도 많은 아이는 오히려 방해가 될 수도 있을 것이다. 그런 만큼 정한이의 입학을 앞두고 은근히 걱정이 되었다. '학교에서도 지금처럼 계속 떠들다가 선생님 미움을 사면 어찌할까?'

그래서 입학하기 몇 달 전부터 아이에게 다짐을 두기 시작했다.

남들과 다르게, '정한이답게' 키운다

"정한아, 학교에서는 지금처럼 말 많이 하면 안 돼. 공부 시간은 선생님께서 말씀하시는 시간이야. 그러니까 하고 싶은 말이 있어도 절대로 하면 안 돼. 꾹 참고 있다가 집에 와서 엄마 아빠에게 이야기해라, 알았지?"

"네, 알았어요."

"꼭 그렇게 해야 해. 선생님께서 발표하라고 하시면 그때만 말해."

이렇게 당부에 당부를 했다. 그러고도 안심이 안 돼서 입학하고는 아침마다 세뇌를 시키다시피 했다.

"정한아, 수업 시간에는 선생님 말씀만 들어. 정한이가 말하는 시간이 아니야, 알았지?"

"네, 말 안 할게요. 학교 다녀오겠습니다."

물론 가만히 생각하면 조금 속상한 일이다. 열심히 수업 듣고 발표하며 학교에 정을 붙이고 공부하는 재미를 들여야 할 시기에, 꼼짝 않고 얌전히 앉아 있다 오라고 말하고 있으니…. 정한이가 요즘 학교에서 문제가 되고 있는 ADHD(주의력결핍과잉행동장애) 아동처럼 문제적 행동을 보이는 것도 아니고, 다른 아이들을 무시하며 혼자 잘난 척하는 것도 아닌데, 요즘 정서로 보면 오히려 발표 잘한다고 칭찬해줘야 하는 것 아닌가 하는 생각도 들었다.

하지만 그때는 초보 학부모로서 학교생활의 모든 것이 두려워서, 일단은 너무 도드라지면 안 되겠다는 생각이 강했다. 잘못해서 선생님도 싫어하고 아이들도 따돌리면 큰일이니까. 다행히 정한이의

1학년 담임선생님은 나의 우려를 노파심으로 만들어주셨다. 정한이의 수다를 늘 귀엽게 봐주시고 쉬는 시간마다 바쁜 업무 중에도 잘들어주시곤 하셨다. 정말 고맙고 다행스러운 일이다.

하지만 정한이의 학교생활이 내내 평탄했던 건 아니다. 부모로서 안타까운 일이지만, 정한이를 탐탁지 않게 여기는 선생님들도 계시고 친구들도 있다.

'뭐, 누군들 모든 사람들의 사랑을 받을 수 있나?' 이렇게 생각하고 쉽게 넘길 수도 있다. 하지만 정한이는 성격이나 행동에 문제가 있는 것도 아니고, 순전히 몸집은 왜소한데 공부를 잘해서 견제당하는 면이 많기 때문에 신경이 쓰인다. 딱히 잘못한 게 없는데도 괴롭힘을 당할 때가 있기 때문이다. '모난 돌이 정 맞는다'고 하던가? 딱 그 형국이다.

정한이가 3학년 때였나, 같은 반에 가정환경이 좋지 않다 보니 잘 씻지도 못해서 몸에서 조금 냄새가 나고, 공부도 약간 처지는 아이가 있었던 모양이다. 반 아이들 대부분이 그 아이를 냄새난다고 놀리고 아무도 상대해주지 않았다고 한다. 소위 '왕따'를 시킨 것이다. 그 말을 들은 남편이 물었다.

"정한아, 너는 어떻게 하니?"

"저는 그 친구랑 말도 하고 과제 챙기는 것 도와줬어요."

275

그래서 잘했다고 칭찬해줬는데, 나중에 알고 보니 다른 아이들이 정한이도 함께 따돌리려고 정한이에게도 냄새가 난다고 놀리고 놀지 못하게 했다는 것이다.

이런 말을 들으면 다혈질인 나는 정한이보다 더 흥분해버린다. 그래서 안 그래도 상처받고 의기소침해 있는 아이에게 별 도움이 안 된다. 정한이를 달래는 역할은 주로 남편이 담당한다.

"그래, 정한이가 괜히 피해를 봤구나. 그래도 그 아이와 놀아주고 잘해줘라. 걔가 일부러 그러는 것도 아닌데, 너까지 따돌리면 안 되지."

"예, 아빠."

"다만 그 아이가 씻지 않는 것은 잘못이니 너가 씻으라고 이야기도 해주고, 왜 다른 애들이 싫어하는지를 그 아이에게 말해주고."

아빠의 말을 들어서인지 정한이는 나중에 그 친구를 집으로 데리고 와서 놀기도 하고 계속 친하게 지냈다. 다행히 정한이나 그 친구에 대한 아이들의 따돌림이 아주 심하지는 않아서, 큰 상처를 남기지는 않은 것 같다.

이렇게 좋은 뜻으로 피해를 감수하는 경우도 있지만, 때로는 정한이가 '자초'하는 경우도 없지 않다. 정한이는 일곱 살에 학교에 들어가서 체격이 반 친구들에 비해 왜소하다. 그런 아이가 바른 소리를 곧잘 한다.

예를 들어 아이들이 교실에서 시끄럽게 떠들면 조용히 하라고 한다. 또 바르지 못한 행동을 할 때 그러면 안 된다고 지적한다. 정한이야 정의감에서 한 말이지만 친구들 입장에서는 하나같이 '잘난척'이다. 그래서 아이들의 보복 아닌 보복을 당하는 경우가 있다.

"그래, 너 잘났다. 너나 잘해."

이렇게 말하며 몸을 툭 치고 가는 아이도 있고, 욕을 하거나 쥐어박는 아이들도 있다고 한다. 한번은 체육시간에 뜀틀을 못 넘었다고 아이들이 야유를 보내서 밤에 잠들 때까지 시무룩했던 적도 있다. 듣고 있자면 속상하기 이를 데 없지만, 초등학교 아이들이니 누구나 시기하고 질투하는 일이 있을 수 있다고 마음을 다독이곤 한다.

남편은 아이들과 잠자리 대화를 하면서 아이들의 고민을 많이 들어준다. 그래서 때로는 아이들 재워주는 시간이 정한이의 카운슬링 시간이 되기도 한다.

"정한아, 그놈 나쁜 놈이다. 친구를 그런 식으로 못 살게 굴다니. 그런 일은 다음에 크면 아무 문제가 없어. 너만 지금처럼 잘하면 돼. 금방 괜찮아지니 걱정할 것 없다."

"그래도 반 아이들이 저한테 자꾸 때리고 뭐라 하는 건 기분 나빠요."

"반 친구들 중엔 너와 생각이 달라서 너를 싫어하는 아이도 있을 수 있어. 아니면 정한이가 뭐든지 좀 잘하는 편이라서 질투를 하는 걸 거야. 그러니까 힘들어도 좀 참아. 자꾸 괴롭히면 엄마나 아빠가

남들과 다르게, '정한이답게' 키운다

그 친구를 한번 만나볼게."

"아직은 그럴 정도는 아니에요."

"그래, 그리고 너도 너무 책만 보지 말고 좀 움직여라. 체육활동 같은 건 노력을 좀 해야지."

"네, 알겠습니다, 아빠."

"그래, 힘내라. 오늘 안 좋았던 기분은 다 날려버려라."

그러면서 아빠가 꼭 안아주고 뽀뽀를 해주면 정한이의 기분도 한결 풀어진다.

정한이가 너무 많은 말로 사람들을 지루하게 하거나 불편하게 하는 일이 없도록, 우리 부부는 밖에서는 얘기를 조금 자제하고 집에서 실컷 풀어놓으라고 말한다. 그것도 여의치 않을 때는 비밀노트나 일기에 하고 싶은 말을 마음껏 적으라고 격려해준다.

하지만 이런 방법은 어디까지나 미봉책이라는 걸 우리도 안다. 정한이가 너무 의기소침할 때는 남편이나 나까지 덩달아 흥분해서 "그런 애랑은 놀지도 마!" 하고 목소리를 높이지만, 이것 또한 모범답안은 아닌 것 같다.

어쩌면 지금의 아픔은 커가는 과정에서 으레 일어나게 마련인 성장의 한 단계에 지나지 않을지도 모른다. 하지만 막상 당하는 아이는 그 일로 마음에 상처를 입을 수도 있다. 그런 상황에서도 '학교에서 흔히 일어날 수 있는 일이니 신경 쓰지 마라'고 아이를 위로하는 것밖에 달리 방법이 없다는 것이 답답하고 안타깝다.

요즘은 아이들의 적성과 개성을 살려서 교육하는 시대라고 한다. 박태환 선수나 김연아 선수 같은 경우, 어릴 적부터 천부적인 소질을 잘 개발했기 때문에 세계정상의 자리에 설 수 있었다고 한다. 이런 관점에서 보면 아이들의 재능은 하나하나가 모두 축복받아야 하는데, 때로는 시기의 대상이 되는 일도 적지 않은 것 같다. 그런 적대적인 시선이 자칫 아이들의 잠재력을 주저앉힐 수도 있다는 생각을 한다면, 그렇게 아무렇지도 않게 시기하고 비아냥거릴 수는 없을 것 같다는 생각이 든다.

정한이가 아이들에게 피해를 주지 않는 선에서 자신의 생각을 마음껏 펼치고, '튄다'는 이유로 괜히 적대시되지 않는 방법은 없을까. '모난 돌'이 정 맞지 않고 자기 개성을 뽐낼 수 있는 방법은 없을까. 이 고민은 아마 정한이가 성장하는 동안 계속 우리 부부를 따라다닐 것 같다.

정한이는 정한이, 현욱이는 현욱이로

흔히 말하는 '똑똑한 아이'를 둔 집을 보면 부모가 교육을 잘해서 인지, 자녀들이 모두 성적이 우수하고 특출한 경우가 많다. 자녀교육에 관한 책만 봐도 남매 형제를 모두 영재로 키운 엄마들의 이야기로 넘친다. 난 그런 엄마들처럼 대단하지 않다. 그래서인지 둘째 현욱이는 정한이처럼 전교 1, 2등을 다투지도 않고, 형에 견줄 만큼 다양하게 많이 아는 편도 아니다.

나도 욕심이 생겨서 현욱이가 정한이처럼 많은 것을 아는 '척척박사'면 좋겠다고 생각한 적이 있다. 공부머리가 일찍 발달한 첫째를 겪은 다음 둘째를 키우면, 아무리 안 그런다 하면서도 속으로는 첫째에게서 본 놀라움을 둘째에게도 기대하게 된다.

'우리 현욱이도 형처럼 엄마도 모르게 한글을 읽게 될지 몰라.'

하지만 엄마의 기대가 무색하게 현욱이는 초등학교 입학하던 해

겨울에야 한글을 완전히 뗐다. 그럼에도 이런 섣부른 바람은 쉽게 사라지지 않고 그 뒤로도 몇 번인가 반복되었던 것 같다.

두 형제와 하루 종일 함께 어울렸던 나로서, 마음속에서부터 둘을 전혀 비교하지 않는다는 것은 거짓말이다. 정한이와 현욱이가 똑같아지기를 바라지는 않지만, 정한이가 사람들 앞에 도드라지는 만큼 현욱이도 그런 주목을 받았으면 싶을 때도 있었다.

하지만 '공부'만이 유일한 평가 잣대인 현실에서 현욱이가 사람들에게 정한이와 같은 정도의 인정을 받는 경우는 거의 없다. 오히려 사람들의 이상한 관심이 현욱이에게 상처를 줄까 걱정이 될 때가 많다. '비교'라는 이름의 백해무익한 관심 말이다.

이번 퀴즈 대회에서 형이 '최연소 퀴즈영웅'이라는 타이틀을 달자 현욱이는 누구보다도 기뻐했다. "형, 축하한다! 형, 진짜 장하다!" 하면서 형을 안아주고 뽀뽀해주었다.

하지만 시간이 흐르면서 형에게만 관심이 쏠리자 현욱이는 그만 심드렁해지고 말았다. 어디를 가나 형만 주목받았다. 퀴즈 대회가 끝나고 간 일본 여행에서도 한국 관광객들이 우리 주위를 둘러싸고 이것저것 묻고 '사진을 찍자', '사인을 해달라' 하며 정신없게 했다. 그런 것까지는 괜찮다. 어찌됐든 정한이가 대단한 일을 한 건 사실이고, 현욱이에게도 새로운 경험이 되니까.

하지만 사람들은 가끔 너무 아무렇지도 않게 민감한 말을 한다.

남들과 다르게, '정한이답게' 키운다

정한이에게 칭찬을 쏟아 부으면서, 현욱이에게 안 해도 될 말을 굳이 하는 것이다.

"야, 너는 좋겠다. 똑똑한 형을 둬서."

"너도 형만큼 아는 것 많니?"

옆에서 듣는 나도 유쾌하지 않고, 현욱이에게도 스트레스만 주는 질문들이다. 이런 관심은 없는 편이 차라리 나은데….

이런 말들에 현욱이가 상처받지 않기 위해서라도, 나는 늘 현욱이가 가진 좋은 점을 찾으려고 노력한다. 그리고 좋은 점을 찾았을 때는 반드시 말로 표현해준다.

퇴근 후 집에 돌아오면 집 안이 난장판이다. 책은 물론이고, 그날 입은 옷들도 여기저기 벗어놓았다. 그러나 현욱이의 옷은 가지런히 접혀서 늘 내가 정리해두는 곳에 놓여 있다. 그러면 나는 호들갑을 섞어서 아이를 칭찬해준다.

"와우! 역시 우리 현욱이네. 현욱이 정리 잘해두었네. 현욱이, 짱!"

그러면 이내 현욱이의 입이 귀에 가서 걸린다.

정리를 잘하는 것 말고도 현욱이는 전반적으로 섬세하게 신경 써주는 능력이 뛰어나다. 내가 장을 보고 와서 무거운 장바구니를 들이밀면 언제나 현욱이가 가장 먼저 받아든다.

"엄마, 무거운 것 들고 오시느라 힘드셨겠네요. 제가 손 주물러드릴게요."

"그래, 역시 우리 현욱이는 엄마 힘든 것을 아는구나. 고마워, 우리 아들."

이렇게 칭찬하면서 안아주면 현욱이는 신이 나서 무엇이든 더 열심히 하려고 노력한다.

이럴 때 "정한아, 현욱이는 엄마한테 이렇게 해주는데 너는 뭐 하고 있니?"라고 말하지 않는다. 물론 현욱이에게도 "현욱아, 형아는 책 읽고 있는데 너는 왜 빈둥거리고 있니?"라는 말은 하지 않는다.

아이들을 키우면서 비교하지 않는다는 게 정말 어려운 일이지만, 집에서부터 비교하기 시작하면 아이들은 자기 형제를 내내 경쟁상대로만 생각하며 크게 되지 않을까? '평생친구'로 의지해야 할 아이들을 '경쟁자'로 찢어놓는 건 부모로서 할 게 못 된다.

그리고 비교하지 않고 아이들을 바라보면, 정한이와 현욱이가 각자 지닌 특성들이 뚜렷이 드러나서 키우는 보람이 새삼 배가되는 것 같다.

우선 기질이 다르다. 정한이는 무엇이든 주어진 꼭 그대로 해야 하고, 많이 경직돼 있는 편이다. 잘못을 하고 난 후 엄마와 눈이 마주치면 눈물부터 흘린다. 때로는 동생에게 얻어맞고도 울기만 할 정도로 마음이 여리다.

하지만 현욱이는 다르다. 이 아이에게는 아이들 수준에 맞는 '처

남들과 다르게, '정한이답게' 키운다

세술' 같은 게 있다. 무엇보다 형보다 애교가 많고 더 잘 웃는다. 잘 못을 한 후에도 생긋 웃으며 미소 작전을 펼친다. 게임을 할 때는 약간의 반칙도 불사한다. 책은 덜 읽어도 문제를 해결하는 '융통성'은 현욱이가 형보다 한 수 위인 것 같다.

처음에 나는 우리 집만 그런 줄 알았다. 그런데 친구들과 이야기를 해보면 친구들 집에서도 첫째와 둘째가 많이 다르다고 한다.

그것은 부모의 교육 때문인 것 같다는 생각이 든다. 정한이는 첫아이니까 세 살 때까지 엄마를 독차지하며 지냈다. 정한이가 아기일 때는 매달 성장하는 과정을 꼼꼼하게 체크해서 사진과 함께 앨범을 꾸미곤 했다. 매주 어린이 서점에 데리고 다니고 책도 많이 읽어주면서 정한이에게만 관심을 쏟을 수 있었다. 게다가 시시콜콜한 가정사가 다 드러나는 이웃관계가 부담스러워서 정한이가 어릴 때는 대부분의 시간을 집에서 보냈다. 그러다 보니 자연스럽게 정한이는 엄마의 '여성스러운' 면을 주로 익히며 자란 것 같다.

하지만 현욱이는 조산으로 태어나서 오직 아기가 건강하기만을 바랄 뿐, 첫돌을 맞을 때까지는 놀아주고 책 읽어주고 할 겨를이 없었다. 물론 사진 찍어놓

유니세프 기금 마련을 위해 나와 정한이 현욱이가 함께 만든 인형. 아이들이 항상 함께하기 바라는 마음을 담았다.

은 것도 적고, 성장앨범을 만들지도 못했다.

무엇보다 정한이가 있기 때문에 현욱이에게만 시간을 쏟을 수 없었다. 오히려 항상 기준을 첫째에게 맞추다 보니 둘째는 건너뛰는 것이 많았다. 놀이하는 것을 가만히 들여다보면 현욱이는 형 따라 노느라 자기 나이 때 하게 마련인 자잘한 놀이를 생략한 게 많다. 책 읽기도 마찬가지다. 현욱이는 그림책을 읽은 기간이 정한이보다 짧았다.

이렇게 생각하면 현욱이에게 "왜 형처럼 책 안 읽니?" 하고 비교하고 나무랄 입장이 못 된다. 되레 어릴 때 꼼꼼히 성장과정을 챙겨주고 자극해주지 못해서 미안하다고 해야 할 판이다. 그래서 요즘은 가끔 의도적으로 현욱이에게 가볍게 들으면서 상상할 수 있는 그림책들을 읽어준다. 어릴 때 제대로 못 누린 편안한 시간을 늦게나마 주고 싶은 마음에서다.

이렇게 기질 면에서 조금씩 차이를 보이더니, 학교에 다니면서부터는 두 아이가 많이 다르다는 게 보다 확연히 눈에 들어오기 시작했다. 정한이는 아시는 대로 '책벌레'다. 초등학교 1학년 때부터 자신이 관심 있는 분야라면 200쪽에 이르는 책도 재미있게 읽고는 수다를 떨었다. 그림이 없어도 전혀 개의치 않았다. 너무 책만 읽고 밖에 나갈 생각을 하지 않아서 억지로 태권도 학원을 보냈더니 도장 한쪽 구석에 박혀 책을 읽던 아이다.

남들과 다르게, '정한이답게' 키운다

하지만 현욱이는 훨씬 외향적이고 활동적이다. 아이 둘을 혼자 감당하기 어려워서 현욱이를 낳고는 동네 마실도 다니고 했더니, 형보다 붙임성 있게 여러 사람들과 어울릴 줄 알게 된 것 같다. 지금도 현욱이는 반 친구는 물론 정한이의 친구들과도 스스럼없이 놀곤 한다.

초등학교에 입학하고 얼마 되지 않아서 현욱이는 태권도를 배우겠다고 조르기 시작했다. 나는 학원을 보내기에는 너무 이르다 싶어서 2학년이 되면 보내주겠다고 했다. 그렇게 이야기가 마무리되었다고 생각했는데, 어느 날 학교에서 돌아온 현욱이가 태권도 도장을 가겠다고 떼를 쓰는 것이었다.

"그래, 현욱이 너가 다니고 싶어서 하는 것이니 힘들다고 숙제를 안 하거나 준비물을 빠뜨리거나 책 읽기를 게을리 하면 안 된다. 약속할 수 있지?"

"네, 약속할게요."

그러고는 정말 태권도도 열심히 했고 숙제도 준비물도 알아서 챙겼다. 지금은 처음 생각했던 것보다 재미가 없다면서 그만 두었지만.

현욱이도 책을 많이 읽는 편이지만, 아무래도 정한이의 엄청난 양에는 미치지 못한다. 책 읽는 방식도 정한이와 천양지차여서 두꺼운 책은 지레 겁을 먹고 펼치지도 않고, 얇고 그림도 있고 재미있어 보이는 책들을 위주로 골라 읽는다.

그래도 나는 "너는 왜 이런 유익한 책을 읽지 않니?" 하면서 첫째가 읽는 책을 현욱이에게 권하지 않는다. 객관적으로 보면

정한이가 평균보다 앞서 있는 것이지, 현욱이가 결코 못하는 게 아니다. 그런데 엄마 욕심에 현욱이에게 형처럼 책을 읽으라고 강요하면 어떻게 되겠는가. 정한이에게 (현욱이처럼) 밖에서 좀 뛰어놀라고 태권도 학원을 보냈다가 얼마나 후회했던가. 그때 아이들이 싫어하는 걸 억지로 등 떠밀지 않겠다고 다짐해놓고서 현욱이에게 똑같은 실수를 되풀이할 수는 없는 일이다.

현욱이가 열심히 책을 읽게 하는 방법은 따로 있다. 정한이가 책 읽은 걸 열광적으로 칭찬하는 것이다. 이 방법은 정한이에게도 즉효약이다. 엄마 일을 거들어주는 현욱이를 칭찬해주면 책에만 빠져 있던 정한이도 얼른 일어나서 함께 도와준다. 너무 한쪽만 예뻐해서 다른 아이에게 상처를 주지 않는다면, '칭찬'은 적절한 자극을 주기에 더없이 좋은 방법인 것 같다. 내가 굳이 얼굴 붉히며 아이들을 비교하고 닦달할 필요가 없다. 요즘 아이들이 얼마나 눈치가 빠른가. 그저 아이들이 어떤 게 바람직한 행동인지 알아차릴 수 있을 정도로 칭찬해주고 자극을 주면 된다.

"똑똑한 형을 둬서 좋겠다." 누군가 현욱이에게 이런 말을 했을

남들과 다르게, '정한이답게' 키운다

때, 처음에 나는 그저 웃기만 했다. 나쁜 뜻으로 한 말이 아니니 무작정 화를 낼 수도 없고, 어떻게 대꾸해야 할지도 솔직히 잘 몰라서였다. 그러나 이제는 그러지 않는다.

"우리 현욱이에게는 형에게 없는 또 다른 좋은 점들이 많아요."

"우리 현욱이도 또래에서는 잘해요."

이렇게 대답하면서 둘째아이 손을 꼭 잡아준다. 현욱이는 그런 나를 보면서 씨익 웃는다. 아, 그 미소는 정말이지 '천사의 미소'다.

'아빠가 미안해!'

　직장동료나 아는 사람들이 자녀에 관해 말하는 걸 들어보면, 아이들이 사춘기가 아닌데도 벌써 부자간의 벽을 느끼고 고민하는 경우가 많다. 나와 아이들은 아주 시시콜콜한 것까지 숨기는 일 없이 대화하는 편이라, 다른 집에 비해서는 좀 더 친하게 지내는 것 같다.

　하지만 늘상 친구 같은 아빠일 수는 없다. 아이들이 잘못했을 때는 혼도 내고 벌도 세우면서 잘못을 고쳐가도록 한다. 우리 가족은 서로 대화를 많이 하고, 규칙을 정할 일이 생기면 종종 가족회의를 열어서 어떻게 약속할지 결정한다. 그래서 정한이 현욱이는 엄마 아빠가 지적하지 않아도 자신이 무엇을 잘못했는지 정확히 안다. 그래서 잘못한 점을 지적하면 대부분 수긍하고 사과하는 편이다.

　그런데 때로는 거꾸로 부모가 아이들에게 사과해야 할 일이 생긴다. 부모도 사람인데 잘못하는 일이 왜 없겠는가. 그것을 인정하지 않고 부모가 어떻게 자기 자식에게 사과하냐고 고집을 부리면 부모 자식 관계는 점점 서먹해질 것이다.

정한이 현욱이가 말다툼할 때가 가끔 있는데, 약이 오르면 현욱이가 형에게 거친 말을 하기도 한다. 얼마 전에도 그런 일이 있었다. 아빠인 난 현욱이를 똑바로 앉혀놓고 혼을 냈다. 그런데 현욱이가 장난으로 생각했는지 자꾸 말대답을 하는 것이다. 슬슬 화가 나기 시작했다.

"너, 바로 앉아봐."

그래도 현욱이가 장난치듯이 대들기에 참지 못하고 머리를 한 대 때렸다. 그랬더니 이번에는 현욱이가 정색을 한다.

"머리는 안 때렸으면 좋겠어요. 기분 나빠요."

하지만 나도 이미 화가 난 상태였기 때문에 계속 혼내기만 했다.

그러고 나서 한 시간쯤 지났을까. 아무래도 현욱이와 나 사이에 벽이 생기는 것 같았다. 이래서는 안 되겠기에 현욱이에게 넌지시 말을 걸었다.

"과일 깎아줄까?"

"응, 깎아줘."

과일을 깎아주면서 내가 말했다.

"현욱아, 아빠가 아까 머리 때려서 미안해. 다음부턴 그렇게 하지 않을게."

그러자 현욱이도 마음이 풀렸는지 바로 사과를 했다.

"아빠, 죄송합니다. 다음부턴 그러지 않겠습니다."

그런 후에 현욱이의 잘못이 무엇인지 이야기하고 형에게 사과하게 했다. 그리고 그날 현욱이 일기장에 아빠가 잘못한 점과 현욱이가 잘못한 점을 각각 적어주었다. 덧붙여 서로 사이좋게 지내자고 다짐하고. 이렇게 해서 그날의 서먹함은 눈 녹듯 사라져버렸다.

아이를 혼낸 다음에 굳이 화해를 청하거나 내 잘못을 인정하지 않았더라도, 다음날이면 전날 일을 잊고 평소처럼 친하게 지냈을지도 모른다. 하지만 제대로 인정하고 사과하지 않으면 아마 다음에도 똑같은 잘못을 또 하게 될 것이다. 그리고 아이의 머릿속에는 아빠의 속 좁은 모습이 계속 남아 있게 된다.

그래서 멋쩍지만 아이에게 말도 먼저 붙이고 사과도 먼저 하면서 '우리 아빠는 자기 잘못을 인정하는 사람'이라는 것을 알려주고자 했다. 그러면 아이들도 잘못이 있을 때 선선히 자신의 잘못을 인정하지 않을까 생각한다. 현욱이가 그랬던 것처럼 말이다.

남들과 다르게, '정한이답게' 키운다

아이의 꿈이 자랄 공간을 주자

정한이는 얼마 전까지 과학자가 꿈이었다. 과학수사대, 로봇 과학, 우주탐사 과학… 이것저것 하고 싶은 분야가 많아서 고심하다가 간신히 우주과학자로 마음을 굳혔더랬다. 그런데 최근 들어 갑자기 관심영역이 달라졌다.

"요즘 범죄자가 많아서 법학자나 범죄연구가가 돼서 좋은 사회를 만들고 싶어요."

이것이 초등 6학년 정한이가 새롭게 품은 꿈이다. 한동안 세상을 떠들썩하게 했던 '강호순 연쇄살인 사건' 뉴스를 보더니 생각이 바뀐 것이다. 그래서 최근에는 범죄나 과학수사를 다룬 책들을 섭렵하고 있다.

또래에 비해 아는 것이 많지만, 뉴스 하나에 장래희망이 휙휙 바뀔 정도로 정한이는 어리다. 그리고 그 꿈도 아직은 작은 '씨앗' 단계다. 어떤 모양의 잎이 날지, 무슨 색의 꽃을 피울지, 얼마나 탐스러운 열매를 맺을지, 우리 부부도 모르고 정한이도 모른다. 정한이가 정한 꿈이 언제 어떤 식으로 만개할지는 앞으로 10년, 20년 더 지켜봐야 알 것이다. 그 사이에 또 다른 꿈이 정한이를 사로잡을지도 모르고.

정한이가 품은 씨앗이 어떤 결과물을 낼지는 모르지만, 지금 이 순간에도 쑥쑥 열심히 자라고 있다는 것만은 확신한다. 정한이의 거침없는 호기심을 에너지 삼고, 세상의 모든 가치를 담은 거대한 보물창고인 '책'을 자양분 삼아서 말이다. 책과 함께 뒹굴면서, 정한이는 세상의 지식과 자신의 꿈에 한 발짝씩 다가가고 있다.

우리 집에 취재를 온 어느 잡지사 기자가 정한이를 가리켜 "'학원'이 아닌 '책'이 만든 퀴즈영웅"이라고 했는데, 나는 이 말이 참 마음에 든다. 만약 우리가 정한이 현욱이의 미래를 위해 무리를 해서 대도시로 이사를 갔다면, 지금 누리는 시골마을에서의 건강한 삶을 만끽할 수 있었을까? 만약 정한이기 6·7개의 학원을 바삐 오가는 학생이었다면 과연 '퀴즈영웅'이 될 수 있었을까?

가끔 남들이 하는 대로 도시 학교에 보내고 학원도 다니고 하면 아이들 성적이 더 오르지 않을까 하는 생각도 해본다. 하지만 아무리 생각해봐도 대도시에서 학원순례를 하며 공부에 매진하는 정한이는, 이 책 저 책 읽어가며 수다를 떠는 지금의 정한이보다 '행복'할 것 같지 않다. 그리고 틀에 박힌 생활에서 수동적으로 공부하는 동안 정한이의 학습을 이끌어왔던 호기심이 질식되어 어쩌면 성적이 더 떨어질지 모른다는 걱정도 든다. 물론 정한이를 집에서 학교로, 학교에서 학원으로 밀착 마크하는 동안 나와 정한이의 관계도 많이 삭막해질 것이다.

그런 점에서 지금처럼 아이들이 자유롭게 숨 쉬고 움직일 공간을 허용하는 우리 부부의 소박한 교육법도 나쁘지는 않은 것 같다고 감히 생각해본다. 그리 특별할 것 없는 우리의 교육방식이 유난히 조명받은 것은, 그만큼 현재 아이들의 교육이 '좋은 학교'에 가고 '좋은 학원'에서 보충훈련을 받는 것으로만 획일화되어 있기 때문이 아닐까? 아이가 원하지 않아도 외우고 또 외우게 해야 '공부'가 된다고 사람들이 다 그렇게 믿는데, 그러지 않고도 공부를 잘할 수 있다니까 신기해하는 것이다.

정한이가 다니는 고령초등학교 교감선생님은 "정한이가 대한민국 교육에 대해 한번쯤 생각해보는 계기를 만들어준 것 같다."며 대견해하셨다고 한다. 그처럼 거창한 얘기는 잘 모르겠지만, 어쨌든 사람들이 당연히 따라 해야 한다고 믿는 '8학군식' 공부법이 아니더라도 공부 잘하는 방법이 있다는 걸 정한이의 이야기를 통해 전

해드리고 싶었다. 엄청난 물적
지원을 쏟아 붓지 않더라도, 아
이가 가진 본연의 호기심을 마음
껏 충족시킬 수 있는 장을 마련

해주는 것으로도 부모의 역할을 다 할 수 있다는 것을.

앞으로도 우리 부부는 아이들이 원하는 대로, 아이들이 스스로 결정할 때까지 응원하며 기다려주는 역할을 계속할 것이다. 때로는 안타깝고 속이 '뒤집어지는' 상황이 닥치더라도, 부모가 된 이상 최선을 다해 감당해낼 것이다. 그렇게 놓아주며 자연스럽게 기르는 것이 아이들을 바르고 똑똑하게 키우는 길임을, 오늘도 우리 아이들에게서 확인하기 때문이다.

정한이 가족의
책갈피 독서공부법

① 공부원칙   **공부하는 힘은 '암기'가 아니라 '재미'에서 나온다**

남이 시켜서 억지로 외우는 것은 '벼락치기' 시험공부에서나 쓸모 있을 뿐, 장기적인 기억으로 남지 못한다. 뇌에 있는 '해마'라는 부위는 우리가 중요하다고 판단한 정보를 붙잡아두는 '기억의 창고' 역할을 하는데, '중요한 내용인지' 여부를 판단할 때 감정을 조절하는 편도체가 해마에 영향을 준다. 즉 즐거운 감정을 느끼면 더 중요한 내용으로 인식되어 기억 창고에 오랫동안 저장된다는 것이다.

기억에서 중요한 것은 '재미'다. 학원에서 공부하는 것이 재미있는 아이는 학원으로, 책이 재미있는 아이는 책으로 공부하는 것이 맞다. 아이의 취향을 무시한 채 '유행'만 좇는 공부법은 의미가 없다.

② 동기부여   **잘못된 독서용돈제는 독서습관을 망친다**

정한이 현욱이는 책을 읽거나 퀴즈를 맞히면 상으로 용돈을 받는다. 시

힘을 잘 보거나 대회 입상을 해도 마찬가지다. 아이들 스스로 독서와 공부에 대한 동기를 느끼게 하려는 방편이다.

그러나 책에 대한 흥미가 없는 상태에서 '용돈'만을 내걸면 건성건성 분량만 채우는 습관이 들 수 있으므로 주의해야 한다. 책을 읽음으로써 많은 것을 알 수 있다는 것을 깨닫지 못하면 독서용돈제는 의미가 없어진다.

따라서 '쉽게' 책을 읽히고 공부를 시키기 위해 용돈을 미끼로 사용해서는 안 된다. 아이가 '보상'에 익숙해지기 전에 스스로 '성취감'을 느낄 수 있도록 독서환경부터 조성해줘야 한다.

③ 도서선택 '권장도서'가 아닌 '좋아하는 책'을 고른다

아이가 좋아하는 책과 교육기관에서 추천하는 책이 있을 때, 아이가 좋아하는 책을 고른다. 아이의 성향과 적성, 이해 수준에 따라 선호하는 책이 다른 것은 당연하다. 그런데도 권위 있는 기관이 추천하는 책만을 맹신한다면 결국 자신의 관심사와 관계없이 숙제하듯 의무적으로 책을 읽게 될 것이다. 아이가 책 읽기를 바란다면, 해로운 책이 아닌 한 사줘야 한다.

④ 책과 인터넷 궁금한 것은 그 자리에서 해결한다

책을 읽고 공부를 하는 데 가장 큰 원동력은 아이의 '호기심'이다. 책 내용이 궁금하지 않고, 새로운 개념이 신기하지 않으면 공부의 진전을 기대할 수 없다. 인터넷은 책을 읽거나 공부를 하다가 궁금증이 생길 때 가장 쉽게 해결해줄 수 있는 도구다. 따라서 게임에 빠져든다고 컴퓨터를 무조건 못하게 하지 말고, '검색'의 방법을 알려주어 스스로 정보를 찾아나가는 재미를 느끼게 하자.

⑤ 책 놀이   **소중한 책일수록 애지중지하지 않는다**

독서교육을 강조하는 부모들은 본인이 책을 좋아하는 경우가 많고, 그런 만큼 책을 함부로 다루는 걸 싫어한다. 그러나 어린 아이들은 어떤 물건이든 조심스럽게 다루기 어렵다. 그런데 책을 구기고 흠집 낼 때마다 부모에게 지적을 받으면, 아이는 책 자체를 어려워하고 멀리하게 된다. 무엇이든 친해지는 데는 '노는' 게 최고다. 책으로 탑을 쌓고, 징검다리를 만들고, 장난을 치며 마음껏 놀게 하면 초기에 책에 익숙해지기 쉬워진다.

⑥ 책갈피 독서공부법   **한 권을 끝까지 읽지 않아도 된다**

정한이의 '책갈피 독서공부법'은 인터넷의 '하이퍼링크'처럼 A책을 읽다가 궁금한 내용이 있으면 표시를 해두고 연관된 B책이나 인터넷을 찾아 개념을 이해하고 난 다음에 다시 A책을 읽는 방식이다. 이는 정보수집 및 분석력에 중점을 둔 방법이다. 즉 한 권을 끝까지 읽는 것에 의미를 두기보다는 호기심의 흐름을 자연스럽게 따르고, 책의 내용을 실질적으로 이해하는 데 중점을 둔 독서법이다.

⑦ NIE · 워크북   **시험 보듯 캐묻는 독후활동은 하지 않는다**

신문을 활용하는 교육인 NIE의 가장 큰 장점은 '즐겁게' 지식을 습득할 수 있다는 것이다. 예를 들어 신문 만평의 말풍선 채우기 놀이는 상상력과 창의력을 자극할 수 있다. NIE 초기에는 신문에 나온 글자를 찾는 것에서부터 시작해 점차 단어 찾기 등을 하게 되며, 나중에는 기사문 작성은 물론 특정 화제에 관한 시사토론을 할 수도 있다.

신문을 매개로 하기 때문에 논리적 사고력 · 독해력 · 문장력 등이 고루 요구되는 논술 교육에 유용하며, 건강한 시민의식을 기르는 데도 좋다.

'최신정보'를 다루는 신문의 속성상, 정보에 상대적으로 어두운 지방에서 활용하기에 특히 적합하다.

NIE를 활용한 워크북도 활동내용은 크게 다르지 않다. 책을 읽고 핵심 개념을 묻는 퀴즈를 내거나, 등장인물 캐릭터를 그려보기도 한다. 책에 등장한 사건을 신문기사 형태로 꾸며볼 수도 있다. 예를 들어 정한이는 《걸리버 여행기》를 읽고, 걸리버가 소인국에 왔을 때 소인국 신문기자가 어떤 기사를 썼을지 상상해보는 활동을 했다.

⑧ 비밀노트　스스로 정리해야 오래 남는다

정한이의 '비밀노트'는 일종의 정리노트다. 정한이는 한 번에 쉽게 찾기 어려운 개념이나 두고두고 생각하고 싶은 내용들을 비밀노트에 조금씩 정리해놓는다.

노트에 적어놓는 것인 만큼 추후에 자료를 보완하거나 연관된 주제를 추가로 작성할 수 있다. 즉 지식의 업데이트가 가능하다는 말이다.

워크북 등 다른 독후활동과 비교할 때 비밀노트의 가장 큰 특징은 '아이 스스로 문제를 제기하고, 해결하고, 정리한다'는 것이다. 비밀노트의 내용이 학교 공부에 관한 내용이든 개인적인 관심사든 다른 사람은 일절 관여할 수 없다. 자신이 정말 궁금해하는 것을 스스로 찾아서 채워나가는 것인 만큼, 비밀노트에 대한 아이의 애정은 남다를 수밖에 없다. 그리고 이렇게 쌓인 지식은 아이만의 소중한 보물이자 추억으로 기억에 남게 된다.

⑨ 여행·도록·지도　읽은 내용을 눈과 발로 직접 확인한다

배경지식과 세상 경험이 적은 아이들은 책의 내용을 피상적으로 이해하기 쉽다. 이때 실제 장소나 물건을 확인할 기회를 주면 아이가 보다 구체적으로 상상할 수 있게 된다. 아이가 최근 읽은 책과 관련된 곳으로 여행을 가거나, 지도를 곁에 두고 책에 나온 지명을 확인해가며 읽는 습관을 들이면 보다 입체적이고도 체계적으로 내용을 기억할 수 있다.

아울러 전시회에 갈 때는 반드시 도록을 사자. 도록은 기념의 의미도 있지만, 일반 단행본이나 인터넷 자료로 확인하기 어려운 자료들이 다수 수록돼 있기 때문에 역사나 미술 등 관련된 분야를 학습할 때 매우 유용하다.

⑩ 질문대화법 절대로 아이에게 '답'을 알려주지 않는다

아이들이 어릴 때는 질문을 하면 즉시 답을 주었다. 하지만 아이들이 어느 정도 크고 생각이 깊어지면서, 아이들이 질문을 하면 답을 주기보다 오히려 '네가 찾아볼래?' 하고 제안을 했다. 나아가 아이가 찾아온 내용에 대해 '그래, 잘 찾았구나' 하고 넘어가지 않고 '엄마에게 설명해줄래?' 하고 부탁을 했다.

남이 찾아준 쉬운 정보는 기억에서 그만큼 빨리 사라진다. 그러나 자신이 발로 뛰며 직접 찾은 정보는 보다 단단하게 뇌리에 자리 잡는다. 여기에 누군가에게 '설명'을 해줌으로써 복습까지 하면 더 오래 기억에 남게 된다.

정한이의 도서목록

　정한이가 네 살 되던 해부터 우리 부부는 본격적으로 책을 사주기 시작했다. 아이들의 독서력에 따라 맞는 책이 다르므로 모든 아이들에게 적합한 '연령별' 목록을 드리기는 어렵지만, 정한이가 어떤 책을 읽었는지 궁금하신 분들을 위해 우리가 구입한 순서대로 책목록을 소개해보겠다.

　다만 5~6세까지 읽었던 책들은 주위 분들께 대부분 나눠준 상태이고, 도서관에서 대여해 읽은 책들은 목록을 기록해두지 않아 여기에 함께 적지 못한 점이 아쉽고도 죄송스럽다.

　편의상 전집을 먼저 적고, 단행본은 뒷부분에 기록했다. 이 책들 외에 정한이는 2학년부터 월간 과학 잡지를 구독하고 있다.

《꾸러기 곰돌이》(세상모든책, 2005)

별 하나 나 하나 ┆눈사람은 어디로 갔을까? ┆옆집에 이사 온 친구 ┆찌르릉 찌르릉 ┆수박을 맛있게 먹으려면 ┆약간 세지 뭐

《프뢰벨 베이비스쿨 – 인성, 창의력 발달을 위한 구성》 (프뢰벨, 1999)

1 아기꾀꼬리와 아기고양이 ┆2 미안해! ┆3 비밀이야 ┆4 딸기 한 알 ┆5 소똥아, 어디 갔나? ┆6 토마토 씨앗 ┆7 누가 곰 아저씨랑 겨울을 지낼까요? ┆8 날아간 우산 ┆9 깡통 하나 ┆10 뭘 하고 놀까?

《꼬맹이 자연방》 (몬테소리, 1999)

1 꼬마 달팽이 ┆2 배나무와 유지매미 ┆3 민물 게 달랑이 ┆4 민들레가 활짝 ┆5 이사 가는 집게 ┆6 이겨라, 장수풍뎅이 ┆7 돌아온 고추잠자리 ┆8 자운영꽃의 손님 ┆9 둥글둥글 수박 ┆10 날아라, 무당벌레 ┆11 청개구리 폴짝 ┆12 도토리 때구루루 ┆13 아기여우 캥캥이 ┆14 뽈호반새의 아기 기르기 ┆15 아기고양이의 나들이 ┆16 감이 익었어요 ┆17 여치의 숨바꼭질 ┆18 해바라기 바위가위보 ┆19 호랑나비의 생일날 ┆20 어서 와요, 제비님 ┆21 송사리의 탐험 ┆22 사마귀 먹돌이 ┆23 꿀벌이 붕붕 ┆24 사과가 디룽디룽 ┆25 무슨 채소일까요? ┆26 튤립이 피었네 ┆27 느림보 남생이 ┆28 부지런한 개미 ┆29 포르르 동박새야 ┆30 귀여운 다람쥐 ┆31 달콤한 딸기 ┆32 나팔꽃의 아침인사 ┆33 물고기의 나라 ┆34 또로롱또로롱 방울벌레 ┆35 나풀나풀 금붕어 ┆36 토끼가 깡충깡충 ┆37 무서운 사자 ┆38 뚜벅뚜벅 코끼리 ┆39 수세미외가 주렁주렁 ┆40 싸움대장 사슴벌레 ┆41 멍멍멍 강아지야 ┆42 유채꽃 바다 ┆43 참새가 짹짹 ┆44 말이 따가닥따가닥 ┆45 숲속의 올빼미 ┆46 물에서 사는 곤충 ┆47 아름다운 봄 ┆48 신나는 여름 ┆49 알록달록 가을 ┆50 하얀 겨울 ┆51 무럭무럭 아기사슴 ┆52 새콤달콤한 귤 ┆53 키다리 기린 ┆54 코스모스 한들한들 ┆55 철벅철벅 하마 ┆56 알밤이 후두두 ┆57 훨훨 백로야 ┆58 소가 음매음매 ┆59 풀숲의 풀무치 ┆60 겨울 손님, 고니 ┆61 어흥어흥 호랑이 ┆62 톡 터지는 봉숭아 ┆63 정글의 카멜레온 ┆64 닭이 꼬꼬꼬 ┆65 유칼리나무 숲의 코알라 ┆66 괭이갈매기의 여행 ┆67 원숭이가 꽥꽥 ┆68 강의 물고기 ┆69 갉작갉작 하늘소 ┆70 감자가 데굴데굴

《꼬맹이 옛 이야기방》 (몬테소리, 1997)

1 소가 된 잠꾸러기 ┆2 파란 구슬 ┆3 온달 장군 ┆4 금방울 아가씨 ┆5 말하는 남생이 ┆6 짐승의 말을 듣는 아이 ┆7 심청전 ┆8 흥부전 ┆9 청개구리 이야기 ┆10 선녀와 나무꾼 ┆11 춘향전 ┆12 금도끼 은도끼 ┆13 효성스러운 호랑이 ┆14 두꺼비 이야기 ┆15 토끼의 용궁 구경 ┆16 은혜를 모르는 호랑이 ┆17 호랑이와 곶감 ┆18 혹부리 영감 ┆19 해님 달님 ┆20 이상한 나뭇잎 ┆21 소년 홍길동 ┆22 콩쥐 팥쥐 ┆23 요술 부채 ┆24 장화와 홍련 ┆25 옹고집전 ┆26 불개 ┆27 견우와 직녀 ┆28 금알 낳는 말 ┆29 은혜 갚은 까치 ┆30 이상한 절구

《꼬맹이 시튼파브르방》 (몬테소리, 1999)

1 이리왕 로보 ┆2 긴꼬리 다람쥐의 모험 ┆3 길더 강의 미국너구리 ┆4 전서구 아루노 ┆5 아기오리 대여행 ┆6 도둑고양이 키 ┆7 은여우 이야기(전편) ┆8 은여우 이야기(후편) ┆9 샌드힐의 수사슴 ┆10 톱날귀 아기토끼 ┆11 회색곰 워브 ┆12 장난꾸러기 빌리 ┆13 달려라! 검은 말 ┆14 참새 랜디 ┆15 목도

리 들꿩 레드 래프 │16 코요테 티토 │17 산의 왕자 크래그 │18 북극여우 이야기 │19 개미 │20 배추흰나비 │21 거위벌레 │22 하늘소 │23 매미 │24 귀뚜라미 │25 사마귀 │26 바구미 │27 나나니벌 │28 도롱이 벌레 │29 쇠똥구리 │30 거품벌레

《꼬맹이 위인방》 (몬테소리, 2000)
1 세종대왕 │2 워싱턴 │3 슈바이처 │4 스티븐슨 │5 디즈니 │6 나폴레옹 │7 에디슨 │8 갈릴레이 │9 모차르트 │10 간디 │11 유관순 │12 헬렌 켈러 │13 뉴턴 │14 이순신 │15 노벨 │16 퀴리 부인 │17 처칠 │18 아인슈타인 │19 링컨 │20 아문센 │21 파브르 │22 페스탈로치 │23 나이팅게일 │24 이율곡 │25 베이브 루스 │26 베토벤 │27 라이트 형제 │28 방정환 │29 안데르센 │30 콜럼버스 │31 몬테소리

《애니메이션 명작동화》 (한국브루너, 2000)
1 닐스의 신기한 여행 │2 이상한 나라의 앨리스 │3 보물섬 │4 걸리버 여행기 │5 꿀벌 마야의 모험 │6 톰소여의 모험 │7 백설공주 │8 엄지공주 │9 인어공주 │10 신데렐라 │11 백조 왕자 │12 손오공 │13 호두까기 인형 │14 벌거벗은 임금님 │15 파랑새 │16 알프스의 소녀 │17 피터팬 │18 난쟁이와 구둣방 │19 빨간 머리 앤 │20 장화 신은 고양이 │21 장난감 병정 │22 피노키오 │23 플란더스의 개 │24 성냥팔이 소녀 │25 오즈의 마법사 │26 미운 오리 새끼 │27 바보 이반 │28 소공자 소공녀 │29 이솝 이야기 │30 눈의 여왕 │31 빨간 모자 │32 왕자와 거지

《수과학 개념발달을 돕는 시간 이야기》 (아이코리아, 2001)
1 시간이야기 │2 공주님은 누구랑 결혼했을까요 │3 정욱이네 하루 이야기 │4 똑딱이랑 시계 탐험 │5 몇 시에 오나요 │6 꿀순이의 생일날

《생명과학 지식 구성을 위한 공룡대탐험》 (아이코리아, 2001)
1 악어랑 공룡이랑 │2 티라노사우루스의 이빨 │3 스테고사우루스의 꼬리 │4 내 동생 트리케라톱스 │5 공룡 화석을 찾아서 │6 함께 보는 공룡 큰 책

《첫번째 과학책》 (아이코리아, 1998)
1 공기를 보았니? │2 바람을 만든다고? │3 내 그림자는 │4 물에 뜰까? │5 빨갛게 물들었어요 │6 왕눈이가 나타났다 │7 어떻게 만들어요? │8 달리고 싶은 자동차

《첫번째 수학책》 (아이코리아, 1997)
1 순서대로 줄줄줄 │2 아빠처럼 커질 거야 │3 연못을 건너 │4 재미있게 나누자 │5 숫자풀이 │6 어떻게 할까? │7 재어 볼래? │8 생일선물 │9 누구일까? │10 숫자를 닮았네

《발명·발견 그림책》 (아이코리아, 1996)
1 고무 달린 연필은? │2 철사로 만든 가시 울타리는? │3 전화는? │4 청진기는? │5 망원경은? │6 자전거는? │7 내 물건 정리함은? │8 눈이 시원한 모자는? │9 장영실 │10 생각이 이렇게 변해갔어요

《이솝 이야기 2》 (아이코리아, 2003)
1 은혜 갚은 독수리 │2 물에 빠진 여우 │3 개미와 베짱이 │4 당나귀와 여치 │5 자고새와 사냥꾼 │6 진실을 말한 양 │7. 농부의 지혜 │8. 장님과 절름발이

《메르헨 월드》 (웅진출판, 2000)
1 삼형제와 신비한 망고 │2 사라진 추장의 칼 │3 잔칫집에 가는 사람 │4 세상의 첫 번째 마을 │5 바보 토니 │6 가난을 찾아 나선 왕 │7 선행을 재는 저울 │8 땅 속으로 들어간 소녀 │9 내 눈으로 보았어 │10 고집쟁이 두 친구 │11 엉터리 재판관 │12 가장 멀리 들리는 것 │13 도둑을 잡은 조각상 │14 영리한 아싸드 │15 슬기로운 처녀 │16 세 가지 질문 │17 코끼리 목욕통 │18 이십 년 뒤의 계산 │19 염소를 긷는 우물 │20 죽은 사람은 누구 │21 일곱 가지 변신술 │22 악마의 수염 │23 운명을 바꾼 공주 │24 푸른 모자 │25 조카에게 물려준 재산 │26 세 개의 작은 알 │27 카란칼 이야기 │28 장사 피터 │29 황금의 기사 │30 마녀와 네 남매 │31 살렌토와 쇨렌토 │32 일족화를 찾아서 │33 황금의 실 │34 녹색 이끼 공주 │35 바다신의 신부 │36 푸른 고양이 │37 레몬 소녀 │38 물의 요정 │39 은빛 레이스 │40 저 세상에 갔다 온 사람 │41 용기 있는 사람들 이야기 │42 지혜로운 사람들 이야기 │43 사랑하는 사람들 이야기 │44 착한 사람들 이야기

《한국의 역사》 (한국데카르트, 2004)
한민족의 형성 │고조선과 부족 국가 │삼국의 성립과 발전 │고대 문화와 신라 │신라의 삼국 통일 │불교와 신라의 학문 │신라 문화와 발해 │발해 문화와 후삼국 │고려의 건국과 제도 │고려사회와 대몽 항쟁 │고려 중기의 문화 │조선의 개창과 제도 │조선 초기 사회와 과학 │조선의 문화 예술 │임진왜란과 항쟁 │오랑캐 침입과 붕당 │근대 사회의 태동 │천주교 박해와 민란 │격동의 조선 후기 사회 │근대 사회의 전개 │열강의 식민지 강탈 │근대 문명의 태동 │민족운동의 전개 │의병봉기와 3·1운동 │임시 정부의 성립 │항일 의지와 독립 전쟁 │범국민적 애국 운동 │민족 수난과 남북 단절 │정부 수립과 6·25전쟁 │세계 속의 대한민국 │역사 인물 사전(3권) │한국사 사전(2권) │문화유산 길잡이(3권) │국토 탐사 길잡이(2권)

《자연대탐험 입체북》 (중앙출판, 2007)
1 새끼 공룡 이야기 │2 사라진 공룡의 세계 │3 새끼 사자의 생활 │4 장난꾸러기 판다 │5 재미있는 원숭이의 세계 │6 신비한 고래의 세계 │7 동물들의 보금자리 │8 동물들의 표현 │9 동물들의 재주 │10 동물들의 위장술 │11 세계의 작은 동물 │12 동물원 이야기 │13 아프리카의 거대한 동물 │14 신기한 호주의 동물 │15 정글 탐험 │16 신비한 바다 생물 │17 날씨의 변화 │18 사막의 동물 │19 바닷속의 보물 │20 숨겨진 보물의 발견

《교과서에 나오는 삼국유사·삼국사기》 (한국헤밍웨이, 2005)
1 단군 왕검과 고요한 아침의 나라 │2 가야국의 첫 임금 수로왕 │3 고구려를 세운 주몽 │4 백제의 첫 임금 온조왕 │5 신라의 시조 박혁거세 │6 바다에서 태어난 석탈해왕 │7 황금 상자에서 나온 김알지 │8 일곱 모가 난 돌 위의 소나무 │9 해모수와 금빛 개구리왕 │10 버림받은 왕자 궁예 │11 신발 도둑으로 몰린 미천왕 │12 꿈으로 왕비가 된 문희 │13 바다에 묻혀 용이 된 문무왕 │14 당나귀 귀를 가진 임금님 │15 비운의 의자왕 │16 바둑에 빠진 개로왕의 최후 │17 우물에 빠진 임금님 │18 적국의 왕자를 사

랑한 낙랑 공주 ┃19 설씨 아가씨의 사랑 ┃20 연오랑과 세오녀 ┃21 왕을 감동시킨 지은의 효심 ┃22 공주와 결혼한 바보 온달 ┃23 신비한 돌종의 주인 손순 ┃24 왕이 질투한 도미 부부의 사랑 ┃25 조강지처를 사랑한 문장가 강수 ┃26 귀신을 꺾은 밀본 법사 ┃27 귀신들의 우두머리 비형 ┃28 원광 법사를 도운 흑여우 ┃29 교룡을 물리친 혜통 ┃30 저승을 다녀온 선율 ┃31 노힐부득과 달달박박 이야기 ┃32 신비한 미소의 관음보살 ┃33 부처님의 향기를 신라에 전한 아도 ┃34 천 년의 꿈, 황룡사 구층탑 ┃35 하늘에서 내린 꽃비 ┃36 호랑이 처녀의 은혜 ┃37 우리나라 불교의 큰 별 원효 대사 ┃38 설총의 '장미와 할미꽃 이야기' ┃39 선화 공주를 사랑한 서동 ┃40 광덕과 엄장 ┃41 철쭉꽃을 닮은 수로 부인 ┃42 귀신이 감동한 처용의 노래 ┃43 하늘의 해를 다스린 월명 스님 ┃44 화랑을 사모하는 노래 ┃45 다시 태어난 대성 ┃46 하룻밤 꿈에 한평생을 산 스님 ┃47 문수고개에서 깨달음을 얻은 연회 법사 ┃48 서해 신을 구한 활 잘 쏘는 거타지 ┃49 세 가지 일을 예견한 선덕 여왕 ┃50 김유신을 구한 세 신령 ┃51 충신 박제상과 돌이 된 여인 ┃52 거센 물결을 잠재우는 피리 ┃53 당나라에 맞선 연개소문의 용기 ┃54 나라와 운명을 같이한 계백 장군 ┃55 살수 대첩의 영웅 을지문덕 ┃56 지혜로써 우산국을 정복한 이사부 ┃57 바다의 영웅 장보고 ┃58 호랑이 젖을 먹은 견훤 ┃59 교과서에 나오는 역사 ┃60 교과서에 나오는 인물

《한국의 자연 탐험》 (웅진, 2001)

1 백두산 ┃2 제주 조랑말 ┃3 한라산 ┃4 노루 ┃5 논의 동식물 ┃6 물가 새 ┃7 백로 ┃8 참새 ┃9 오리와 거위 ┃10 주남저수지의 겨울 철새 ┃11 호랑나비 ┃12 사슴벌레 ┃13 사마귀 ┃14 거미 ┃15 물에 사는 곤충 ┃16 이끼 ┃17 대나무 ┃18 버섯 ┃19 소나무 ┃20 물풀 ┃21 바닷물고기 ┃22 게 ┃23 바닷속 생물 ┃24 산호 ┃25 바닷가 동물 ┃26 설악산 ┃27 야생 동물(상) ┃28 야생 동물(하) ┃29 다람쥐와 청설모 ┃30 박쥐 ┃31 까치 ┃32 제비 ┃33 고니 ┃34 홍도의 괭이갈매기 ┃35 여름 철새 ┃36 텃새 ┃37 야생벌 ┃38 노린재 ┃39 잠자리 ┃40 곤충의 지혜 ┃41 참나무 ┃42 식물의 겨울나기 ┃43 광릉 숲 ┃44 잡초 ┃45 덩굴 식물 ┃46 벌레잡이 식물 ┃47 가재 ┃48 개구리 ┃49 민물고기 ┃50 공격과 방어 ┃51 본능과 학습 ┃52 동물들의 짝짓기 ┃53 삽살개와 진돗개 ┃54 염소 ┃55 소 ┃56 봄에 피는 꽃 ┃57 가을에 피는 꽃 ┃58 꽃의 비밀 ┃59 매와 올빼미 ┃60 원앙 ┃61 도시의 새 비둘기 ┃62 닭 ┃63 제주 말매미 ┃64 무당벌레 ┃65 마이산 얼룩개미 ┃66 메뚜기 ┃67 누에 ┃68 바다고둥 ┃69 달팽이 ┃70 동굴의 세계

《우리 위인 동화》 (기탄동화, 2006)

1 고려의 화학 무기 발명가 최무선 ┃2 조선 최고의 발명가 장영실 ┃3 우리 농업을 일으킨 과학자 우장춘 ┃4 세계가 인정한 나비 박사 석주명 ┃5 희망을 심은 옥수수 박사 김순권 ┃6 한글을 사랑한 의사 공병우 ┃7 불교를 널리 전한 큰스님 원효 ┃8 동의보감을 쓴 조선의 명의 허준 ┃9 동학을 세운 종교 지도자 최제우 ┃10 천연두를 물리친 의사 지석영 ┃11 세상을 감동시킨 기업가 유일한 ┃12 가난한 이웃을 사랑한 의사 장기려 ┃13 고구려의 위대한 왕 광개토 대왕 ┃14 지혜로운 신라의 여왕 선덕 여왕 ┃15 발해를 세운 왕 대조영 ┃16 고려를 세운 왕 왕건 ┃17 조선을 세운 왕 이성계 ┃18 한글을 만든 위대한 왕 세종대왕 ┃19 문화와 학문을 꽃피운 왕 정조 ┃20 고구려를 구한 장군 을지문덕 ┃21 백제의 마지막 장군 계백 ┃22 삼국 통일을 이끈 장군 김유신 ┃23 용감한 바다의 왕 장보고 ┃24 귀주대첩의 영웅 강감찬 ┃25 나라를 지킨 위대한 장군 이순신 ┃26 농민을 위해 싸운 혁명가 전봉준 ┃27 민족의 지도자 김구 ┃28 평화를 위해 싸운 독립 운동가 안중근 ┃29 민족의 자존심을 지킨 독립 운동가 한용운 ┃30 청산리 전투의 영웅 김좌진 ┃31 독립만세를 외친 의로운 소녀 유관순 ┃32 바르고 곧은 대학자 이황 ┃33

조선을 대표하는 현명한 어머니 신사임당 │34 나라의 앞날을 걱정한 큰선비 이이 │35 백성을 사랑한 실학자 정약용 │36 대동여지도를 만든 지리학자 김정호 │37 우리말을 사랑한 국어학자 주시경 │38 민족을 일깨운 독립 운동가 안창호 │39 민족에게 용기를 준 역사학자 신채호 │40 영원한 어린이의 친구 방정환 │41 목화씨를 들여온 선구자 문익점 │42 조선 제일의 명필 한호 │43 조선의 뛰어난 화가 김홍도 │44 추사체를 만든 뛰어난 선비 김정희 │45 판소리를 사랑한 예술가 신재효 │46 애국가를 만든 음악가 안익태 │47 소와 아이를 사랑한 화가 이중섭 │48 민족을 노래한 시인 윤동주 │49 통일을 꿈꾼 음악가 윤이상 │50 세계적인 비디오 예술가 백남준

《세계 위인 동화》 (기탄동화, 2006)

1 우주를 연구한 과학자 갈릴레이 │2 과학의 아버지 뉴턴 │3 증기 기관을 만든 발명가 와트 │4 진화론을 펼친 생물학자 다윈 │5 곤충의 신비를 탐구한 학자 파브르 │6 다이너마이트를 발명한 과학자 노벨 │7 끊임없이 노력한 최고의 발명왕 에디슨 │8 새처럼 날고 싶었던 비행기 발명가 라이트 형제 │9 차별을 이겨 낸 뛰어난 여자 과학자 마리 퀴리 │10 현대 물리학을 이끈 천재과학자 아인슈타인 │11 우주의 수수께끼를 푼 과학자 스티븐 호킹 │12 자비로운 세상을 밝힌 종교 지도자 석가모니 │13 사랑을 전한 종교 지도자 예수 │14 이슬람교를 세운 종교 지도자 마호메트 │15 등불을 든 사랑의 천사 나이팅게일 │16 적십자를 세운 사회 운동가 앙리 뒤낭 │17 아프리카 사람들을 돌본 의사 슈바이처 │18 헐벗은 사람들의 어머니 테레사 │19 노예에게 자유를 준 대통령 링컨 │20 인도의 독립을 이끈 위대한 영혼 간디 │21 제2차 세계대전의 영웅 윈스턴 처칠 │22 남아프리카 공화국의 희망 만델라 │23 영국을 이끈 지혜로운 여자 수상 마거릿 대처 │24 흑인을 위해 싸운 운동가 마틴 루서 킹 │25 몽고 제국을 세운 위대한 황제 칭기즈칸 │26 동방견문록을 남긴 모험가 마르코 폴로 │27 새로운 세계를 발견한 탐험가 콜럼버스 │28 유럽을 뒤흔든 프랑스의 황제 나폴레옹 │29 남극을 정복한 탐험가 아문센 │30 올바른 도리를 가르친 교육가 공자 │31 진리를 사랑한 철학자 소크라테스 │32 참된 교육을 실천한 선생님 페스탈로치 │33 나눔을 실천한 기업가 카네기 │34 세상을 바꾼 신문의 왕 퓰리처 │35 희망을 선물한 아름다운 사람 헬렌 켈러 │36 침팬지를 사랑한 동물 학자 제인 구달 │37 세상을 움직이는 컴퓨터의 황제 빌 게이츠 │38 시대를 뛰어넘은 천재 예술가 다빈치 │39 세계가 사랑한 극작가 셰익스피어 │40 하늘의 음악을 들려준 천재 음악가 모차르트 │41 고통을 이겨 낸 위대한 음악가 베토벤 │42 행복한 세상을 꿈꾼 동화 작가 안데르센 │43 러시아를 대표하는 작가 톨스토이 │44 자연의 아름다움을 담은 건축가 가우디 │45 불꽃같이 살다간 화가 고흐 │46 자유를 사랑한 맨발의 무용가 이사도라 덩컨 │47 세상을 감동시킨 영화 예술가 찰리 채플린 │48 만화 영화를 만든 어린이의 친구 월트 디즈니 │49 브라질의 축구 황제 펠레 │50 카메라에 꿈을 담은 영화감독 스필버그

《원리가 보이는 과학》 (웅진, 2004)

1 잘 지리리, 강아지야 │2 새끼 고래는 무엇을 먹을까 │3 새들은 어떻게 길을 찾을까 │4 둥지에 알이 가득 들었어 │5 개미도시 │6 귀뚤귀뚤 귀뚜라미 │7 거북을 찾아서 │8 바다에 사는 동물, 해면 │9 먹고 먹히고 │10 박쥐가 사냥을 잘하는 이유 │11 동물은 어떻게 숨을까 │12 동물의 겨울나기 │13 오리는 물에 젖지 않아 │14 큰 발자국, 작은 발자국 │15 매너티의 안전한 보금자리 │16 껍데기 속에는 무엇이 살까 │17 살아 있을까, 살아 있지 않을까 │18 물고기가 되면 어떨까 │19 밤에 다니는 동물 │20 인디언이 준 선물 │21 나뭇잎은 왜 색깔이 변할까 │22 씨앗에서 싹이 트더니 │23 새끼 공룡은 어떻게 살았을까 │24 공룡의 왕, 티라노사우루스 │25 왜 병에 걸릴까 │26 재채기하고, 부르르 떨고, 딸꾹질하

고, 하품하는 이유 |27 소리는 어디에나 있어 |28 고고학자는 명탐정 |29 산은 어떻게 만들어졌을까 |30 바다로 흐르는 물 |31 돌을 모으러 가자 |32 신기한 자석 |33 낮과 밤은 왜 바뀔까 |34 쓰레기는 어디로 갈까 |35 기름이 새고 있어 |36 빛은 어디에서 올까 |37 번쩍 쾅, 우르르 콰쾅 |38 바람을 느껴봐 |39 빗방울의 여행 |40 태양계의 행성들 |41 우주 유영 |42 국제 우주 정거장 |43 밤하늘을 날아 다니는 반딧불이 |44 문어는 놀라워 |45 맛있는 우유가 만들어지기까지 |46 뱀은 사냥꾼 |47 사과는 어떻게 자랄까 |48 공룡의 발굴 |49 공룡의 뼈 |50 공룡한테는 무슨 일이 있었을까 |51 우리 몸의 뼈 |52 어떻게 소화될까 |53 피부는 무슨 일을 할까 |54 옛날이야기를 들려주는 화석 |55 지진이 일어난다면 |56 화산이 폭발했어 |57 계절이 바뀌는 이유 |58 스위치를 켰다, 껐다 |59 오늘은 날씨가 어떨까 |60 달은 날마다 달라 보여

〈아인슈타인 철학 동화〉 (대교, 2005)

1 핑크 킹 |2 쓱쓱 아저씨와 고양이 야꼬 |3 병원에 간 빨간 악어 |4 염소 마을의 폴리 |5 딩코 아저씨네 빵집 |6 겁쟁이 도치와 늑대 |7 사자와 이발사 |8 고양이 수염에 불이 났어요 |9 청개구리 땅땅이 |10 보보 할아버지의 정원 |11 미루나무에서 튕겨 나간 꼭지 할머니 |12 정글로 간 해적 |13 칭칭이와 외발자전거 |14 컬리 아줌마는 색깔 나라 마법사 |15 부탁이야, 조용히 좀 해줘! |16 개미 마을에 나타난 트럭 한 대 |17 세상에서 가장 예쁜 아가씨 |18 뭉치와 황금나무 열매 |19 꽁꽁 할머니네 털실 인형 |20 푸푸루에게 친구가 생겼어요. |21 생쥐 빈스의 꿈 |22 잠자리에 들 시간 |23 신기한 거울 |24 참새와 허수아비 |25 보떼 할아버지가 쌓은 탑 |26 꿀벌의 이상한 여행 |27 내 퀴즈를 맞혀 봐 |28 요 녀석들이? |29 보코 영감님과 귀뚜라미 |30 화가 할아버지와 나무 |31 숲 속에서 일어난 일 |32 사자는 안 무서워 |33 곰 아저씨 집은 뒤죽박죽 |34 이상한 물건이 나타났어요 |35 땡코 아저씨의 발명품 |36 산타 할아버지를 찾아라 |37 세상을 떠돌아다니는 왕자님 |38 물이야, 술이야, 줄이야 |39 하늘을 그리고 싶은 화가 |40 곰곰이 아저씨가 이상해 |41 스캥 할아버지와 아기염소 |42 왕자와 거지 |43 목걸이 |44 어린왕자 |45 크리스마스 선물 |46 행복한 왕자 |47 장발장과 미리엘 신부 |48 큰 바위 얼굴 |49 사람은 무엇으로 사는가? |50 크리스마스 캐럴 |51 이건 무슨 그림이야 |52 사슴의 약을 주세요 |53 투명인간 부 |54 숫자 거인과 친구하기 |55 웃지 않는 인형들의 나라 |56 내일을 기다리는 슈슈 |57 탐정 고양이 미미 |58 항아리는 누가 가져야 할까 |59 하늘에서 날아온 편지 |60 미야의 미로 찾기

〈생각이 열리는 세계 문화 여행〉 (웅진닷컴, 2004)

1 중국 |2 일본 |3 인도 |4 몽골 |5 베트남, 미얀마, 인도네시아 |6 이란, 이라크, 이집트 |7 영국 |8 프랑스 |9 독일 |10 이탈리아 |11 에스파냐 |12 그리스 |13 터키 |14 러시아 |15 헝가리, 체코 |16 노르웨이, 덴마크, 스웨덴 |17 스위스, 네델란드, 포르투갈 |18 미국 |19 멕시코, 브라질, 아르헨티나 |20 가나, 나이지리아, 에티오피아

〈비주얼 박물관〉 (웅진, 2007)

1 새 |2 포유류 |3 고양잇과 동물 |4 개 |5 코끼리 |6 고래 |7 껍데기와 등딱지 |8 파충류 |9 공룡 |10 물고기 |11 상어 |12 양서류 |13 곤충 |14 나비와 나방 |15 동물과 사람의 뼈 |16 연못과 강의 동식물 |17 해안의 동식물 |18 식물 |19 나무 |20 인체 |21 의학의 역사 |22 유행병 |23 화석 |24 암석과 광물 |25 결정과 보석 |26 날씨 |27 화산 |28 사막 |29 열대우림 |30 북극과 남극 |31 우주

탐사 32 천문학 33 빛 34 에너지 35 전기 36 힘과 운동 37 시간과 공간 38 물질 39 발명 40 자동차 41 항공기 42 배 43 열차 44 건축의 역사 45 고고학 46 탐험 47 선사시대 48 초기 인류 49 고대 이집트 50 고대 그리스 51 고대 로마 52 아스텍과 잉카 53 중국 54 인도 55 이슬람 56 아프리카 57 깃발과 국기 58 화폐 59 기록의 역사 60 피라미드 61 미라 62 종교 63 마법 64 미래 65 음악 66 영화 67 춤 68 스포츠 69 축구 70 야구

호르몬 이야기 ㅣ62 린네가 들려주는 분류 이야기 ㅣ63 라그랑주가 들려주는 운동 법칙 이야기 ㅣ64 마이
컬슨이 들려주는 프리즘 이야기 ㅣ65 메톤이 들려주는 달력 이야기 ㅣ66 로슈가 들려주는 조석 이야기 ㅣ67
피셔가 들려주는 통계 이야기 ㅣ68 가가린이 들려주는 무중력 이야기 ㅣ69 길버트가 들려주는 자석 이야
기 ㅣ70 오일러가 들려주는 파이 이야기 ㅣ71 볼타가 들려주는 화학전지 이야기 ㅣ72 모건이 들려주는
초파리 이야기 ㅣ73 클라우지우스가 들려주는 엔트로피 이야기 ㅣ74 파블로프가 들려주는 소화 이야기
ㅣ75 패러데이가 들려주는 전자석과 전동기 이야기 ㅣ76 막스 플랑크가 들려주는 양자론 이야기 ㅣ77 파
스퇴르가 들려주는 저온살균 이야기 ㅣ78 오일러가 들려주는 수의 역사 이야기 ㅣ79 슈뢰딩거가 들려주
는 양자물리학 이야기 ㅣ80 빈이 들려주는 기후 이야기 ㅣ81 라부아지에가 들려주는 물질 변화의 규칙
이야기 ㅣ82 켈빈이 들려주는 온도 이야기 ㅣ83 퀴네가 들려주는 효소 이야기 ㅣ84 제너가 들려주는 면역 이야
기 ㅣ85 스테빈이 들려주는 분수와 소수 이야기 ㅣ86 에이크만이 들려주는 영양소 이야기 ㅣ87 홉킨스가
들려주는 비타민 이야기 ㅣ88 게이뤼삭이 들려주는 물 이야기 ㅣ89 가모브가 들려주는 우주론 이야기
ㅣ90 슈바르츠실트가 들려주는 블랙홀 이야기 ㅣ91 핼리가 들려주는 이웃 천체 이야기 ㅣ92 리히터가 들
려주는 지진 이야기 ㅣ93 하비가 들려주는 혈액순환 이야기 ㅣ94 반트호프가 들려주는 삼투압 이야기
ㅣ95 가모브가 들려주는 원소의 기원 이야기 ㅣ96 길버트가 들려주는 지구자기 이야기 ㅣ97 라이엘이 들
려주는 지질조사 이야기 ㅣ98 멀더가 들려주는 단백질 이야기 ㅣ99 탈레스가 들려주는 평면도형 이야기
ㅣ100 러셀이 들려주는 패러독스 이야기

〈철학자가 들려주는 철학 이야기〉 (자음과모음, 2007)
1 플라톤이 들려주는 이데아 이야기 ㅣ2 아리스토텔레스가 들려주는 행복 이야기 ㅣ3 최한기가 들려주
는 기학 이야기 ㅣ4 한나 아렌트가 들려주는 전체주의 이야기 ㅣ5 맹자가 들려주는 대장부 이야기 ㅣ6 칸
트가 들려주는 순수 이성 비판 이야기 ㅣ7 이이가 들려주는 이통 기국 이야기 ㅣ8 홉스가 들려주는 리바
이어던 이야기 ㅣ9 공자가 들려주는 인 이야기 ㅣ10 정약용이 들려주는 경학 이야기 ㅣ11 소크라테스가
들려주는 지혜 이야기 ㅣ12 벤담이 들려주는 최대 다수의 최대 행복 이야기 ㅣ13 왕수인이 들려주는 양
지 이야기 ㅣ14 헤겔이 들려주는 정신 이야기 ㅣ15 그람시가 들려주는 헤게모니 이야기 ㅣ16 프로이트가
들려주는 마음 이야기 ㅣ17 묵자가 들려주는 겸애 이야기 ㅣ18 니체가 들려주는 슈퍼맨 이야기 ㅣ19 예수
가 들려주는 십자가 이야기 ㅣ20 뒤르켐이 들려주는 자살론 이야기 ㅣ21 밀이 들려주는 자유주의 이야
기 ㅣ22 토마스 아퀴나스가 들려주는 신앙 이야기 ㅣ23 퇴계 이황이 들려주는 경 이야기 ㅣ24 데카르트
가 들려주는 의심 이야기 ㅣ25 로크가 들려주는 타불라라사 이야기 ㅣ26 한비자가 들려주는 상과 벌 이
야기 ㅣ27 제논이 들려주는 논리 이야기 ㅣ28 아우구스티누스가 들려주는 신의 사랑 이야기 ㅣ29 주희가
들려주는 성리학 이야기 ㅣ30 순자가 들려주는 마음 닦는 이야기 ㅣ31 모택동이 들려주는 건국 이야기
ㅣ32 루소가 들려주는 교육 이야기 ㅣ33 가다머가 들려주는 선입견 이야기 ㅣ34 비트겐슈타인이 들려주는
언어 이야기 ㅣ35 막스 베버가 들려주는 카리스마 이야기 ㅣ36 키르케고르가 들려주는 죽음에 이르는
병 이야기 ㅣ37 노자가 들려주는 도 이야기 ㅣ38 쇼펜하우어가 들려주는 의지 이야기 ㅣ39 복희씨가 들
려주는 주역 이야기 ㅣ40 토크빌이 들려주는 민주주의 이야기 ㅣ41 에리히 프롬이 들려주는 사랑 이야
기 ㅣ42 애덤 스미스가 들려주는 보이지 않는 손 이야기 ㅣ43 탈레스가 들려주는 아르케 이야기 ㅣ44 토
머스 쿤이 들려주는 패러다임 이야기 ㅣ45 박지원이 들려주는 이용후생 이야기 ㅣ46 사르트르가 들려주
는 실존 이야기 ㅣ47 베이컨이 들려주는 우상 이야기 ㅣ48 신채호가 들려주는 자강론 이야기 ㅣ49 콩트
가 들려주는 실증주의 이야기 ㅣ50 고봉 기대승이 들려주는 사단칠정 이야기 ㅣ51 마호메트가 들려주는
평화 이야기 ㅣ52 데리다가 들려주는 해체 이야기 ㅣ53 리쾨르가 들려주는 해석 이야기 ㅣ54 흄이 들려

주는 원인과 결과 이야기 ｜55 맥루한이 들려주는 미디어 이야기 ｜56 장자가 들려주는 달인 이야기 ｜57 화이트헤드가 들려주는 과정 이야기 ｜58 주돈이가 들려주는 태극 이야기 ｜59 듀이가 들려주는 실용주의 이야기 ｜60 존 롤즈가 들려주는 정의 이야기 ｜61 스피노자가 들려주는 윤리 이야기 ｜62 파스칼이 들려주는 갈대 이야기 ｜63 포이어바흐가 들려주는 인간 이야기 ｜64 오캄이 들려주는 면도날 이야기 ｜65 피터 싱어가 들려주는 동물 해방 이야기 ｜66 베르그송이 들려주는 삶 이야기 ｜67 공손룡이 들려주는 이름 이야기 ｜68 융이 들려주는 콤플렉스 이야기 ｜69 러셀이 들려주는 지식 이야기 ｜70 에피쿠로스가 들려주는 쾌락 이야기 ｜71 하이데거가 들려주는 존재 이야기 ｜72 발터 벤야민이 들려주는 복제 이야기 ｜73 하버마스가 들려주는 의사소통 이야기 ｜74 레오 스트라우스가 들려주는 정치 이야기 ｜75 한스 오나스가 들려주는 환경 이야기 ｜76 푸코가 들려주는 권력 이야기 ｜77 박은식이 들려주는 진아 이야기 ｜78 달타이가 들려주는 이해 이야기 ｜79 자크 라캉이 들려주는 욕망 이야기 ｜80 유성룡이 들려주는 징비록 이야기 ｜81 강유위가 들려주는 대동 이야기 ｜82 후설이 들려주는 현상 이야기 ｜83 E. H. 카가 들려주는 역사 이야기 ｜84 서경덕이 들려주는 기 이야기 ｜85 신사임당이 들려주는 효행과 예술 이야기 ｜86 피타고라스가 들려주는 수 이야기 ｜87 카시러가 들려주는 상징 이야기 ｜88 김시습이 들려주는 유불도 이야기 ｜89 버클리가 들려주는 관념 이야기 ｜90 아도르노가 들려주는 예술 이야기 ｜91 김정희가 들려주는 실사구시 이야기 ｜92 마르틴 부버가 들려주는 만남 이야기 ｜93 마키아벨리가 들려주는 군주론 이야기 ｜94 라이프니츠가 들려주는 모나드 이야기 ｜95 원효가 들려주는 한마음 이야기 ｜96 켈젠이 들려주는 법 이야기 ｜97 루터가 들려주는 죄와 용서 이야기 ｜98 석가모니가 들려주는 해탈 이야기 ｜99 칼 포퍼가 들려주는 열린사회 이야기 ｜100 마르크스가 들려주는 자본론 이야기

《어린이 과학 탐험》 (웅진, 1997)

1 물의 순환 ｜2 눈을 보아요 ｜3 얼음의 계절 ｜4 소금의 수수께끼 ｜5 광물과 자원 ｜6 사막의 세계 ｜7 화산 ｜8 공룡의 발자취 ｜9 태양의 불가사의 ｜10 달을 보아요 ｜11 별의 한살이 ｜12 별자리를 찾아요 ｜13 성운과 성단 ｜14 행성 탐험 ｜15 유성과 운석 ｜16 혜성의 비밀

소원을 들어주는 선물 | 김선희 | 웅진주니어 | 2007
아낌없이 주는 나무 | 쉘 실버스타인 | 시공주니어 | 2002
우주를 향한 모험 | 학생과학문고편찬회 | 한국독서지도회 | 2001
내 다리는 휠체어 | 프란츠 요제프 후아이니크 | 주니어김영사 | 2004
콩 너는 죽었다 | 김용택 | 실천문학사 | 2007
꿀벌의 일생과 역사 | 찰스 미쿠치 | 주니어김영사 | 2004
개미의 일생과 역사 | 찰스 미쿠치 | 주니어김영사 | 2004
죽은 나무가 다시 살아났어요 | 김동광 | 아이세움 | 2001
무슨 뜻이지 | 김동광 | 아이세움 | 2001
내가 병을 이겼어요 | 김동광 | 아이세움 | 2001
별이 내리는 집 | 임인진 | 아동문예사 | 2001
숲을 지킨 아이들 | 미라 로베 | 중앙출판사 | 2001
꽃들에게 희망을 | 트리나 폴러스 | 시공주니어 | 1999
책 먹는 여우 | 프란치스카 비어만 | 김영사 | 2001
사랑을 나누는 곰 보로 | 라파엘라 마리아 론디니 | 서광사 | 1991
마법의 설탕 두 조각 | 미카엘 엔데 | 한길사 | 2005
초콜릿 전쟁 | 오이시 마코토 | 중앙출판사 | 2000
천재들의 어린 시절 | 신응섭 | 진선 | 2003
새롬이와 함께 일기 쓰기 | 이새롬 | 보리 | 1994
나쁜 어린이 표 | 황선미 | 웅진주니어 | 2007
초대받은 아이들 | 황선미 | 웅진주니어 | 2007
달님은 알지요 | 김향이 | 비룡소 | 2004
교과서 미술 읽기 | 최일주 | 웅진출판 | 1999
우리나라 좋은 동시 | 신현득 | 꿈이있는집 | 1999
날씨 점쟁이 | 권태문 | 글사랑 | 2002
미리 쓰는 방학 일기 | 박상률 | 사계절 | 2000
붕어빵 아저씨 결석하다 | 초록손가락 동인 | 푸른책들 | 2006
파브르 곤충기 | 앙리 파브르 | 은하수미디어 | 2002
어린이를 위한 신라왕조실록 | 이상각 | 홍진P&M | 2006

신라왕조 1000년 | 차정원 | 계림 | 2001
신라 이야기 1·2 | 윤경렬 | 창작과비평사 | 1981
금의 역사 | 메리디스 후퍼 | 주니어김영사 | 2004
삼각형 | 캐서린 셀드릭 로스 | 비룡소 | 2002
원 | 캐서린 셀드릭 로스 | 비룡소 | 2002
우리 수학 놀이하자 | 크리스틴 달 | 김영사 | 2001
가마솥과 뚝배기에 담긴 우리 음식 이야기 | 햇살과 나무꾼 | 해와나무 | 2005
비룡소 홈 사이언스 | 비룡소
　첨벙첨벙 물 실험실 | 베르거 | 2005
　번쩍번쩍 빛 실험실 | 베르거 | 2005
　우르릉 쾅 날씨 실험실 | 베르거 | 2005
　딩동댕동 소리 실험실 | 베르거 | 2005
　아슬아슬 힘 실험실 | 베르거 | 2005
나는 천사가 아니야 | 고정욱 | 나무생각 | 2007
365일 연표로 보는 세계사 | 청솔역사연구회 | 청솔 | 2006
365일 연표로 보는 한국사 | 청솔역사연구회 | 청솔 | 2006
대단한 과학 | 기탄
　움직여 보세요 | 나땅 편집부 | 2005
　실험해 보세요 | 나땅 편집부 | 2005
　생각해 보세요 | 나땅 편집부 | 2005
대단한 수학 1·2 | 야마자키 나오미 | 기탄 | 2007
난중일기 | 이순신 | 지경사 | 2003
플루타르크 영웅전 | 플루타르크 | 효리원 | 2005
어사 박문수 | 신동일 | 지경사 | 2005
오성과 한음 | 이영 | 대교출판 | 2001
대한해협 비행하기 | 코믹컴 | 아이세움 | 2002
암흑 동굴 탐험하기 | 이진택 | 아이세움 | 2002
해저 보물 인양하기 | 이진택 | 아이세움 | 2002
태평양 횡단하기 | 정준규 | 아이세움 | 2002
에베레스트 등정하기 | 박애라 | 아이세움 | 2003
우리 조상들의 의식주 이야기 | 표시정 | 다산교육 | 2002
아하 그땐 이렇게 살았군요 | 이혁 | 주니어김영사 | 2001
대륙을 호령한 발해 | 현무와주작 | 어린이중앙 | 2006

줄무늬 파자마를 입은 소년 | 존 보인 | 비룡소 | 2007
우정의 조건 | 수지 모건스턴 | 시소 | 2007
레닌그라드의 기적 | 얍 터르 하르 | 다림 | 2007
당신에게 노벨상을 수여합니다 | 노벨 재단 | 바다출판사 | 2007
세계 대표 역사 인물 사전 | 에이세대창조집단 | 홍진P&M | 2007
군함 이야기 | 허홍범 | 좋은책만들기 | 2006
어린이를 위한 배려 | 전지은 | 위즈덤하우스 | 2009
밖에서 본 한국사 | 김기협 | 돌베개 | 2008
한국사 상식 바로잡기 | 박은봉 | 책과함께 | 2007
공주의 배냇저고리 | 김려령 외 | 바람의아이들 | 2007
존 아저씨의 꿈의 목록 | 존 고다드 | 글담 | 2008
왔다갔다 우산 아저씨 | 공진하 | 청년사 | 2004
첫 단추 | 고정욱 | 샘터사 | 2007
출동 지구 수비대 | 사샤 노리스 | 한겨레아이들 | 2007
튼튼한 머리와 영리한 몸이 되기 위하여 | 고미 타로 | 서울문화사 | 2007
압록강은 흐른다 | 이미륵 | 아이세움 | 2008
행복한 과학 초등학교–지구과학 | 권수진 | 휴먼어린이 | 2007
맛있는 자연 공부 | 김기명 | 청년사 | 2005
미궁에 빠진 세계사의 100대 음모론 | 데이비드 사우스웰 | 이마고 | 2004
빽! To The Classic | 함께읽는책
천재적 화학 소녀 춘향 | 정완상 | 2008
천하무적 물리 쾌도 홍길동 | 정완상 | 2008
별난용궁 별난 생물 별주부전 | 정완상 | 2008
지구 최강 악동 사기꾼 봉이 김선달 | 정완상 | 2008
바다 환경 지킴이 마린걸 심청 | 정완상 | 2009
연암 박지원의 생각수업 | 강욱 | 스콜라 | 2007
건축물에 얽힌 12가지 살아 있는 역사 이야기 | 김선희 | 어린이작가정신 | 2007
고조선은 대륙의 지배자였다 | 이덕일·김병기 | 역사의아침 | 2006
조선 왕 독살사건 1·2 | 이덕일 | 다산초당 | 2009

만들어진 역사 | 조셉 커민스 | 말글빛냄 | 2008
예루살렘의 아이히만 | 한나 아렌트 | 한길사 | 2006
헬렌 켈러의 위대한 스승 애니 설리번 | 마거릿 데이비슨 | 동쪽나라 | 2004
상식지존 뇌를 깨워라 | 송정림 | 글로세움 | 2006
불보다 생명보다 귀한 선물 | 장수하늘소 | 아이세움 | 2002
생쥐 기사 데스페로 | 케이트 디카밀로 | 비룡소 | 2009
들키고 싶은 비밀 | 황선미 | 창비 | 2001
지도로 보는 한국사 | 김용만·김준수 | 수막새 | 2004
찰스 다윈 | 루스 애슈비 | 미래아이 | 2009 |
세계의 교과서 한국을 말하다 | 이길상 | 푸른숲 | 2009
도둑 | 메건 웨일런 터너 | 봄나무 | 2009
시간도둑 | 발 타일러 | 파랑새어린이 | 2007
링컨 | 데일 카네기 | 함께읽는책 | 2003
나비가 전해준 희망 | 패트리샤 폴라코 | 베틀북 | 2005
사진이 말해주는 것들 | 퍼트리샤 맥라클란 | 문학과지성사 | 2007
우리는 평화를 배운다 | 이자벨 부르니에 | 아이세움 | 2009
내 가슴에 해마가 산다 | 김려령 | 문학동네어린이 | 2007
몽실 언니 | 권정생 | 창비 | 2001
초정리 편지 | 배유안 | 창비 | 2007

서정희 · 신상진

두 아들 정한이 현욱이와 경북 고령에 사는 평범한 엄마 아빠다. 아니, 교육 욕심은 있으면서도 아이들을 대도시 학교에 보내지 않고, 심지어 학습지 과외도 시키지 않는다는 점에서는 결코 평범하지 않은 부모다.

신혼생활을 대구에서 시작했다가 고령군청에 근무하는 정한이 아빠의 출퇴근 시간을 줄여보겠다는 단순한 이유로 잠시 고령으로 이사 왔는데, 공기 좋고 인심은 더 좋은 고령의 매력에 빠져 10년 넘게 붙박이로 살고 있다. 가끔은 한 학년 160명 정도의 작은 시골학교에서 공부하는 게 '경쟁력' 면에서 불리하다는 걱정도 들지만, 아이들의 고령 사랑이 워낙 지극해서 '도시 진출'은 번번이 무산되곤 한다. 치열한 경쟁에서 한 발 비켜선 정한이 형제는 학교공부를 마치면 원하는 책을 마음껏 읽으며 논다. 그리고 그 '책 힘'을 밑천 삼아 정한이는 2009년 2월 KBS 〈퀴즈 대한민국〉에서 만11세로 최연소 퀴즈영웅이 되었다.

"정한이처럼 해봐요~"

🧭 이 책에 나오는 핵심 단어

____

____

📖 더 찾아볼 주제

____

____

📚 관련도서

"정한이처럼 해봐요~"

☺ 읽기 시작한 날

　　　　년　　　월　　　일

📑 이 책을 읽게 된 동기

____

____

🔖 더 알고 싶은 내용

____

____

"정한이처럼 해봐요~"

🧭 이 책의 분야

____

🔍 이 책을 읽으면서 궁금한 점

____

____

😊 가장 재미있었던 내용

____

____

"정한이처럼 해봐요~"

📘 이 책의 주제

____

____

🔠 이 책과 관련해 떠오르는 단어

____

____

😀 가장 마음에 드는 등장인물

♥ 읽으면서 느낀 점

최연소 퀴즈영웅 정한이의
책갈피 공부법
쌤앤파커스

기억해야 할 문장

최연소 퀴즈영웅 정한이의
책갈피 공부법
쌤앤파커스

🎁 이 책을 선물한다면 누구에게?

최연소 퀴즈영웅 정한이의
책갈피 공부법
쌤앤파커스

🖥 이 책을 인터넷에 검색해보세요!
어떤 내용이 나오나요?

최연소 퀴즈영웅 정한이의
책갈피 공부법
쌤앤파커스